As muitas faces da história

FUNDAÇÃO EDITORA DA UNESP

Presidente do Conselho Curador
Herman Jacobus Cornelis Voorwald

Diretor-Presidente
José Castilho Marques Neto

Editor-Executivo
Jézio Hernani Bomfim Gutierre

Conselho Editorial Acadêmico
Alberto Tsuyoshi Ikeda
Célia Aparecida Ferreira Tolentino
Eda Maria Góes
Elisabeth Criscuolo Urbinati
Ildeberto Muniz de Almeida
Luiz Gonzaga Marchezan
Nilson Ghirardello
Paulo César Corrêa Borges
Sérgio Vicente Motta
Vicente Pleitez

Editores-Assistentes
Anderson Nobara
Henrique Zanardi
Jorge Pereira Filho

Maria Lúcia Garcia Pallares-Burke

As muitas faces da história
Nove entrevistas

4ª reimpressão

© 2002 Editora UNESP

Direitos de publicação reservados à

Fundação Editora da Unesp (FEU)
Praça da Sé, 108
01001-900 – São Paulo – SP
Tel.: (0xx11) 3242-7171
Fax: (0xx11) 3242-7172
www.editoraunesp.com.br
www.livrariaunesp.com.br
feu@editora.unesp.br

Dados Internacionais de Catalogação na Publicação (CIP)
(Câmara Brasileira do Livro, SP, Brasil)

Pallares-Burke, Maria Lúcia Garcia
  As muitas faces da história. Nove entrevistas/Maria Lúcia Garcia Pallares-Burke. – São Paulo: Editora UNESP, 2000.

  Bibliografia
  ISBN 85-7139-307-9

  1. História – Filosofia 2. Historiadores – Entrevistas 3. Historiografia Título.

00-2569   CDD-901

Índice para catálogo sistemático
1. História: Teoria 901

Editora afiliada:

Asociación de Editoriales Universitarias
de América Latina y el Caribe

Associação Brasileira de
Editoras Universitárias

Sumário

Introdução 11

1 Jack Goody 29

2 Asa Briggs 57

3 Natalie Zemon Davis 81

4 Keith Thomas 119

5 Daniel Roche 153

6 Peter Burke 185

7 Robert Darnton 233

8 Carlo Ginzburg 269

9 Quentin Skinner 307

Índice remissivo 341

*À memória de
João Eduardo Rodrigues Villalobos,
professor, pensador e conversador brilhante.
Pessoa inesquecível.*

Agradecimento

Agradeço imensamente a cada um dos historiadores que entrevistei: Asa Briggs, Carlo Ginzburg, Daniel Roche, Jack Goody, Keith Thomas, Natalie Zemon Davis, Peter Burke, Quentin Skinner e Robert Darnton. Sem a simpatia e a generosidade com que me receberam, a escrita deste livro não teria sido a experiência extremamente gratificante que foi.

Introdução

André Gide (1869-1951), autor que, a fim de expor suas ideias de um modo informal, direto e pessoal, gostava de incorporar um interlocutor em suas obras, pôs as seguintes palavras na boca do seu "entrevistador imaginário": "Os leitores não ficaram contentes... É minha culpa; eu deveria tê-lo interrogado melhor. Seu pensamento, como o expôs, pode ser encontrado em seus livros. O papel de um entrevistador é o de forçar a intimidade; é o de o levar a falar sobre o que não falaria por si mesmo".[1]

Ao fazer estas entrevistas, meu objetivo foi, em parte, exatamente este: fazer que cada um dos historiadores aqui reunidos revelasse coisas que a leitura de seus textos não revela, ou não revela tão claramente; estimulá-los a explicitar o que, por estar muitas vezes implícito ou pressuposto em seus trabalhos, se torna inacessível aos leitores. E, como sugere a própria palavra entrevista – que deriva do francês *entrevoir*, significando vislumbrar, ver brevemente, de relance ou perceber e entender vagamente –, esse é um gênero fluido, cuja convenção é a informalidade e cujo produto é re-

---

1 *Interviews imaginaires*. Paris: Haut-Pays, Yverdon et Lausanne, 1943, p.31.

lativamente desestruturado e assistemático. Assim, ao contrário do trabalho acadêmico acabado e coeso, a entrevista pode ser vista como uma espécie de gênero intermediário entre o pensamento e a escrita elaborada, como um gênero capaz de apreender a ideia em movimento e, nesse sentido, como algo que pode ser considerado não um substituto, mas sim um complemento aos textos mais estruturados.

A ideia de reunir num só livro historiadores de renome internacional falando informalmente sobre suas pessoas e seus ofícios surgiu por acaso. Na ocasião do lançamento da tradução em português de uma obra do historiador norte-americano Robert Darnton – vivendo, então, temporariamente em Oxford –, o suplemento cultural de um jornal paulistano me encomendou uma entrevista com ele, não necessariamente focalizando a obra traduzida, mas tratando de questões mais gerais. Tão logo foi publicada parte dessa matéria,[2] colegas, alunos e amigos me sugeriram que conversas naquele molde com outros historiadores poderiam ser úteis, não só para aqueles que, embora já os conhecendo, buscavam uma maior compreensão de suas obras, como para um público mais amplo e diversificado, interessado vagamente em questões históricas.

A escolha das pessoas aqui reunidas obedeceu ao critério da legítima autoridade na profissão que lhes é reconhecida por seus pares e à posição de relevo que ocupam na chamada Nova História. Todos eles historiadores eminentes, inovadores e influentes, que sobressaem no campo da história social e cultural – onde as inovações da Nova História são mais marcantes –, poderiam ser descritos como aqueles que, no dizer de Bourdieu, pronunciam "discursos de autoridade" e são considerados exemplares nos seus vários campos. Mesmo Jack Goody, mais famoso como antropólogo, é também reconhecido por grandes figuras da Nova História como um colega de ofício exemplar por seu talento e ousadia. Dos dez selecionados, infelizmente nem todos pudemos entrevistar. Não obstante dois encontros terem sido marcados com o me-

---

2 *Jornal da Tarde*, Caderno de Sábado, 3 de agosto de 1996.

dievalista Jacques Le Goff, razões de saúde o obrigaram a cancelá-los. Sem negar que, a partir do critério adotado, evidentemente muitos outros historiadores poderiam também ter sido escolhidos, é de salientar que os nove entrevistados não são simplesmente apenas originais – o que todo bom historiador é por definição –, mas também especialmente inovadores nos seus estilos e abordagens intelectuais.

Visando revelar algo da pessoa por trás do historiador e dar oportunidade para que fossem expostos ideias e sentimentos que o rigor do texto mais acadêmico geralmente impede, as questões propostas a eles não foram sempre as mesmas. Eram talhadas para cada um e buscavam, *grosso modo,* fazê-los falar sobre suas trajetórias de vida, sobre suas opções intelectuais, sobre as implicações de seus trabalhos para o mundo acadêmico e extra-acadêmico, e sobre suas reações diante das tendências e movimentos intelectuais da atualidade. Em regra, as questões não foram enviadas previamente aos entrevistados, a não ser quando solicitadas, o que só ocorreu com Keith Thomas. Se, de um lado, a estratégia de propor a todos exatamente as mesmas perguntas teria tido a vantagem de tornar mais explícitas suas divergências e convergências sobre temas e abordagens históricas, de outro, o propósito de espontaneidade, flexibilidade e maior respeito às várias individualidades teria ficado comprometido. De qualquer modo, é interessante notar, quanto às convergências e divergências entre os entrevistados, a ausência ou recorrência de alguns grandes nomes apontados como figuras exemplares para a sua própria formação e para a formação do historiador em geral. Enquanto a maioria dos entrevistados menciona espontaneamente Marc Bloch e Jacob Burckhardt, Quentin Skinner é o único a se referir a Thomas Kuhn, somente Carlo Ginzburg menciona os linguistas e críticos literários Auerbach e Jakobson, e Foucault só é lembrado por Skinner como figura exemplar para a formação do historiador. Muitas vezes, reflexões sobre temas gerais de historiografia apareceram espontaneamente quando esses historiadores falavam de seus próprios trabalhos, e é até possível imaginá-los conversando entre si sobre tais temas. Mas quando esse não foi o caso, busquei, por assim dizer, uma solução de compromisso, tentando provocá-los para isso. Nesse caso, procurei fazer que as conversas girassem não só ao redor de questões "sob medida", como também de questões gerais, dependendo da maior ou menor abertura e do tempo que cada um deles dispunha para refletir sobre temas relativos à história das mentalidades, à micro-história, à história vista de baixo, à história comparativa, à história das mulheres, à relevância da antropologia para a história etc.

As entrevistas foram todas feitas pessoalmente, e em duas delas – com Keith Thomas e Daniel Roche – contei com a colaboração de meu marido Peter Burke, que participa também como historiador entrevistado. Minha curiosidade, devo confessar, não se limitava ao aspecto intelectual de meus entrevistados, mas tinha também, por assim dizer, um lado mais mundano. Como Daniel Roche, o historiador das roupas e especialista na "cultura das aparências", estaria vestido? Será que a "lordeza" de Lord Briggs e de Sir Keith se revelaria num comportamento diferente do dos demais mortais? Seria muito difícil desempenhar o papel de jornalista diante de Robert Darnton, ele próprio um exímio entrevistador durante o tempo em que foi jornalista e repórter do *New York Times*?

A extensão das diferentes respostas dadas pelos historiadores e o número de páginas de cada uma das nove entrevistas variaram sensivelmente. Tais variações se deveram basicamente a dois fatores: tempo que dispuseram para a conversa e personalidade individual, que, evidentemente, também determinou o tom mais ou menos pessoal e íntimo da conversa. Com alguns, como Jack Goody, Quentin Skinner e (por razões óbvias) Peter Burke, me encontrei em várias ocasiões e por até oito horas; enquanto com outros, como Asa Briggs, em duas ocasiões, mas por não mais de duas horas ao todo. Em Cambridge, a expansividade e descontração de Jack Goody contrastou grandemente com a maior prudência e recatado entusiasmo de Quentin Skinner. Em Oxford, a cautela e sutil ironia de Keith Thomas se contrapôs enormemente à verve apaixonada e até temerária de Carlo Ginzburg em Bolonha, como se suas palavras tivessem sido encomendadas sob medida para revelar e opor o espírito latino ao britânico. Robert Darnton, com sua conversa calma, cheia de vivacidade e caracteristicamente entremeada de risos, se destacou como um dos que mais abertamente se dispuseram a falar sobre sua vida familiar, no que só foi superado por sua amiga e colega de Princeton, Natalie Zemon Davis. Natalie, a única mulher entrevistada, sobressaiu no tom caloroso e pessoal com que falou sobre seu trabalho e no dom, talvez significativamente feminino, de expressar suas emoções e sentimentos, mesmo quando tratando de temas fundamentalmente acadêmicos. Asa Briggs, sempre apressado e o que mais tinha as respostas na ponta da língua, se destacou também como um dos mais diretos e impessoais dos entrevistados, nisso se assemelhando a Daniel Roche, que, com seu tom calmo, sereno e pouco enfático, se destacou, por sua vez, por uma surpreendente e injustificada modéstia. Recém-eleito para o seleto grupo de professores do prestigiado College de France – instituição de renome internacional fundada no século XVI e que, ao longo dos últimos anos, congregou figuras da eminência de Fernand Braudel, Michel Foucault, Claude Lévi-Strauss e Pierre Bourdieu –, Daniel Roche parece, com sua modéstia, querer desmentir a fama de empavonados, altivos e pomposos, usualmente associada aos intelectuais franceses.

O que dizer sobre a transcrição da fala aqui impressa? Até que ponto a transcrição capta a expressão oral original? Até que ponto a ausência dos gestos, trejeitos, olhares e tom de voz distorce a fala aqui transcrita e compromete a leitura? Sem dúvida, algo se perde quando não se pode ver a gesticulação de um Ginzburg, ouvir a voz rápida e calorosa de Natalie Davis, presenciar a expressão facial de Skinner e ouvir sua fala espantosamente fluente, e assim por diante. No entanto, ao editar as entrevistas a partir da transcrição integral e literal das conversas face a face, minha preocupação era não só ser fiel ao pensamento e às palavras dos entrevistados, como também preservar seu modo e tom característicos de expressão. Da mesma maneira, todo esforço foi feito para conservar, na medida do possível, o caráter original de uma conversação informal e falada. É inegável que interferi, abolindo as repetições, as pausas e os rodeios mais flagrantes, condensando passagens, reordenando e recompondo frases; fazendo, enfim, o trabalho de edição que, enquanto ouvintes (mas não enquanto leitores), fazemos automática e mentalmente. Mas, desde que não comprometessem o entendimento das ideias, os traços da oralidade – as hesitações, imprecisões, as mudanças rápidas de tópico e as respostas às vezes vacilantes e incompletas – foram mantidos sem maiores alterações.

É de notar que a situação de entrevista e o relacionamento dos entrevistados com os entrevistadores podem apresentar os seus problemas. Desde que a publicação de entrevistas se tornou uma atividade cultural relativamente difundida, há mais de um século, a desconfiança da entrevista e do entrevistador tem sido um tema constante, e a história está repleta de exemplos da resistência dos entrevistados.[3] Desconfortáveis no papel que aceitaram ocupar, muitos suspeitam – muitas vezes com razão – da capacidade da entrevista e do entrevistador de revelá-los com fidelidade. Sabe-se que Lewis Carroll, o criador de *Alice no país das maravilhas*, jamais aceitou esse papel, por seu "horror de entrevistadores", e que Conan Doyle, o criador de Sherlock Holmes, jurou, numa determinada altura, "jamais ver um entrevistador novamente"; mas é sabido também que muitos outros, como H. G. Wells,[4] que se referia a entrevistas como uma verdadeira "provação", e Rudyard Kipling,[5] que as achava uma atividade "imoral", se puseram, eles próprios, no papel que aparentemente abominavam, o primeiro entrevistando Stalin[6] e o segundo,

---

3 O título de um artigo do *The Idler,* de dezembro de 1895, dá bem a dimensão da polêmica sobre a entrevista: "Are interviewers a blessing or a curse?". Significativamente, uma peça teatral recente de T. Thomas, *The Interview* (Samuel French, London, 1975), trata das vicissitudes de um entrevistador diante das dificuldades que lhe coloca um "homem muito famoso" que o impede de usar o gravador e passa o tempo a dizer e a se desdizer.

4 H. G. Wells (1866-1946), autor famoso por seus romances de ficção científica, *A máquina do tempo* (1895) e *The War of the Worlds (1898)*.

5 Rudyard Kipling (1865-1936), escritor inglês, ganhador do Prêmio Nobel de Literatura em 1907 e autor, entre outros, de *Plain Tales from the Hills* (1888) e *Kim (1901)*.

6 José Stalin (1879-1953), dirigente soviético entre 1928 e 1953.

As muitas faces da história

Mark Twain.[7] Mais recentemente, a introdução do gravador deu a alguns a ideia de como escapar ao controle do entrevistador e garantir a exatidão da entrevista. Foi assim que o ator Warren Beatty, o cineasta Roman Polanski e a ex-primeira-ministra britânica Margaret Thatcher, por exemplo, insistiram em fazer suas próprias gravações das entrevistas que davam![8] Há vários anos, o escritor e jornalista Ved Mehta publicou um livro de muito sucesso baseado em entrevistas com vários historiadores britânicos de renome, então envolvidos em grande polêmica sobre teorias da história.[9] Intelectualmente muito preparado e decidido a conhecê-los melhor como pensadores e homens, se pôs a encontrá-los, muitas vezes em suas próprias casas. As conversas, como ele se recorda, nem sempre foram muito amistosas. Certa vez, por exemplo, recebeu o que considerou uma verdadeira "punhalada". Entrando num táxi, ao sair da casa do famoso A. J. P. Taylor, este lhe dirigiu as seguintes palavras: "Após viver tanto tempo com livros, como eu, se começa a preferi-los às pessoas".[10]

Nada semelhante aconteceu durante as entrevistas aqui reunidas, marcadas todas por um clima extremamente amistoso, gentil e bem-humorado. Se alguns dos historiadores eram muito mais tensos do que outros, muitos mais preocupados com o risco de fazer algum comentário incauto, menos dispostos a responder a certas questões e mais interessados em rever a transcrição na língua original ou na edição em português, nenhum deles, no entanto, foi indelicado ou manifestou receio de ser deliberadamente mal representado e ter suas palavras e ideias deturpadas. Afora

---

7   Mark Twain (1835-1910), pseudônimo de Samuel Langhorne Clemens, escritor e jornalista norte-americano, mais conhecido como autor de *As aventuras de Tom Sawyer* (1876) e *As aventuras de Huckleberry Finn* (1884).

8   Ch. Silvester (Ed.) *Interviews – An Anthology from 1859 to the Present Day*, London: Viking, 1993, p.1-48.

9   Ved Parkash Mehta (1934), *The Fly and the Fly-Bottle – Encounters with British Intellectuals*, London: Weidenfeld and Nicolson, 1961. Mehta, autor indiano naturalizado norte-americano, ficou conhecido por suas contribuições para a revista *the New Yorker*, onde o material do citado livro foi primeiramente publicado.

10 Ver Mehta, op. cit., p.147.

uma ou outra pequena alteração, correção ou corte de passagens vistas, *a posteriori*, como muito indiscretas ou pessoais, as entrevistas não foram, em parte alguma, nem repudiadas nem saneadas e nem sequer reescritas ou reelaboradas pelos entrevistados, como seria de esperar. Carlo Ginzburg, por exemplo, praticamente se limitou a pedir que fossem cortados os pontos de exclamação que eu introduzira (talvez exageradamente) na edição portuguesa, tentando preservar um pouco de seu modo superexpressivo e de sua fala apaixonada! Nem mesmo o hipercauteloso Keith Thomas, que em vários momentos interrompia a gravação dizendo *"off the record, please"*, tirou vantagem da revisão para alterar sua fala.

As entrevistas apresentadas a seguir são dispostas segundo a ordem da idade dos entrevistados, sendo Jack Goody o sênior e Quentin Skinner o júnior. Na ausência de outro critério mais óbvio, esse me pareceu o mais apropriado para apresentar os praticantes de um ofício que lida, fundamentalmente, com o desenrolar do tempo; e também para se perceber o desenvolvimento da historiografia ao longo de algumas décadas. As introduções que antecedem as entrevistas procuram, simplesmente, prover o leitor com informações sobre os historiadores consideradas úteis para a compreensão do que é discutido logo adiante. As notas acrescentadas também visam fornecer informações ligeiras que possam ajudar a localizar rapidamente alguns dos nomes mencionados[11] no decorrer das conversas. Finalmente, espero que minha interferência como editora, traduzindo a prosa falada em prosa escrita, possa fazer que o leitor compartilhe comigo do prazer que foram essas conversas ricas e estimulantes, em que seriedade e profundidade parecem conviver muito bem com humor e leveza.

---

11 As notas informativas serão introduzidas somente na primeira vez em que um determinado nome for mencionado.

Jack Goody

Asa Briggs

Natalie Zemon Davis

Keith Thomas

Daniel Roche

Peter Burke

Robert Darnton

Carlo Ginzburg

Quentin Skinner

1
Jack Goody[1]

Jack Goody (1919), antropólogo e historiador britânico, é reconhecidamente um dos mais versáteis intelectuais de nossos dias. Sua obra, marcada por grande erudição, amplitude de interesses e uma abordagem distintamente goodyana, tem atraído a atenção e a admiração não só de antropólogos e historiadores, mas também de filósofos, educadores e economistas. O grande historiador francês Georges Duby (1919-1998), por exemplo, caracterizou a obra de Goody como uma desconcertante e "soberba lição de rigor" e de agudeza, que amplia enormemente os horizontes dos historiadores. Amartya Sen, filósofo e economista, ganhador do Prêmio Nobel de Economia de 1998, a recomendou como um excelente corretivo da visão deturpada que se tem no Ocidente das diferenças entre o mundo oriental e ocidental. A repercussão e o impacto das ideias de Goody têm sido tão grandes que há quatro anos sua obra foi objeto de uma conferência na França, algo pouco usual durante a vida de um intelectual.

---

[1] Uma versão resumida desta entrevista foi publicada no caderno "Mais!", *Folha de S.Paulo,* em 7 de junho de 1998.

O caminho que levou Jack Goody à antropologia e à história não foi dos mais usuais. Iniciou seus estudos superiores em 1938, na Universidade de Cambridge, estudando literatura inglesa – quando foi colega de E. P. Thompson,[2] Eric Hobsbawm[3] e Raymond Williams,[4] três outros gigantes da intelectualidade inglesa –, mas a Segunda Guerra Mundial logo o levou à luta no deserto africano, à sua captura pelos alemães, a três anos em campos de prisioneiros no Oriente Médio, Itália e Alemanha, à fuga da prisão e a seis meses de vida clandestina na Itália. Privado de livros durante muito tempo, foi, ironicamente, ao chegar ao campo alemão de Eichstatt (que contava com uma inusitada biblioteca), que Goody teve oportunidade de descobrir dois livros que iriam marcar significativamente sua vida intelectual: O *ramo de ouro*, do antropólogo James Frazer (1854-1941), e O *que aconteceu na história*, do arqueólogo Gordon Childe (1892-1957). Retornando à universidade em 1946, abandonou os estudos literários, ingressou na faculdade de arqueologia e antropologia e, após se dedicar à educação de adultos (querendo, como seu amigo E. P. Thompson, "contribuir para mudar o mundo"), iniciou sua carreira de antropólogo com uma pesquisa de campo num vilarejo africano, onde se transformou no "amigo dos ancestrais". Desbravando, desde então, novos campos de estudo, sua obra, sempre repensada e em constante movimento, abrange temas tão variados quanto o impacto da escrita nas sociedades, a cozinha, a cultura das flores, a família, o feminismo, o contraste entre as culturas orientais e ocidentais etc.

Sua reputação como antropólogo, entre os colegas britânicos, foi primeiramente adquirida com a pesquisa de campo que desenvolveu em Gonja, no norte de Gana, e com a série de estudos que

---

2 E. P. Thompson (1924-1993), historiador inglês, autor de *A formação da classe operária inglesa* (1963), entre outros.

3 Eric Hobsbawm (1917), historiador inglês, autor de uma ambiciosa trilogia – *A era das revoluções. Europa 1789-1848* (1962), *A era do capital, 1848-1875* (1975) e *A era dos impérios* (1987) –, à qual acrescentou *A era dos extremos: o breve século XX. 1914-1991* (1994).

4 Raymond Williams (1921-1988), crítico literário de Cambridge, autor de *Cultura e sociedade: 1780-1950 (1958)*.

daí resultou: estudos sobre a propriedade, os ancestrais, a relação entre formas de tecnologia e o Estado, e assim por diante. Em escala internacional, sua reputação se firmou com os amplos estudos comparativos que fez sobre a sociedade e a história da África, Europa e Ásia. Primeiramente, se interessou pelo tema da alfabetização entre os africanos, gregos antigos, assírios e entre as sociedades tradicionais de um modo geral. Seu polêmico artigo de 1963 sobre *"The consequences of Literary"*, escrito com o historiador de literatura inglesa Ian Watt, foi o primeiro de uma série de estudos sobre o assunto, dos quais o mais conhecido é o livro *Domesticando o pensamento selvagem* (1977). Um outro campo em que Goody tem utilizado seu talento comparativo é o da história da herança e da família. Sua mais famosa contribuição nessa área é o *Família e casamento na Europa* (1983), em que explica a proibição eclesiástica de casamentos entre parentes como resistência a práticas que poderiam privar a Igreja de propriedades. Sobre esse mesmo tema ele está atualmente escrevendo um livro para a série organizada por Jacques Le Goff, *Faire l'Europe*. Mais recentemente, Jack Goody ampliou suas comparações para abranger comida e flores. *Cooking, Cuisine and Class* (1982), *The Culture of Flowers* (1993) e *Love and Food* (1999) são estudos em que Goody utiliza seus conhecimentos sobre a África, contrastando a cultura daquele continente com o da Eurásia, continente que, como enfatiza, se desenvolveu numa outra direção após o surgimento das cidades e da escrita ocasionados pela "revolução" da Idade do Bronze. Enfim, quem examina a obra de Jack Goody é levado a reconhecer que a visão global de sociedade e de história de longa duração que a informa é de tal monta que faz que até mesmo o sociólogo alemão Max Weber (1864-1920) e o historiador francês Fernand Braudel (1902-1985) pareçam, em comparação, limitados e eurocêntricos.

Professor de antropologia social na Universidade de Cambridge de 1954 a 1984, Jack Goody tem sido também, ao longo de sua vida, pesquisador e professor itinerante nos quatro cantos do mundo. No Brasil, esteve brevemente em 1984, quando deu aulas na Universidade de Recife. Lamentavelmente, no entanto, permanece pouco conhecido do público brasileiro, tendo só três de seus dezenove livros traduzidos para o português: *Domesticando do pensamento selvagem* (1988), *Família e casamento na Europa* (1996) e *Lógica da escrita e organização da sociedade* (Edições 70, 1987).

A vida dinâmica e produtiva que Jack Goody ainda tem aos 80 anos de idade causa admiração e mesmo estupefação em muitos de seus colegas. Sua produção acadêmica continua a ser invejável, tanto pela qualidade quanto pela quantidade de suas publicações; e sua atuação em seminários e conferências é sempre marcada por um misto de espontaneidade e brilhantismo que encanta e estimula a audiência. Quando, finalmente, se abriu uma brecha em sua atividade e movimentação incansáveis, ele nos concedeu esta entrevista em sua sala no St. John's – College de Cambridge, que o abriga desde 1938, primeiro como aluno e, depois, como *fellow*. Numa conversa cheia de surpresas e ricas digressões, e mostrando-se extremamente expansivo, gentil e bem-humorado, Goody discorreu longamente sobre seus interesses, suas experiências e sua trajetória intelectual.

O senhor escreveu sobre um número impressionante de temas que vão desde as consequências da alfabetização e reformas educacionais a padrões de família e casamento; desde a África contemporânea e o Brasil do século XIX à Grécia, China e Mesopotâmia antigas; desde flores e ritos funerários a amor, luxúria e comida. Como explica essa sua curiosidade enciclopédica?

Em parte, isso talvez se deva às experiências extremamente variadas que vivi durante a Segunda Guerra; ao fato de estar um dia lutando no deserto contra beduínos; outro, convivendo com prisioneiros de guerra indianos, sul-africanos, americanos, russos etc.; ainda em outro, fugindo pela Itália e me escondendo em casas de camponeses dos Abruzzi. Acho que, quando voltei da Guerra, quis, de algum modo, dar um sentido a toda essa diversidade de vivências. Mas também acho que a leitura de Marx e Weber despertou meu interesse para amplos problemas sociológicos e para a razão pela qual algumas coisas acontecem num lugar e não em outro. Quando fui estudar uma vila no norte de Gana, minha intenção nunca foi permanecer circunscrito a ela, mas estudá-la nas suas relações com as rotas comerciais do Saara, com o comércio do ouro tanto oriental quanto da América do Sul etc. Gosto de me ver como um entendido na área sobre a qual fiz pesquisa de campo, mas não como um africanista. Na verdade, a lógica das minhas pesquisas pode me conduzir tanto para a África quanto para a Itália, por exemplo, já que me interesso pelos mesmos problemas, sempre sob a óptica comparativa.

Há alguns aspectos de sua vida familiar e escolar que considera determinantes em sua carreira de antropólogo-historiador?

Não estou certo de que minhas experiências de infância tenham me levado à antropologia, mas fui, sim, muito encorajado em meus estudos por meus pais (especialmente por minha mãe, escocesa), que haviam deixado a escola bem cedo. Nasci na recém-criada Welwyn Garden City de Hertfordshire, mas meus pais decidiram se mudar para perto de St. Albans, a fim de que eu e meu irmão (que ensinou astrofísica em Harvard) pudéssemos frequentar uma escola excelente, a St. Albans Grammar School. Foi lá que eu me interessei pela arqueologia, pois justamente naquela época o grande arqueólogo Mortimer Wheeler estava fazendo escavações ao lado da escola para trazer à tona a cidade romana de Verulamium.

Mas o meu interesse principal – ao lado da literatura inglesa, que era o assunto mais apaixonante e *sexy*, tanto na escola como na universidade – era por assuntos da atualidade e história. Minha vida escolar, como sabe, foi abalada pela expansão da Alemanha e da Itália, e, acima de tudo, pela Guerra Civil Espanhola. Assim, meu interesse pela literatura tinha um aspecto mais social, o que não era muito apreciado por meus professores de Cambridge, acima de tudo por Leavis.[5]

---

5 Frank R. Leavis (1895-1978), crítico literário de Cambridge, autor de *The Great Tradition* (1948).

Quando fez pesquisa de campo em Gana, o senhor se envolveu na luta em prol da libertação do país do domínio britânico e até se filiou a um partido, o Convention People's Party. Como explica essa atitude ante o ideal de imparcialidade científica?

Não se pode fazer nenhuma observação sem ser, em algum grau, também um participante; sem que o deixem observar o que está se passando. E se você quer saber o que está acontecendo em política, o melhor meio é mesmo ingressar num partido político. Mas devo dizer que, enquanto fui membro do partido africano, também conheci muito de perto o comissário do distrito local, que trabalhava para o governo colonial, o que me permitia ver os dois lados da questão. Todavia, minha ligação com o Convention People's Party não foi somente parte de uma estratégia. Eu também estava genuinamente interessado no processo de independência e, portanto, não era um observador totalmente neutro. Como tantos outros que trabalhavam na África naquela época, eu tinha um compromisso com a mudança social e supervalorizava ingenuamente o papel que a educação podia exercer na sociedade.

Em seu recente livro etnográfico e histórico sobre a cultura das flores, o senhor previne que o tema, diferentemente do que pode parecer, nada tem a ver com as atividades mais recreativas de decoração e de jardinagem, mas que, como no caso da arte culinária, tem muito a ver com "as coisas sérias da vida". Poderia desenvolver um pouco essa ideia?

Tudo começou há muito tempo, quando, observando as sociedades africanas e os ritos funerários, me dei conta de que lá não se encontrava algo muito presente na Ásia e Europa: a cultura de flores. Supondo que o uso ou não de flores em uma sociedade pode dizer muito sobre sua religião, seus costumes, sua atitude em face da natureza, dos bens de consumo etc., decidi escrever um livro histórico e antropológico sobre o assunto. Pus-me, então, a interrogar floristas, a perambular por cemitérios, a visitar mercados de flores e a pesquisar em bibliotecas onde quer que estivesse. Descobri, assim, não só o grande significado simbólico que as flores adquirem em certas sociedades, como observei choques entre diferentes culturas de flores. Em Hong Kong, por exemplo, um amigo italiano quis me impedir de dar crisântemos a alguém, pois no sul da Europa é a flor que se dá aos mortos; não imaginava que na China essa mesma flor simboliza uma longa vida. Já a ausência de cultura de flores na África pode ser explicada, no meu entender, pelo fato de essa região não ter adotado as mudanças da Idade do Bronze, da Revolução Urbana, que tanto marcaram o desenvolvimento da Europa e da Ásia, como tão bem mostrou o arqueólogo marxista Gordon Childe. Não tendo desenvolvido o arado, um sistema de escrita e de contabilidade e toda uma gama de técnicas manufatureiras (ou, se se quiser, uma protoindustrialização), as sociedades africanas não tiveram as grandes propriedades, a "economia do desperdício" e a classe ociosa que permitem o surgimento quer da cultura das flores quer da arte culinária. Interessante é que não se vê na África o mesmo tipo de estratificação das demais sociedades; ela é, em certo sentido, culturalmente homogênea. Quando se vai à casa de um chefe africano verifica-se que, apesar de seu grande poder político, ele come a mesma comida que o resto da comunidade. E quanto às flores, como elas são vistas como uma preliminar da fruta ou da árvore, cortá-las é considerado um ato, em certo sentido, predatório. Essa era, essencialmente, a mesma atitude de minha mãe quando via alguém cortar um galho de macieira: estava se estragando a fruta! O uso puramente estético das flores, como uma simples oferenda ou para ornamentação, faz parte, pois, de uma economia que produz um *surplus*, algo muito distante da situação africana.

Como resultado de seus estudos comparativos entre a Ásia e a Europa o senhor argumentou que, contrariamente ao que sociólogos, historiadores e antropólogos frequentemente acreditaram, o Ocidente nunca teve uma especial predisposição para o desenvolvimento do capitalismo e da modernização. De fato, o senhor até sugere que, em vez de se falar sobre a "singularidade do Ocidente", deveríamos falar da singularidade da Eurásia e da especial contribuição da Ásia nessa dupla. Isso significa que a ideia das sociedades orientais como estagnantes, difundida por Marx e tantos outros, é, na verdade, um mito do Ocidente?

Sim, penso que é seguramente um mito do Ocidente, pois toda sociedade já esteve estagnada em certos períodos, e o Oriente teve certamente períodos muito dinâmicos. A profunda diferença estrutural que, segundo Marx e Weber, existia entre o Oriente e o Ocidente decorre de uma visão etnocêntrica que continua a comprometer nosso entendimento do mundo. Diferentemente do que Marx pensava, havia instituições civis e leis comerciais nas sociedades orientais que viabilizavam uma economia bastante dinâmica. Uma visão comum, mas profundamente equivocada, é, por exemplo, a que considera que a enorme população da Índia e da China é indício de fracasso. Ao contrário, populações enormes como essas mostram que a economia dessas regiões foi bem-sucedida, pois, se não, a população não teria sobrevivido. O que a grande obra de Joseph Needham[6] mostrou muito bem é que, até o século xv, a China estava muito mais adiantada do que a Europa em várias áreas: na economia agrícola, na manufatura (com a sofisticada produção de seda e porcelana), no comércio de exportação e nos sistemas de conhecimento, que incluíam até a produção de enciclopédias. É verdade que, a partir dessa época, a Europa começou a avançar muito em relação à Ásia, e devemos tentar explicar essa mudança. No entanto, é totalmente errôneo, no meu entender, explicá-la simplesmente em termos de profundas diferenças estruturais, alegando que uma sociedade era dinâmica e a outra, estagnada. O que não devemos esquecer é que parte da Revolução Industrial nada mais foi do que copiar, numa produção em grande escala, a pioneira indústria asiática. As tecelagens de Manchester substituíam, por exemplo, o algodão indiano e a seda chinesa; do mesmo modo, as indústrias de Wedgwood e Delft copiavam a porcelana chinesa.

No seu livro sobre a cultura das flores, o senhor discutiu as razões que explicam a escassez de flores nos cemitérios e funerais dos países protestantes, comparada com a sua abundância nos países

---

[6] Joseph Needham (1900), autor de *Science and Civilization in China* (1954), obra sobre a história chinesa composta de vários volumes.

católicos, onde o respeito e o amor ao morto se expressam na linguagem das flores. Como, então, explicar as toneladas de flores (que esgotaram o estoque nacional e tiveram que ser enviadas às pressas de Israel, Tailândia, Quênia e Holanda) que os protestantes britânicos ofereceram à princesa Diana antes, durante e após o seu funeral?

Considero isso um fato muito intrigante, pois é bem verdade que os países protestantes usam flores com muito mais parcimônia. Minha mãe, escocesa presbiteriana, teria ficado horrorizada ao ver tal desperdício! Se alguém lhe oferecia flores, ela dizia tranquilamente: "Prefiro ovos!". É verdade que muito mudou na Inglaterra desde o século XVII, quando os puritanos eram totalmente contra o uso de flores. Mas, de qualquer modo, nós aqui as usamos incomparavelmente menos do que na Itália ou na França, onde havia, no século XIX, um bom número de manuais sobre a linguagem das flores, que toda jovem deveria conhecer. Não me é fácil entender o evento Diana, que foi, sem dúvida, uma demonstração única. Não foi, no entanto, um evento pioneiro. Um pouco antes, a mesma demonstração com flores – mas não tão intensa – aconteceu em Bruxelas por ocasião do assassinato de algumas crianças por um pedófilo. As pessoas foram para a rua espontaneamente e fizeram uma demonstração contra o poder. No caso de Diana, a demonstração veio também de baixo, do povo, estimulada, é fato, pela mídia, que não criou propriamente o evento, mas provocou, sem dúvida, uma espécie de contágio. Pessoas vinham de longe dizendo que, ao verem pela mídia o que acontecia, decidiram também estar presentes e trouxeram flores. Da mesma forma que no judaísmo, onde cada um marca sua visita ao cemitério colocando uma pedra sobre o túmulo, as flores eram uma espécie de oferenda, uma forma de expressar simpatia e de deixar uma marca de sua presença. Mas é, sem dúvida, intrigante que, num país que acabou com os santos e com os hábitos católicos, o povo tenha atirado flores na rua, ao longo do cortejo, prática já abolida há séculos.

Seria justo dizer que a principal motivação que há por trás de sua ampla e variada obra é o desejo de minar a noção de "singularidade do Ocidente"?

Sem dúvida, esse é um elemento importante. Quando pesquisei as práticas de herança na África, verifiquei não só as diferenças em relação ao Ocidente, como também certas semelhanças. Toda sociedade enfrenta o problema de ter que passar seus bens e valores para a próxima geração, e há certamente modos diferentes de fazê-lo; no entanto, há alguns problemas em comum. Quando comecei a me interessar pelo estudo das flores, por exemplo, estava viajando pela Indonésia (Bali) e pela Índia, onde observei o intenso uso que as pessoas faziam das flores, usando guirlandas ao redor do pescoço e tudo o mais. De fato, nunca vi uso tão intensivo de flores como na Índia. Isso me levou a pensar sobre o que poderia explicar a quase ausência do uso de flores na África, onde não se encontra praticamente nenhum simbolismo de flores, nem em canções nem em histórias. Começando minha pesquisa com essa interrogação, fiquei surpreso ao descobrir, lendo O *homem e o mundo natural*, que Keith Thomas considerava a preocupação com a natureza como parte das "novas sensibilidades" e "novas mentalidades" da modernidade ocidental, mais especialmente da inglesa. Não pude deixar de comparar essa visão com a ampla evidência de que a prática da jardinagem na China era muito anterior e muito mais intensa do que na Inglaterra; e de que isso, provavelmente, também era verdade em relação a outras atitudes para com a natureza, de modo geral. As chamadas religiões animistas, que podem ser vistas como parte de um diálogo com e sobre a natureza, são outro exemplo de que não inventamos a preocupação ecológica. Considerei, então, importante mostrar que a Ásia tinha uma sofisticada cultura de flores (tão ou talvez mais sofisticada que a ulterior cultura europeia) e que a Europa fora buscar na Ásia não só as flores, mas os padrões florais. Enfim, a partir de uma ampla comparação de atitudes e ambivalências sobre o controle e a exploração da natureza, o pretenso avanço e singularidade ocidentais não se sustentam.

O senhor mostrou que a pretensa "singularidade ocidental" impede nossa compreensão do passado e do presente não só dos "outros", como também de nós mesmos. Isso significa que não há nada único em "nós" ou "neles" e que, portanto, a própria categoria de "singular" é enganosa?

As muitas faces da história

Não totalmente, pois há certas coisas únicas numa cultura e não há nada de errado com a ideia de que todo país, toda pessoa são únicos. Mas acho que é, por exemplo, muito fácil eu me considerar único – o que de fato sou, todos nós somos. No entanto, em que sentido somos verdadeiramente únicos? Tendo a pensar que sou único porque sou muito generoso, ou coisa que o valha, mas isso não será verdade se outro se comparar a mim e a outros. A tendência de explicar a modernidade como fruto de pretensas singularidades ocidentais, tais como o individualismo, a racionalidade e a estrutura familiar, tem comprometido nossa compreensão não só do Oriente, como de nós mesmos. O que quero dizer, em suma, é que a ideia da excepcionalidade do Ocidente extrapolou os limites e gerou muitas incompreensões. A Inglaterra é, na verdade, única em alguns aspectos; a Europa, como um todo, em outros; a China, ainda em outros, e assim por diante. Quando digo que extrapolou os limites é porque se tornou uma ideia mais ou menos assente de que pudemos inventar o capitalismo ou a modernização, por exemplo, porque nós, ocidentais, somos únicos. Ora, isso só é verdade se pensarmos no capitalismo industrial, mas não, seguramente, se pensarmos no capitalismo mercantil, que era tão ou mais vigoroso no Oriente do que no Ocidente durante os séculos XIV, XV e XVI. Quanto à modernização, quem pode dizer que Hong Kong ou o Japão não são mais modernos do que nós? A questão é que as coisas estão sempre mudando, e, a partir de uma perspectiva global, é fácil verificar que o pêndulo oscila e que certas sociedades que estiveram na vanguarda da modernização numa época cederam lugar para outras, em outra época. Não é uma característica única de nossa constituição, enquanto ingleses ou europeus, por exemplo, que permite que façamos isso ou aquilo. E, no entanto, isso é o que meus colegas historiadores, como Lawrence Stone[7] e tantos outros, fazem

---

7 Lawrence Stone (1919-1999). historiador inglês, autor, entre outros, de *The Crisis of the Aristocracy* (1965) e *The Family, Sex and Marriage in Early Modern England* (1978).

quando estudam a história da família, da criança etc. Enfatizam em excesso a peculiaridade ocidental, e a usam de um modo teórico que penso ser muito enganoso. Só se poderá dizer que a família europeia ou inglesa é única se outras famílias, como a chinesa, por exemplo, forem estudadas. Basear tal afirmação no estudo de dados sobre as famílias inglesas ou europeias dos séculos XVIII e XIX não tem nenhum sentido teórico sólido. No entanto, isso é o que tem sido feito.

Daí então sua insistência sobre a importância dos estudos comparativos para contraatacar os males do etnocentrismo e das incompreensões humanas. Mas o senhor poderia agora falar um pouco sobre as dificuldades dessa abordagem?

Há muitas, na verdade, imensas dificuldades, a começar pelo fato de que nunca se sabe o suficiente nem sobre uma mesma sociedade! O que dizer, então, sobre várias? Temos que confiar demais no trabalho dos outros, julgar a qualidade dos dados e das análises, e isso sem receita alguma de perfeição. No entanto, a saída não pode ser o refúgio em relatos personalizados ou fictícios. Nenhuma asserção sobre a família, a criança e a economia ocidentais, por exemplo, deve ser feita sem que se examine a situação em outras culturas. O que acontece com um número considerável de estudos é que eles tendem a ser insulares, a superestimar as características de seu objeto de estudo. O problema se complica muito na Inglaterra, onde indubitavelmente ocorreram, no fim do século XVIII, avanços sem precedentes em produção e controle da energia, seguidos posteriormente por outras sociedades. Essa liderança inglesa fez que alguns historiadores daqui passassem logo a pressupor que a Inglaterra era única em outros aspectos também. Nos estudos sobre a família, em particular, prevalece a ideia de que os padrões europeus eram muito diferentes dos asiáticos, e que foi essa especificidade que promoveu a modernização, o capitalismo etc. Mas o caso é que estamos tendo que modificar constantemente essa ideia e ajustar a teoria para dar conta do desenvolvimento em regiões diferentes. Dizer, por exemplo, que o Japão se desenvolveu porque era uma ilha com certas semelhanças com a Inglaterra, com um feudalismo semelhante ao europeu, resolveu a questão só até a China e Taiwan também começarem a se desenvolver. São as dificuldades dos estudos comparativos que fazem que muitos estudiosos os rejeitem; todavia, se quisermos lutar contra a representação deturpada do "outro" (quer seja esse "outro" o Oriente ou o nosso vizinho), temos que apelar para a comparação como uma das únicas formas de assemelhar nosso instrumental aos experimentos dos cientistas. A representação fidedigna do outro pode bem ser uma tarefa que, no sentido absoluto, está além da capacidade humana; mas isso não é razão para os historiadores, antropólogos e sociólogos abdicarem da tarefa de lutar contra os males do etnocentrismo e das incompreensões sobre nós e os outros.

Frazer, um grande advogado dos estudos comparativos, foi muito criticado por comparar ideias, objetos e práticas, deixando de lado o contexto que lhes dava sentido. O senhor considera procedentes essas críticas?

Frazer foi, no meu entender, indevidamente denegrido por aqueles antropólogos que não acreditavam no método comparativo, achando, por exemplo, que os estudos africanos não iluminavam em nada os dos camponeses europeus. Eu, pelo contrário, fiquei fascinado com Frazer desde o dia em que descobri seu *O ramo de ouro* na biblioteca da prisão de Eichstatt. Foi esse o livro que me despertou para a antropologia. Concordo que Frazer tratou as ideias atomisticamente e que, não tendo experiência de pesquisa de campo (o que todos os antropólogos hoje têm), comparou as ideias de alma de várias culturas sem a devida contextualização. No entanto, levantou problemas e abriu perspectivas que ampliaram imensamente a possibilidade de compreensão intercultural. Apesar de nada ter escrito sobre os achantis ou os habitantes de Lo Dagaa, por exemplo, Frazer contribuiu para a consciência das relações das sociedades avançadas com as demais, num grau que só se equipara à contribuição de Lévi-Strauss. Sua influência foi imensa não só sobre as ciências sociais e históricas, mas também sobre a literatura. *A terra desolada*, de T. S. Eliot,[8] um dos meus livros favoritos, está cheio de referências a Frazer! Com os dados que temos hoje sobre tantas sociedades particulares, temos o dever de voltar às questões comparativas que Frazer colocou há décadas. Afinal, investigar se determinadas crenças são universais ou locais é questão que não perdeu em nada sua validade.

O senhor afirma ter sido influenciado pelo marxismo, mas, ao mesmo tempo, insiste em que a visão de Marx sobre o Oriente alimentou grandemente a pretensiosa ideologia ocidental. Não obstante isso, acha que o marxismo ainda tem alguma contribuição a dar aos estudos comparativos?

Eu certamente *não* sou um *não marxista* porque ainda penso que Marx oferece ótimos pontos de partida para o tratamento de várias questões. Ainda hoje estava escrevendo uma crítica a algumas de suas ideias, mas exatamente porque acho que elas devem ser consideradas seriamente. As ciências sociais ganharam com ele uma dimensão histórica, uma teoria sobre o desenvolvimento social que, apesar de poder ser vista hoje como grosseira e inadequada, teve e tem o seu valor. Um outro campo muito beneficiado pelos estudos de marxistas foi a pré-história. Estou pensando especialmente no trabalho do historiador e arqueólogo marxista Gordon Childe, um australiano que transformou o estudo da pré-história. Ao mostrar que as grandes mudanças da Idade do Bronze que ocorreram na Mesopotâmia também se repetiram na Índia e na China, e que, àquela época, não se podia diferenciar a Europa da Ásia – ou até ao contrário, a Ásia estava mais avançada do que a Europa – Childe deu uma nova dimensão social às mudanças cruciais da história e da pré-história. É fato, pois, que Marx estava errado sobre as sociedades asiáticas (que não eram estag-

---

8 T. S. Eliot (1888-1965), poeta e crítico norte-americano. *A terra desolada* foi publicado em 1922.

nadas e despóticas como supunha) e alguns aspectos das europeias. No entanto, mesmo assim, ele levanta problemas essenciais e os trata de um modo que não podemos, de modo algum, descartar como irrelevante. A comparação que Marx e Weber fizeram padeceu de um flagrante etnocentrismo e também de escassez de dados. Convenhamos que, desconhecendo o chinês, era-lhes praticamente impossível ter acesso ao conhecimento de que dispomos hoje, com os bons trabalhos existentes em inglês sobre o Oriente. Se, no entanto, falha como essa era mais compreensível no passado, atualmente torna-se muito mais criticável.

Uma das consequências da convergência entre história e antropologia foi o grande desenvolvimento e popularidade da micro-história. Seguindo os antropólogos, os historiadores adquiriram o gosto pelo estudo de pequenas comunidades e de indivíduos obscuros. Tal tendência, no entanto, tem sido criticada por historiadores respeitáveis que se inquietam com a possibilidade de a micro-história só tratar de questões insignificantes. John Elliott,[9] por exemplo, afirmou que algo está muito errado quando "o nome de Martin Guerre é tão ou mais conhecido que o de Martin Luther". O que acha dessa suspeita?

Simpatizo, em certo sentido, com a preocupação de Elliott, mas o perigo em antropologia vai ainda mais além, quando se pensa na proliferação de microestudos que se limitam a estudar a *reação* do observador das pequenas comunidades! Ou seja, se nada se aprende sobre as próprias comunidades, o que dizer, então, sobre o contexto mais amplo! Pessoalmente, acho que micro-histórias do tipo *Martin Guerre* ou *Montaillou, o povoado occitânico 1294-1324*[10] têm dado contribuições interessantes e significativas, o que mostra ser esse um rico campo de estudos. Mas o que me preocu-

---

9 John Elliott (1930), historiados britânico, autor de *The Revolt of the Catalans* (1963), *The Count-Duke of Olivares* (1986) etc.

10 O camponês do século XVI Martin Guerre é o protagonista de *O retorno de Martin Guerre*, de Natalie Z. Davis, e *Montaillou, o provado occitânio 1294-1324* (1975) é uma obra em que o historiador francês Emmanuel Le Roy Ladurie descreve a vida de um vilarejo francês por volta de 1300.

pa é a tendência de se achar que esse é o único estudo a ser feito, de cada um se confinar ao seu campo particular, e de se rejeitarem estudos mais amplos e comparativos. No meu entender, enquanto houver perguntas gerais sobre o universo, devemos tentar dar algum tipo de resposta geral, caso contrário as respostas serão pura ficção. É verdade que as nossas talvez sejam também parcialmente ficção, mas podemos tentar torná-las mais precisas.

Quais são, no seu entender, as maiores vantagens que se podem obter da convergência da história e da antropologia?

Quando se faz um estudo antropológico de uma cultura que não tem registros históricos, há sempre o terrível perigo de se pensar que seu estado permanente é aquele em que está, e que os guivaros ou os zunios, por exemplo, sempre se comportaram naturalmente daquele modo. Ora, uma coisa de que podemos estar certos é que esse nunca é o caso, que as culturas não são imóveis e estão sempre em mudança. No entanto, quando se tem uma visão instantânea de uma sociedade ou uma visão sincrônica, como se dizia em antropologia – que é basicamente o que se consegue quando se faz uma pesquisa de campo de uma sociedade –, fica-se com a impressão de que a cultura é algo sólido, que tem a mesma forma desde o seu início. É essa ideia que faz que se fale em cultura achanti, por exemplo.

E, num certo sentido, é a história que nos salva desse perigo, ao dar à antropologia a dimensão de tempo e de profundidade que lhe falta. Evidentemente, o antropólogo muitas vezes não pode atingir essa dimensão por lhe faltarem fontes, mas ao menos tem que ter sempre em mente a ideia de que potencialmente essas visões de mundo e atitudes que observa não são permanentes, de que elas contêm contradições que geram mudanças ao longo do tempo. Certos povos africanos nos fornecem evidência disso quando observamos mudanças em sua forma artística, que de figurativas passam a ser mais e mais abstratas.

Do lado da história, diria que ela pode se beneficiar do modo teórico como a antropologia tem tentado lidar com questões como a de parentesco. É, no meu entender, muito útil ao historiador aprender a considerar certos problemas – como as regras de casamento ou os sistemas hereditários – a partir de um maior número de dados analisados em razão de quadros referenciais diferentes dos seus. No meu caso, achei verdadeiramente fascinante trabalhar com E. P. Thompson e J. Thirsk[11] sobre vários sistemas hereditários, e colocar os sistemas europeus num quadro bem mais amplo.

Começando seu estudo pela África e expandindo-o até abarcar a Europa, o senhor se tornou, de certo modo, um intelectual único no mundo das ciências sociais. Considera importante essa mediação entre os dois mundos?

Considero minha experiência africana muito importante, pois onde quer que esteja considerando um problema, na Europa ou em qualquer outro lugar, volto meu pensamento para a África e me pergunto: como seria isso lá no vilarejo que estudei? É muito enriquecedor observar as culturas europeias tendo a África como pano de fundo. Na verdade, muitos dos meus interesses – exogamia, cultura das flores, culinária, articulação entre oralidade e escritura – são originários de minha primeira experiência de campo em Gana. Além disso, estudando as diferentes atividades africanas e observando as profundas diferenças com a cultura europeia, procurei sempre encontrar algum tipo de explicação contextual para essas diferenças, e não simplesmente resolver a questão dizendo, por exemplo, que a África era o que era pelo fato de ter uma mentalidade selvagem. Foi esse tipo de preocupação que me fez interessar pelo papel da leitura e da escrita nas sociedades. Grande parte das diferenças entre a África e a Eurásia (é o que tentei mostrar) estava relacionada ao fato de a primeira não ter desenvolvido um sistema de escrita. Tão logo escolas foram introduzidas e o ensino da escrita se iniciou, as coisas começaram a mudar vertiginosamente; ou seja, não havia uma característica estrutural, uma mentalidade arcaica por trás das diferenças. Eu presenciei de perto essa mudança em Gana, num espaço de tem-

---

11 Joan Thirsk (1922), historiadora britânica da economia, autora de *Economic Policy and Projects* (1978).

po muito curto. Vi pessoas vindas de vilarejos onde não existia a escrita se transformarem rapidamente em excelentes professores universitários, em romancistas, em homens de negócio e até em secretário das Nações Unidas!

Tendo estudado culturas africanas marcadas por um relativo isolamento, o que o senhor acha da taxativa afirmação do crítico Edward Said[12] de que "A história de todas as culturas é a história do empréstimo cultural"?

A ideia de que as culturas orais africanas eram estagnadas e que aguardavam a chegada de ideias do exterior para sair da letargia é errada. Não se pode, no meu entender, subestimar o número de inovações que existe em diferentes culturas. A diversidade da sociedade humana só pode ser explicada pelo elemento de invenção que há entre os agentes humanos. Na verdade, invenção e empréstimo andam juntos na maioria das culturas e é errôneo atribuir tudo quer à invenção quer a empréstimos culturais. No caso da África, deve ser tratado setor por setor. Nos campos religioso e artístico a invenção é grande, com novos cultos e novas ideias surgindo a todo momento. Em outras esferas, como nos sistemas de escrita, na tecnologia e na agricultura, a necessidade de empréstimo é grande.

O que o levou a se interessar pela revolta de escravos de 1835 em Salvador?

Em parte, porque me interesso por revoltas em geral. Mas, nesse caso particular, o que me atraiu foi o fato de o chefe de polícia local atribuir o relativo sucesso da revolta ao papel da escrita no seu planejamento. Sabe-se que vários escravos e homens livres participantes da revolta – a maioria muçulmanos de origem iorubá (ou nagôs, como são conhecidos na América do Sul) – frequentavam escolas informais islamitas, onde aprendiam a ler e a escrever em caracteres árabes, e que muitos dos líderes tinham

---

12 Edward Said (1935), crítico literário americano-palestino, autor do polêmico *Orientalismo: o Oriente como invenção do Ocidente* (1978).

perfeito domínio da leitura e da escrita, o que os colocava acima dos colonizadores brancos, que mal sabiam assinar o nome. Com essa habilidade, eles puderam planejar o levante em segredo, enviando mensagens e instruções, que foram apreendidas pela polícia (e analisadas por Nina Rodrigues[13] em 1900). Como decorrência dessa revolta, foi tomada uma medida draconiana buscando privar a comunidade negra de seus membros letrados: 400 negros foram expulsos e enviados para a África, e tal êxodo parece ter tirado o impulso de futuras revoltas. Assim, meu antigo interesse pelas consequências da alfabetização se viu aguçado por esse episódio, que dramaticamente punha à luz as potencialidades da leitura e da escrita para a transformação cultural.

Um de seus objetivos tem sido refutar as distinções etnocêntricas entre "nós" (os civilizados, avançados, lógico-empíricos) e "eles" (os primitivos e míticos). Ao mesmo tempo, o senhor se recusa a aceitar o relativismo cultural, que chama de "igualitarismo sentimental". O que há de errado com o relativismo cultural?

Essa é uma moda bem pós-modernista, mas, de certo modo, sempre houve esse elemento na própria antropologia, na medida em que seus praticantes normalmente se preocuparam em mostrar que muitas sociedades não são tão diferentes da nossa quanto comumente se pensa; preocupação, aliás, bastante louvável. Mas acho também muito importante reconhecer, ao lado das semelhanças, as inegáveis diferenças. O relativismo cultural, no seu limite, afirma que, por exemplo, os povos africanos são iguais aos chineses, japoneses e europeus. Mas se são, a questão que se coloca é saber por que não realizaram as mesmas coisas. E, para isso, essa concepção não tem resposta. Não se trata, em absoluto, de dizer que algumas culturas ou povos são inferiores, menos inteligentes ou moralmente piores do que outros, mas de reconhecer que as realizações são muito diferentes. Pensando no caso

---

13 R. Nina Rodrigues (1862-1906), antropólogo brasileiro, autor de *As raças humanas e a responsabilidade penal no Brasil* (1894), *Os africanos no Brasil* (1933), *O animismo fetichista dos negros baianos* (1935).

africano, eles desenvolveram, evidentemente, sistemas de conhecimento sobre a natureza, mas não puderam desenvolvê-los da mesma forma que outros o fizeram, com a ajuda do que chamo de "tecnologia do intelecto", ou seja, da escrita e do que ela possibilita. Dizer simplesmente, como faz Derrida,[14] que ler a natureza é o mesmo que ler livros é enganoso. Lendo estrelas não poderei obter o mesmo tipo de conhecimento, por exemplo, sobre o Brasil, que quando tenho acesso a livros, enciclopédias etc. A habilidade de ler, escrever, usar livros me capacita a fazer coisas que os povos de uma cultura fundamentalmente oral, por mais talentosos e inteligentes que sejam, não podem fazer. Igual vantagem em produtividade adquirem aqueles que usam a tração animal ou o trator para trabalhar a terra, em vez da energia humana. Nós, por exemplo, não poderíamos estar aqui sentados durante todas essas horas conversando se sistemas de produção mais elaborados não nos poupassem de longas horas de trabalho no solo para garantir nossa comida diária.

Seu interesse por questões educacionais recua à época em que trabalhou com educação de adultos no pós-guerra e se manteve em seu papel de observador dos sistemas educacionais africanos e europeus. Há quase duas décadas o senhor chegou a propor uma reforma radical da educação, que envolvia a "des-escolarização parcial" da juventude. Como concilia essa proposta com seu interesse pelas consequências da alfabetização?

Meu interesse pelo papel transformador que a introdução da escrita exerceu nas sociedades me levou a reconhecer, por um lado, que os meios de comunicação oral não são eliminados com a introdução da escrita, e, por outro, que o domínio das culturas letradas (e dos letrados) e a correlata depreciação dos iletrados é um fato deplorável. Um dos motivos que me levaram a me interessar por essa questão foi o drama vivido por minha filha disléxica quando, com 10 ou 11 anos, desenvolveu uma aversão pela es-

---

14 Jacques Derrida (1930), filósofo francês que já argumentou que "não há nada fora do texto".

cola por se perceber incapaz de ler e escrever como as outras crianças. Ora, pessoas como ela – e o número é imenso – precisam se sentir valorizadas naquilo que podem fazer. Há, por exemplo, muitas que se voltam para a jardinagem; temos aqui no St. John's excelentes jardineiros, muitos deles com problemas desse tipo. Além do fato de esse não ser um problema individual nas sociedades de escrita alfabética – pois há 10% de pessoas com essas dificuldades –, estava também pensando no problema mais geral da supervalorização das letras. Assim, minha proposta de des-escolarização estava ligada a um esforço (que considerava necessário tanto então como hoje) de se ensinar respeito por outros tipos de trabalho menos intelectuais, e de se avaliar o trabalho manual de modo mais positivo. Uma drls coisas mais desastrosas em educação é que as pessoas são afastadas das atividades produtivas da sociedade. Quando fui educador, após a Guerra, havia a possibilidade de os alunos aprenderem o que é uma batata e como ela é cultivada passando uma semana no meio dos batatais. No entanto, a experiência não durou, pois os professores e as autoridades não sossegaram enquanto não trouxeram os alunos para dentro das salas de aula. Mas há outra questão que há tempos me preocupa sobre a educação. Trata-se da discrepância entre as realizações educacionais e as econômicas, particularmente dramática no caso africano. Devo confessar que na época da independência, eu, como tantos outros intelectuais e políticos, também pensava que, se se criassem boas escolas e universidades, o desenvolvimento e a economia decolariam. Mas as coisas não acontecem assim, e, enquanto a educação (a um custo altíssimo) foi um sucesso, produzindo grandes romancistas e teatrólogos (vivendo agora nos EUA e na Europa), o sistema produtivo continuou basicamente o mesmo. Em Gana, por exemplo, temos uma população educada, insatisfeita, que não quer se dedicar à agricultura tradicional e está ansiosa por emigrar. Como resultado, só em Chicago há hoje dez mil ganeses, alguns com vinte anos de estudo, trabalhando como taxistas ou em subempregos. A ironia é que o Ocidente diz estar ajudando esses países quando envia verbas e cancela dívidas, mas, na verdade, considerando o número de africanos nos subempregos americanos e europeus, o

Ocidente está ganhando muito mais do que dando! Quando digo que a educação deve estar em maior consonância com a economia (não num sentido absoluto, é óbvio) posso parecer reacionário. Mas seguramente a educação universal, por si só, não muda o mundo, e, certamente, não mudou Gana! O que então defendo (ao lado de uma maior consonância entre educação e sistema de produção) é uma reavaliação das realizações orais, de tal modo que os compositores de baladas e os contadores de histórias, por exemplo, sejam tão valorizados quanto os escritores de livros.

O senhor considera que a noção de "mentalidade" é enganosa como instrumento de análise histórica. Quais são suas críticas a essa abordagem?

Penso que é muito fácil e até simplista descobrir mudanças de mentalidade através da história, como fizeram P. Aries,[15] L. Stone e tantos outros. A "invenção da infância", por exemplo, não é convincente porque falta perspectiva comparativa. Para se afirmar que essa invenção aconteceu na Europa num dado momento histórico, seria necessário saber, em primeiro lugar, o que era a infância no momento anterior e, em segundo, como outras sociedades do presente e do passado a consideravam. O mesmo pode ser dito sobre a noção de que o amor conjugal surgiu na Europa no século XVII. Basta nos voltarmos para a Idade Média e para os romanos para ver que isso não se sustenta. Foi nessa linha que eu e Ian Watt (meu antigo colega de Cambridge e autor de um livro apaixonante sobre o surgimento do romance)[16] condenamos a explicação das grandes realizações gregas como fruto do "gênio grego". Há uma certa preguiça intelectual na invocação do "gênio" ou da "mentalidade" dos gregos para explicar seu sucesso. Nisso partilho das críticas de G. Lloyd[17] em *Demystifying Mentali-*

---

15 Philippe Aries (1924-1982), autor do famoso livro sobre a história da infância *L'enfant et la vie familiale sous l'Ancien Régime* (1960).
16 Ian Watt, *The Rise ol the Novel (1957).*
17 Geoffrey Lloyd (1933), historiador britânico especialista em história da filosofia grega antiga. Seu *Demystifying Mentalities* foi publicado em 1990.

ties. Para fugirmos desse raciocínio perfeitamente circular, que nada explica, temos que tentar encontrar os fatores que contribuíram para o chamado "*milagre grego*". É o que tentamos fazer num artigo bastante polêmico de 1963, "The Consequences of Literacy", em que abordamos o desenvolvimento humano a partir das categorias letrado-iletrado.

Mas em que sentido, então, sua dicotomia letrado-iletrado (que o senhor contrastou com as oposições binárias do tipo selvagem/civilizado e lógico/pré-lógico, utilizadas, por exemplo, por Lévi-Strauss[18] e Lévy-Bruhl[19]) se distancia das demais oposições, que critica como sendo simplistas e etnocêntricas?

Basicamente, as outras oposições parecem pressupor que as sociedades são fixas, que estão presas nessa dicotomia, pois não incluem a noção de mudança e não explicam as diferenças. Dizer, por exemplo, que as sociedades são frias ou quentes, como faz Lévi-Strauss, nada diz sobre como se vai de um estado para outro. Já a minha oposição, supondo que os sistemas se modificam, tenta introduzir um elemento dinâmico, um mecanismo de mudança que procura dar conta de, pelo menos, parte das variações. A escrita, nesse sentido, é um dos grandes fatores que explicam a mudança de um sistema. A oposição não é realmente binária porque, apesar de ser esse um dos mais importantes fatores do dinamismo, há outras mudanças nos meios de comunicação humana – como o aparecimento da linguagem e da imprensa – grandemente significativas para o desenvolvimento da sociedade. Quando falei em "domesticação do pensamento selvagem", tentei exatamente mostrar que as culturas não estão presas a um sistema "frio" ou "quente", "lógico" ou "pré-lógico", e quis dar relevo ao processo de transformação social e a tudo o que isso implica. Duas experiências foram decisivas para a minha concepção. A

---

18 Claude Lévi-Strauss (1908), antropólogo francês, autor de *Tristes trópicos* (1955), *O pensamento selvagem* (1960) etc.
19 Lucien Lévy-Bruhl (1857-1939), filósofo francês, autor de *La mentalité primitive* (1922).

primeira foi a de ter ficado sem livros, da noite para o dia, quando fui prisioneiro de guerra no Oriente Médio e na Itália (como já disse, o campo alemão me surpreendeu, ao contrário, com uma excelente biblioteca!). Depois da Guerra, ao me reencontrar com Ian Watt, que também tivera a mesma experiência (mas sem a biblioteca de Eichstatt), resolvemos trabalhar juntos sobre a influência dos modos de comunicação sobre as sociedades humanas; e, sobretudo, sobre o trabalho da memória e das consequências da introdução da escrita – e da sua estrutura de comunicação – nas sociedades sem escrita. A segunda experiência marcante foi a de ter podido observar na África o processo de "domesticação do pensamento selvagem" em plena ação, como decorrência do estabelecimento de escolas centradas na escrita. Um dos exemplos flagrantes das drásticas mudanças envolvidas foi a noção de propriedade. Vi as pessoas sendo chamadas para registrar suas terras no cartório, e o que fora, até então, partilhado de certo modo por muitos, com a introdução daquela exigência, passou a ser "meu" e a excluir os outros.

*Em seu novo livro sobre representação e ambivalência, (*Representations and Contradictions: Ambivalence towards Images, Theatre, Fiction, Relics and Sexuality*), o senhor introduziu uma concepção de cultura que tem como importante elemento o que chama de "contradição cognitiva". Qual o seu papel?*

Sei que isso pode parecer um pouco obscuro, mas vou tentar esclarecer. É esse elemento, implícito em toda cultura simples ou sofisticada, que explica certas mudanças culturais – especialmente as mudanças relacionadas a crenças e práticas ligadas ao sobrenatural –, o que dificilmente é explicado pela maioria das concepções de cultura que tendem a vê-las como um todo relativamente estável. É esse elemento que está por trás da ambivalência geral, universal, acredito, ligada à própria natureza das representações; das dúvidas e ambivalências que explicam, por exemplo, certas mudanças bruscas de atitudes em face das representações religiosas e teatrais. A questão que me coloquei inicialmente (e à qual já me referi rapidamente antes) foi a seguinte: por que encontramos em certos grupos africanos representações figurativas de defuntos, enquanto grupos vizinhos preferem representações abstratas? Quer se tratando de representações de deuses ou de ancestrais, sempre se encontra essa dicotomia figurativo/não figurativo. O mesmo fenômeno encontramos na Europa entre os primeiros cristãos e entre os protestantes, quando se vê a própria ideia da representação de Deus sendo rejeitada. Foi isso que me sugeriu que há problemas inerentes à representação, uma tensão implícita em todos os usos da representação: apesar de ser atividade essencial para a vida humana, ela é intrinsecamente problemática. Ela sempre é passível da crítica da atividade mimética explicitada por Platão: a representação não é a realidade e pode ser enganosa e perigosa. A hóstia, por exemplo, antes tida como sagrada, passou, num determinado momento, a ser vista por alguns como um simples pedaço de pão. Assim, esse novo elemento que introduzi na concepção de cultura ajuda a entender alguns aspectos das mudanças culturais, como, por exemplo, a destruição dos anjos na catedral de Ely no século XVII e sua reconstrução dez anos mais tarde! Ou, ainda, o desaparecimento total do teatro londrino em 1648, seguido da grande fase do Drama da Restauração menos de vinte anos mais tarde. Veja bem, eram as mesmas pessoas, rejeitando num momento e aceitando em outro. Não acredito, em absoluto, que essas mudanças tenham sido fruto exclusivo do presbiterianismo ou do não conformismo, enfim, de imposição de fora. Acredito, sim, que foram geradas, em parte, pelas próprias pessoas que tinham dúvidas sobre a artificialidade ou não do teatro, a falsidade ou não das imagens religiosas. Ou ainda, quando estudamos a história do judaísmo, verificamos que foi muito forte e longa a oposição que os judeus, assim como os muçulmanos, faziam às imagens. Ora, tudo isso mudou muito rapidamente. No século XIX os judeus não pintavam, não faziam teatro, e, no entanto, eles, neste século, criaram Hollywood e se tornaram extremamente importantes na indústria cinematográfica, na pintura, na escultura, no teatro, nas artes em geral. Fala-se que Marc Chagall,[20] no começo deste século, foi o primeiro pintor judeu da história!

---

20 Marc Chagall (1887-1985), pintor russo que emigrou para a França em 1922.

O fato que quero assinalar é que nem os indivíduos nem as sociedades estão trancados em si mesmos. Com essa noção de "contradição cognitiva" não estou querendo explicar todas as mudanças culturais, mas sim alguns aspectos dessas mudanças, ao mostrar que esse elemento de contradição – que está por trás de sentimentos de ambivalência e dúvida –, presente em toda cultura, traz em si a potencialidade para as mudanças que se atualizam em certas circunstâncias.

Dentre os livros de sua área de interesse, há alguns que gostaria de ter escrito?

Dois livros que descobri durante a Guerra na biblioteca da prisão de Eichstatt, e que muito me influenciaram, teriam satisfeito minhas mais altas ambições: O *que aconteceu na história,* do arqueólogo e historiador marxista Gordon Childe, e O *ramo de ouro,* de J. Frazer. Mas se puder me referir à minha própria obra, diria que muito me orgulho de ter escrito um livro que não tem praticamente nenhuma palavra minha! Pode soar estranho, mas é a transcrição e a tradução do mito africano do Bagre, que considero minha realização mais importante e duradoura! Não criei literatura, mas sinto que, ao registrar e traduzir esse mito, é como se tivesse recriado um trabalho de literatura. Com isso, pude trazer a público o elemento filosófico de uma cultura oral e mostrar que sérios problemas teológicos não estão presentes somente no cristianismo ou no islamismo. Está tudo lá, nesse mito: discussões sobre a divindade, sobre os problemas do deus criador, sobre a origem do mal etc. O que me torna orgulhoso desse feito é que tudo isso estava lá, mas teria desaparecido se eu não tivesse escrito aquela versão do mito naquela época, pois ele está sendo, de certo modo, sempre reinventado, recriado. E o extraordinário é que hoje em dia os próprios habitantes de Lo Dagaa consideram esse livro como uma espécie de texto sagrado, uma Bíblia! Minha transcrição acabou se tornando uma espécie de memória viva, como se, por meio dela, a comunidade pudesse ter acesso direto aos velhos sábios que há quarenta anos me recitaram o mito. Sim, pois o que aprendi sobre o mito foi mediado por esses sábios. Devo esclarecer que nunca participei diretamente da cerimônia do Bagre (onde o mito era recitado), em parte porque isso exigiria que eu fosse iniciado numa sociedade secreta (como a maçonaria), o que implicava ficar sentado em silêncio durante seis semanas debaixo de uma árvore!

Cambridge, outubro/novembro de 1997

Bibliografia selecionada

Death, Property and the Ancestors: A Study of the Mortuary Customs of the Lo Dagaa of West Africa. Stanford: Stanford University Press, 1962.
Literacy in Traditional Societies (Ed.). Cambridge: Cambridge University Press, 1968. (Traduzido para o alemão e espanhol).
The Myth of the Bagre. Oxford: Oxford University Press, 1972.
The Domestication of the Savage Mind. Cambridge, Cambridge University Press, 1977. (Traduzido para o espanhol, francês, italiano, japonês, português, turco). [Ed. port.: *Domesticando o pensamento selvagem.* Trad. Nuno Luis Madureira. Lisboa: Presença, 1988.]
Cooking, Cuisine and Class: A Study in Comparative Sociology. Cambridge: Cambridge University Press, 1982. (Traduzido para o espanhol e francês).
The Development of the Family and Marriage in Europe. Cambridge: Cambridge University Press, 1983. Traduzido para o espanhol, francês, italiano, português). [Ed. port.: *Família e casamento na Europa.* Lisboa: Celta, 1996.]
The Logic of Writing and the Organisation of Society. Cambridge: Cambridge University Press, 1986. (Traduzido para o alemão, francês, italiano, português). [Ed. port.: *Lógica da escrita e organização da sociedade.* Lisboa: Edições 70, 1986. (Perspectivas do Homem, 28).]
The Culture of Flowers. Cambridge, 1993. (Traduzido para o francês e italiano).
The Expansive Moment: Anthropology in Britain and Africa, 1918-1970. Cambridge: Cambridge University Press, 1995.
The East in the West. Cambridge: Cambridge University Press, 1996. (Traduzido para o francês e italiano).
Representations and Contradictions: Ambivalence Towards Images, Theatre, Fictions, Relics and Sexuality. Oxford: Blackwell, 1997. (Traduzido para o espanhol).
Love and Food. London: Verso, 1999.
The European Family. Oxford: Blackwell, 2000.

2
Asa Briggs[1]

Asa Briggs (1921) é um dos mais eminentes historiadores sociais britânicos da atualidade. Apesar de ser o maior especialista vivo na Inglaterra vitoriana, Briggs nunca se deixou confinar a um período, região ou mesma disciplina. A amplitude de seus interesses, assim como sua enorme capacidade de trabalho, pôde ser demonstrada já desde muito cedo: quando ainda estudava história na Universidade de Cambridge, secretamente também cursava economia na Universidade de Londres, cursos que, para a grande maioria, exigiam dedicação exclusiva e árduo estudo. É sabido que Briggs só dorme quatro horas por noite e a velocidade com que escreve resenhas, artigos e livros sempre foi invejada por seus colegas.

Nascido e criado em Yorkshire, norte da Inglaterra, Asa Briggs foi profundamente influenciado pela sua região de origem. Foi no século XIX que o norte inglês passou a ter uma importância crucial para o desenvolvimento industrial do país, e toda a vasta contribui-

---

[1] Uma versão resumida desta entrevista foi publicada no caderno "Cultura", de O *Estado de S. Paulo*, em 4 de janeiro de 1997.

ção de Briggs à historia da Inglaterra é bastante ilustrativa de sua fascinação pelas conquistas da Revolução Industrial, a "longa revolução" que, segundo ele, transformou sem barricadas ou golpes de estado todo o cenário da sociedade.

Como outros de sua geração, Briggs achava a história econômica fascinante, mas, diferentemente da maioria de seus contemporâneos, ele ampliou seus interesses e se tornou um dos pioneiros na Inglaterra a escrever história social. Publicou seu estudo sobre as cidades, *Victorian Cities*, em 1963, muito antes de História Urbana se estabelecer como uma subdisciplina, e nesse livro desenvolveu também uma notável abordagem comparativa, algo inusitado para a época. Sua discussão sobre Melbourne, na Austrália vitoriana, em contraste com a artesanal Birmingham e a moderna Manchester – típica cidade da Revolução Industrial – não foi até hoje superada, e *Victorian Cities* continua sendo leitura obrigatória para todos aqueles interessados no período vitoriano e em estudos urbanos e comparativos.

Ainda nos anos 60, Briggs anunciou um trabalho sobre "coisas vitorianas", numa época em que a história da cultura material era um tema virtualmente desconhecido, mas as inúmeras responsabilidades administrativas que assumiu fizeram que ele terminasse seu *Victorian Things* somente em 1988. Diferentemente do que se poderia imaginar, esse não é um estudo sobre antiguidades, mas uma história social baseada no estudo de objetos, assim como de textos. Em 1963, quando anunciou o plano desse livro numa conferência, Briggs ilustrou vividamente sua abordagem sugerindo que alguém escrevesse a história social do cortador de gramas, relacionando esse objeto ao surgimento dos subúrbios burgueses com amplos jardins, ao desaparecimento dos empregados domésticos etc.

Asa Briggs foi também o primeiro dos historiadores britânicos a se interessar pela história dos modernos meios de comunicação e pelo desenvolvimento da indústria de diversão, assunto de aula pública já em 1960, novamente numa época em que tal tema não fora descoberto. Não é, portanto, surpreendente que ele tenha sido convidado a escrever a história da BBC, tema sobre o qual publicou vários volumes ao logo dos anos.

Com tal trajetória, era de esperar que Briggs iria finalmente escrever uma história social da Inglaterra, a primeira a tentar substituir a famosa *English Social History* de George Macaulay Trevelyan 0876-1962), importante historiador do tipo mais tradicional. Dado seu antigo interesse pelos vitorianos e pré-vitorianos, imaginava-se que Briggs começaria sua história no século XVIII, ou quando muito no fim da Idade Média. No entanto, superando as mais exageradas expectativas, ele, com sua típica ousadia, decidiu recuar efetivamente ao início e começou sua *História social da Inglaterra* (1983) na pré-história! Para os brasileiros, não deixa de ser motivo de orgulho saber que muito da inspiração para esse seu livro Briggs encontrou nas obras de Gilberto Freyre, o primeiro intelectual a despertá-lo para a relação entre o visual e o social e para a importância dos objetos como testemunhos históricos.

Atualmente com 78 anos de idade, Briggs continua a ter o invejável dinamismo e a intrepidez que marcaram toda sua carreira intelectual, tendo acabado de assinar um contrato com a Polity Press para escrever (em colaboração com Peter Burke) uma história geral da mídia que vai abarcar desde Gutenberg até a *internet*.

Uma descrição geral de Asa Briggs não poderia omitir seu interesse por educação e por política, assuntos sobre os quais tem grandes convicções. Nos anos 60, foi um dos idealizadores da Open University e da Universidade de Sussex, instituições que trouxeram grandes inovações para o campo educacional. Para essa última, Briggs contratou tantos jovens acadêmicos de Oxford que a nova universidade (construída junto à costa, em Brighton) foi apelidada de "Balliol-by-the Sea", numa alusão ao Balliol College, um dos mais prestigiosos de Oxford. No entanto, Briggs não pretendia, de modo algum, reproduzir o sistema de Oxford ou Cambridge, mas sim criar um centro de excelência em outros moldes. Sonhava com uma universidade sem departamentos e se empenhou, como dizia, em "redesenhar o mapa do saber" introduzindo nos estudos de humanidades uma abordagem interdisciplinar, algo bastante inovador para a época. Em Sussex, a história podia ser estudada na School of Social Studies, combinando cursos de história com cursos de sociologia e de filosofia das ciências sociais; ou na School of European Studies, combinando história com filosofia e literatura; ou mesmo na School of African and Asian Studies, combinando história com economia e antropologia. Como político, o apoio de Briggs às causas dos trabalhadores e ao Partido Trabalhista ganhou maior peso a partir de 1976, quando foi feito lorde pelo governo *"labour"* de James Callaghan,[2] tornando-se, assim, membro vitalício da Casa dos Lordes.

Aposentado desde 1991, Lord Briggs mantém-se, no entanto, em plena atividade como presidente de várias entidades, como a British Social History Society e a Victorian Society, e proferindo palestras nos Estados Unidos, no Japão, na China, na Índia e em vários países europeus. No Brasil, país que o atrai por seu "imenso potencial" e pelas "mudanças fascinantes que estão acontecendo", Briggs esteve uma única vez, em 1980, por ocasião da comemoração dos 80 anos de Gilberto Freyre. Suas múltiplas ocupações o fazem se mover constantemente de Sussex, onde mora, para a Casa dos Lordes e para as várias instituições londrinas a que pertence, e não foi fácil encontrar alguma brecha em sua agenda para nossa entrevista. Finalmente, Briggs nos recebeu, jovial e calorosamente, em seu escritório londrino, muito apropriadamente situado na bela casa onde morou Thackeray, um dos maiores autores vitorianos. E, como era de esperar, foi numa incrível fluidez, rapidez e concisão que falou sobre sua obra, seu interesse por Gilberto Freyre, sua trajetória intelectual, a era vitoriana, o futuro da monarquia britânica etc.

O que o levou a se tornar historiador? A família Briggs de algum modo o estimulou?

Não tinha a menor intenção de seguir essa carreira quando era criança, ou mesmo adolescente. Acho que só quando ingressei no Sidney Sussex College em Cambridge é que comecei a pensar em me tornar historiador. Indiretamente, entretanto, os Briggs tiveram algum papel. Meu avô era o que se pode chamar

---

2 James Gallaghan foi primeiro-ministro britânico de 1976 a 1979.

de um protagonista de Smiles;[3] na verdade, ele chegou a assistir a algumas de suas aulas. Já minha avó – que vinha de uma família socialmente mais elevada do que a dele – tinha tido uma estranha experiência que certamente me fez interessar por história: a de não ter jamais conhecido seus pais! Sua mãe morreu no parto e seu pai morrera antes mesmo de ela nascer. Tanto meu avô paterno quanto meu pai eram técnicos, ambos muito habilidosos com as mãos, e acho que meu crescente interesse pela história da tecnologia tem, em parte, sua origem nessas raízes familiares. Meu avô, particularmente, tinha também grande interesse em história, e foi com ele que visitei, ainda bem pequeno, toda abadia, todo castelo e toda cidade antiga das redondezas de Keighley, em Yorkshire. Nós conversávamos muito e, felizmente, ele viveu o suficiente para me ver entrar em Cambridge, o que foi realmente muito gratificante para ele.

Do lado de minha mãe, meus antepassados eram todos fazendeiros que se tornaram bem-sucedidos comerciantes de verduras, mas os imensos gastos que meu avô teve com médicos, aliado à depressão dos anos 30, deixou a família com um negócio bem deficitário. Cresci, então, tendo muita consciência de que estava vivendo num período de Depressão. Com dez anos, ganhei uma bolsa de estudos e fui para uma Grammar School bem antiga, onde tive uma educação bastante interessante. Quando cheguei ao colegial, o diretor, que era um historiador, teve um grande papel em meu futuro. Foi inteiramente devido a ele – pessoa muito convincente e de grande autoridade – que acabei indo para o Sidney Sussex em Cambridge, pois era seu antigo *college*. Ele insistiu para que eu fizesse história, apesar de não ser essa a matéria em que eu me saía melhor. Até essa altura eu estivera um tanto dividido entre ciência e artes. Inglês, no entanto, era a minha matéria favorita. De qualquer modo, estou muito feliz de ter seguido a sugestão de meu diretor. Nunca tive o menor arrependimento disso.

---

3 Samuel Smiles (1812-1904), escritor e reformador social escocês, conhecido por suas preocupações moralistas e como autor do popular guia de autoaprimoramento *Self Help* (1859).

O que foi determinante na escolha da Inglaterra vitoriana como seu tema principal de estudos?

Sou muito interessado na relação entre continuidade e mudança na história e esse é um período extremamente rico, tanto em mudanças quanto em continuidade. Ao mesmo tempo que, de um lado, muitas coisas se transformavam vertiginosamente no século XIX, de outro, a rainha Vitória estava lá no trono por muito, muito tempo – de 1837 a 1901 –, garantindo estabilidade e continuidade. Durante todo esse período, lá estava a cabeça da rainha nas moedas do reino, o que não aconteceu nem antes nem depois com nenhum outro monarca.

Até que ponto seu trabalho procurou desafiar as visões estereotipadas do período vitoriano?

Eu, na verdade, desafiei tudo, pois quando comecei a escrever não havia muito interesse na Inglaterra vitoriana. Os historiadores ingleses estavam muito mais interessados no século XVII do que no XIX, e os poucos que falavam da era vitoriana reproduziam as visões parciais e estereotipadas dos críticos eduardianos.[4] Eu sou, acredito, em grande parte, responsável por um aumento de interesse nessa era e por ter levado os vitorianos a sério. Na verdade, desafiei as visões que os representavam como maçantes, hipócritas, rígidos e mais capazes de produzir bens materiais do que cultura. Alguns desses críticos, devemos admitir, haviam exposto sua visão de modo brilhante, como, por exemplo, o irônico Lytton Strachey,[5] para quem os vitorianos eram a antítese dos interessantes, sinceros, descontraídos e cultos súditos de Eduardo VII.

O período que o senhor designou por The Age of Improvement, *Hobsbawm chamou* A era das revoluções. *Poderia comparar sua visão da história do século XIX com a de Hobsbawm? E com a de Edward P. Thompson?*

---

4 Referência ao reinado de Eduardo VII (1901-1910).
5 Lytton Strachey (1880-1932), autor que desenvolve sua crítica em *Eminent Victorians* (1918).

De fato, o período que caracterizei como de melhoramentos, Hobsbawm chamou de revolucionário, mas não é nisso que basicamente discordamos. O termo de Hobsbawm é mais apropriado para a Europa e o meu se aplica melhor à Inglaterra. Ele, de quem sou grande amigo, até aprovou o meu título em uma resenha elogiosa. Minha visão é diferente da dele somente na medida em que não parto do seu marxismo e não tenho do mundo uma visão tão linear quanto a dele, que vai da revolução para o capitalismo, para o imperialismo etc. Para mim, a história é mais interessante do que isso, com muitas oscilações pendulares e contradições. O próprio Hobsbawm reconhece isso quando escreve sobre o seu próprio século. Na sua obra mais recente, *A era dos extremos*, ele se revela mais consciente das contradições de seu próprio tempo do que quando escreveu sobre séculos passados. Quanto a Thompson, que conheci muito bem, ele não vai muito adiante no século XIX e, no que diz respeito ao surgimento da classe trabalhadora inglesa, concordo mais com Hobsbawm do que com Thompson, pois acredito que ela é uma criação mais do fim do século XIX do que do início. No entanto, no meu entender, Thompson foi muito importante para o estudo desse período, principalmente por ter analisado em profundidade toda a concepção de classe na Inglaterra e, em segundo lugar, por ser um tipo de historiador mais interessado em experiência do que em ideias; e isso representa um grande contraste entre o seu marxismo e o de Hobsbawm.

Poderia falar um pouco sobre seus principais mentores?

As aulas mais brilhantes que já tive foram com Eileen Power[6] na LSE. Cheguei a conhecê-la bem e a achava realmente magnífica. Seu interesse por radiodifusão deve estar por trás de meus futuros trabalhos sobre a BBC. Tive também a sorte de ter como professor Harold Lask.[7] Suas aulas eram um incrível *tour de force*,

---

6 Eileen Power (1889-1940), historiadora da economia e medievalista, cujo livro mais famoso é *Medieval People* (1924).
7 Harold Laski (1893-1950), cientista político e presidente do Partido Trabalhista britânico. Escreveu, dentre outros, *Authority in the Modern State* (1919).

dramáticas, impressionantes. Quanto a Hayek,[8] suas aulas não eram particularmente muito boas, mas como pessoa ele era extremamente interessante, digno, com interesses muito amplos. Em Cambridge, segui um curso de história no velho estilo dessa universidade, onde havia muita história constitucional e pouca história política. Michael Oakeshott[9] foi o melhor professor que aí tive; realmente me fascinou. Suas aulas, sobre tudo quanto era assunto, foram seguramente inesquecíveis. Havia também Ernest Barker,[10] que me influenciou bastante. Meu interesse pela história política e pelo pensamento político foi muito determinado por essas duas figuras. Foi Barker quem me fez ler autores alemães. No meio da crise de 1940 ele me mandou um cartão-postal em alemão, com uma longa citação de Gierke,[11] que, ao receber, me surpreendi de não ter sido confiscado pela censura! Fui também muito influenciado pelas pessoas que estavam reagindo contra o liberalismo dos anos entre-guerras, como por E. H. Carr.[12] Quanto a Trevelyan,[13] que já havia lido quando ainda estava no colegial, posso afirmar que não teve qualquer influência em mim como historiador. Suas aulas não eram interessantes, não tinham estilo.

Seu livro História social da Inglaterra *sugere que esse país tem uma grande tendência a manter as coisas como estão e um grande apego ao que é velho, às tradições. Contrariamente aos outros*

---

8 Friedrich Hayek (1899-1992), economista vienense que se radicou na Inglaterra em 1931. Considerado o "pai do monetarismo", foi o ganhador do Prêmio Nobel de Economia de 1974. Publicou, entre outros, *O caminho da servidão* (1944) e *Individualism and Economic Order* (1949).

9 Michael Oakeshott (1901-1992), filósofo político da linha conservadora. Sua obra mais famosa é *Rationalism in Politics* (1962).

10 Ernest Barker (1874-1960), filósofo político inglês, autor de *Reflections on Government* (1942) e *Traditions of Civility* (1948).

11 Otto von Gierke (1841-1921), historiador alemão de direito, mais célebre por seus estudos sobre corporações medievais.

12 Edward Hallett Carr (1892-1982), historiador inglês, autor de *20 anos de crise: 1919-1939* (1939), *A History of the Soviet Union* (1950-1953), *O que é história?* (1961) etc.

13 George Macaulay Trevelyan (1876-1962), historiador inglês e autor, entre outros, de *English Social History* (1944).

povos, para a maioria dos ingleses, segundo diz, "a idade é uma vantagem, não uma desvantagem ". Como explicar o paradoxo de que num país como esse tenham surgido tantas inovações que revolucionaram a vida das pessoas no século XIX – inovações que, como mostrou em seu Victorian Things, *vão desde a eletricidade e as estradas de ferro até canetas-tinteiro, fósforos e* water closets*?*

Há um elemento de empreendimento, de iniciativa, de audácia na sociedade inglesa que recua à Idade Média. Até os camponeses são muito empreendedores, o que torna difícil falar do camponês medieval inglês como se fala do europeu. Quando se olha em detalhe a estrutura de uma comunidade, descobre-se uma grande variedade de renda e uma certa mobilidade social muito característica da Inglaterra. O empreendimento é parte, por assim dizer, do meu sentido de continuidade. Quando falei sobre a veneração do inglês pelo que é velho, pela idade, não queria dizer que isso era incompatível com o interesse em ter coisas novas. Na verdade, o próprio conceito de invenção é bastante enfatizado já no século XVIII. O paradoxo entre inovação e conservação é, pois, mais aparente; trata-se, sim, de uma questão do entrelaçamento da tapeçaria da história, da trama da história, em que os dois elementos estão sempre juntos, sempre presentes. Penso também que essa veneração do passado sobre a qual escrevi em 1983 mudou bastante nos últimos quinze anos: enquanto, de um lado, a indústria turística capitaliza sobre esse amor dos ingleses pelo que é velho, de outro, estamos destruindo muitas instituições de modo bastante eficaz. À medida que nos aproximamos de um novo milênio, muita coisa está mudando, e penso, ironicamente, que estamos também perdendo muito de nosso lado empreendedor.

A tão falada e criticada "moralidade vitoriana" não seria uma designação incorreta para um fenômeno ocidental muito mais amplo, que ultrapassou as fronteiras da Grã-Bretanha?

Acho que ainda vale a pena mantermos a concepção de "moralidade vitoriana", mas reconhecendo que havia uma diversidade entre as atitudes dos próprios vitorianos, muito maior do que normalmente se pensa. De qualquer modo, um elemento comum a eles era a importância que davam à noção de dever. Aquele era um período em que a religião estava sendo desafiada pela ciência e até mesmo por vários tipos de divertimentos profanos, e em que novas pessoas estavam adquirindo poder e autoridade. Em meio a essas mudanças, os vitorianos queriam, de algum modo, manter como fundamental a ideia de um *dever ser*. Ora, isso não foi um fenômeno somente inglês. Pode ser encontrado na Europa continental e talvez até no Brasil. Acho que esses valores foram, de fato, se disseminando de uma sociedade à outra e correspondiam a uma época que tinha na sua retaguarda o Iluminismo e a Revolução Industrial, e à sua frente, o progresso. Um progresso que muitos sentiam que deveria ser norteado por certos padrões – e esses constituem valores, valores vitorianos, como foram chamados. Eles são frequentemente mal interpretados e tratados muito superficialmente, mas certamente estavam lá.

É ideia mais ou menos consagrada que o período vitoriano moralizou definitivamente os órgãos públicos do país, substituindo o antigo sistema político, eminentemente corrupto, por um sistema pautado pelo sentido de dever público e por altas exigências morais. Acredita que isso realmente aconteceu? Se sim, quais as principais agências responsáveis por essa mudança de mentalidade?

Sim, há muita verdade nisso. Como consequência do fim do clientelismo e, ao mesmo tempo, com a abertura das carreiras ao talento, por volta de 1860 muita coisa estava mudando para melhor na Inglaterra. Nunca se escreveu uma boa história da corrupção inglesa, e tanto a corrupção quanto o desenvolvimento da moralidade institucional mereceriam estudos mais aprofundados. Anos atrás escrevi um artigo sobre as origens da moralidade institucional, e essencialmente eu estava olhando para algumas das pessoas, como Gladstone,[14] por exemplo, que no século XIX que-

---

14 William Ewart Gladstone (1809-1898), primeiro-ministro britânico durante quatro mandatos, entre 1868 e 1894.

riam estabelecer o que chamo de sistemas de responsabilidade. Isso aconteceu especialmente em relação às finanças públicas. Não quero dizer que a corrupção tenha acabado totalmente: havia ainda corrupção nas eleições e nos governos municipais, mas em escala muito menor do que na maioria dos demais países. O que houve foi uma séria tentativa de reformar as antigas instituições, pressionando-as para que pautassem suas atividades por um alto padrão de moralidade pública. Essas pressões foram exercidas, em conjunto, basicamente por três elementos: em primeiro lugar, por um ou dois estadistas que genuinamente acreditavam que era mais importante se prestar contas do dinheiro gasto do que decidir como gastá-lo; em segundo, por organizações voluntárias que cresciam em número e que insistiam na urgência de uma alta moralidade institucional; e, finalmente, pela pressão da opinião pública.

Se, então, a opinião pública foi tão importante, o que foi responsável pela sua formação, por fazê-la considerar a moralidade instituicional uma questão central?

De um lado, a opinião da comunidade empresarial tinha muita força. Os industriais, particularmente – que não dependiam do clientelismo, e sim do mercado – comparavam sua própria energia com a frouxidão, a letargia e mesmo a corrupção das instituições públicas. E eles mesmos criaram novas instituições que pensavam estar livres dessas fraquezas. De outro lado, havia os romancistas que tinham grande influência sobre a opinião pública em geral. Muitos deles insistiram imensamente sobre a importância da moralidade institucional. *Middlemarch*, de George Eliot,[15] uma das maiores obras da literatura inglesa, era essencialmente sobre moralidade institucional. Os romances de Trollope[16] também tratavam frequentemente desse tema. Dickens[17] falava sobre uma mistura de

---

15 George Eliot, pseudônimo da romancista Mary Ann Evans (1819-1880), que publicou *Middlemarch:* um estado da vida provinciana, em 1871-1872.
16 Anthony Trollope (1815-1882), romancista inglês, autor de *Phineas Finn* (1869) e *The Way We Live Now* (1875), entre outros.
17 Charles Dickens (1812-1870), romancista inglês, autor de *Oliver Twist* (1837-1839), *A casa soturna* (1852-1853), *As grandes esperanças* (1860-1861), entre outros.

confusão e insensatez nos altos postos e sobre a imoralidade de muito do que acontecia por lá. Esses romancistas e tantos outros serviram, pois, como uma grande força crítica e não consolidadora do *status quo*. Até mesmo os poetas tratavam, muitas vezes, dessas questões. Arthur Hugh Clough,[18] no seu *The Modern Decalogue*, famoso poema da época, falava de trapaças, fraude e adulteração de comida como pecados da época.

Referências literárias como essas aparecem frequentemente em sua obra. Poderia falar um pouco sobre a relação entre história e literatura?

Nunca acreditei que a história só ocupasse lugar nas ciências sociais, pois penso que o historiador deve usar tanto a evidência social quanto a literária. E devo dizer que já há muito tempo cheguei a algumas conclusões em relação às evidências literárias. Em primeiro lugar, nunca se deve usar a literatura simplesmente como ilustração do que se está fazendo. O historiador deve tentar entrar em uma determinada obra, e é o que tentei fazer, por exemplo, com George Eliott e Trollope. No meu entender, a literatura pode fazer três coisas. Pode nos dar acesso a experiências comuns, que, caso contrário, ficariam perdidas; pode também revelar experiências individuais e relacioná-las com as comuns; e pode, finalmente, transcender, até certo ponto, essas experiências e tratar de questões universais da vida humana. E, nesse ponto, a literatura se liga, evidentemente, à filosofia e pode servir de grande estímulo à imaginação do historiador. Estou profundamente interessado em saber como os seres humanos são vistos em relação a todo o reino da natureza e, talvez, até em relação ao reino de Deus. Sei que essa é uma tarefa ambiciosa, que eu usualmente não consigo realizar. Mas, seguramente, há muito mais a se buscar na literatura do que uma bela citação.

---

18 Arthur Hugh Clough (1819-1861), poeta inglês, conhecido por suas preocupações sociais.

Há, a seu ver, algum campo de estudo da história que deveria merecer maior atenção dos estudiosos?

Acho que, certamente, nem todos os campos da história têm recebido a devida atenção dos estudiosos. No meu entender, precisamos de uma melhor história política, e certamente precisamos mais do que nunca de história diplomática. As crises da Bósnia e de Kosovo revelaram, de modo dramático, que a diplomacia não pode ser substituída por armas modernas e computadores, e que, portanto, os modos como, ao longo do tempo, as relações estrangeiras foram resolvidas deve ser um dos temas centrais dos novos estudos históricos.

Margaret Thatcher[19] costumava falar na necessidade de reviver valores vitorianos, e mais recentemente, durante o governo de John Major,[20] o Parlamento discutiu muito sobre a urgência do que chamavam de uma "campanha para a volta ao que é básico". Acha possível reviver esses valores?

Não, pelo menos não do modo como alguns pensam. A frase da Sra. Thatcher era uma frase política que estava associada a uma visão bem parcial e'estereotipada do que teriam sido os valores vitorianos. Se ela tivesse falado sobre a importância de a sociedade ter certos valores a fim de se manter coesa numa era de individualismo, seria diferente; mas não foi o que falou; é aí, no meu entender, que está o problema. Há em toda sociedade a necessidade de se ter forças que unam as pessoas, tanto quanto forças que as separem, e quanto mais se pensa em termos de mercado, quanto mais o individualismo é enfatizado, mais é premente a discussão dessas questões de valor. Atualmente discute-se muito aqui sobre o que acontece nas escolas, sobre a questão da disciplina, e até se fala em reintroduzir o chicote. Ora, no meu entender, tudo isso é bastante ridículo. O caso é que tão logo se começa a falar de questões importantes – como o que faz uma sociedade

---

19 Margaret Thatcher (1925), primeira-ministra britânica durante onze anos (1979-1990).
20 John Major (1943), primeiro-ministro britânico entre 1990 e 1997.

coesa –, corre-se sempre o risco de trivializar, de banalizar o assunto. E com uma imprensa tão poderosa, os escândalos e as transgressões dos valores acabam atraindo mais atenção do que os próprios valores.

O crítico Edward Said tem procurado mostrar que o imperialismo, apesar de ser oficialmente coisa do passado, está ainda muito vivo no mundo ocidental sob a forma do orientalismo, ou seja, um conjunto de visões estereotipadas e preconceituosas do Oriente, formadas especialmente no século XIX nas metrópoles europeias. Considerando que a Grã-Bretanha vitoriana foi a maior potência imperialista da modernidade, o senhor poderia fazer um comentário sobre as opiniões de Said?

Acho que as ideias de Said devem ser levadas muito a sério porque há, certamente, tanto imperialismo aberto quanto imperialismo velado, tanto imperialismo cultural quanto imperialismo econômico. Mas quando se pensa no Império Britânico, que no fim do século estava perfeitamente estabelecido e aparentemente inabalável, é muito importante lembrar que havia muitos críticos britânicos do império, em um número muito maior do que havia em outros países imperialistas. Havia na época o que um historiador chamou de "o argumento do império"; ao mesmo tempo havia, por parte de uma grande massa de pessoas, muita ignorância sobre o que estava acontecendo nas fronteiras do império. Ninguém poderia sonhar, por exemplo, de chamar Gladstone – que era uma das mais importantes figuras políticas do século XIX – de imperialista, pois ele era o oposto disso. A palavra "imperialismo" não era, na verdade, muito usada na Inglaterra antes do fim do século. Era usada, sim, em meados do XIX para se referir ao império de Napoleão III, mais do que para se referir a impérios do além-mar. E quando, no fim do século, a Grã-Bretanha adicionou uma enorme quantidade de território ao seu império, isso acarretou muito orgulho mas também muitos problemas. A guerra na África do Sul [1899-1902] gerou, por exemplo, muita polêmica e crítica. De fato, tudo o que acontecia em relação à expansão imperial britânica no século XIX era sempre acompanhado de crítica interna bastante violenta. Voltando a Said, diria, então, que concordo plenamente que muitas ideias sobre outros povos produzidas pelos impérios sobreviveram ao colapso desses impérios e ainda estão bem vivas. No entanto, gostaria que Said, levando em conta as críticas internas ao sistema, devotasse mais tempo a comparar os processos de expansão imperial com os processos de contração.

Uma das coisas que surpreendem o estrangeiro na Inglaterra é descobrir que o que aqui se chama de public school *nada tem a ver com escola pública no sentido usual. Diferentemente da* state school, *que é mantida pelo Estado e atende ao grande público, a chamada escola pública inglesa é uma instituição privada que oferece uma educação bastante diferenciada à elite socioeconômica do país. Considerando que o apogeu das* public schools *foi no século XIX, que papel elas tiveram na produção da Inglaterra vitoriana?*

Tiveram um papel muitíssimo importante, especialmente na formação dos servidores públicos dessa época. Sua principal função era prover educação para as classes médias, para os filhos da pequena nobreza e, é claro, para alguns jovens aristocratas. Antes, as *public schools* tinham tido uma clientela de origem social muito mais ampla do que passaram a ter então. Com a reforma do século XIX elas ocuparam novos prédios, se fecharam para as classes mais baixas, se empenharam em inculcar nos alunos seus próprios conceitos de moralidade e se tornaram extremamente eficientes. Quando o serviço público passou a recrutar seus funcionários através de exames competitivos, eram os egressos dessas escolas que passavam nos exames. Há, no entanto, um certo elemento de ambivalência no impacto das *public schools*, pois para cada Tom Brown[21] que formaram, essas escolas também produziram alguém que representava o oposto: o jovem mal-educado que não obedecia às regras e que acabaria por se comportar horrivelmente num posto distante nas fronteiras do império.

---

21 Tom Brown é o herói do popular romance juvenil *Tom Brawn's schooldays*, de Thomas Hughers, que representa o aluno ideal das *public schools*.

Pensado agora em Gilberto Freyre, como o senhor descobriu sua obra e qual a importância que ela teve em sua trajetória intelectual?

Já havia lido, antes dos anos 60, algumas das traduções, mas foi só quando comecei a pensar na relação entre o visual e o social que percebi como era interessante a obra de Freyre. Ele relacionava esses dois campos e estava muito interessado em artefatos, o que o tornava especialmente atraente para mim. Freyre teve, sem dúvida, uma influência marcante na minha visão dos objetos como testemunhos históricos. E também me impressionei muito com suas ideias sobre tempo, com o seu modo muito poético de abordar o espaço e com sua aguda sensibilidade aos cheiros, cores e até barulhos. Meu contato com o sociólogo jamaicano Fernando Henriques também foi importante para a minha descoberta de Freyre. Ele dirigia um Centro de Estudos Multirraciais em Barbados e era grande admirador de Freyre. Ele próprio de cor chocolate, Henriques tinha mais um sentido estético de cor do que um sentido social; estava, pois, muito interessado no que Freyre tinha a dizer sobre isso, e também sobre a relação entre a mistura de cores e a identidade brasileira.

Qual seria, no seu entender, a importância intelectual de Gilberto Freyre?

Seu valor é grande, mas sua importância não foi, no meu entender, devidamente reconhecida. Tendo sido um dos mais eminentes historiadores da cultura de nosso século, ele não foi, entretanto, colocado no mapa historiográfico como merecia. Freyre é, sem dúvida, uma figura que interessou a várias pessoas por ter algo muito diferente a dizer, mas que não é facilmente relacionado a uma escola ou mesmo a uma tradição historiográfica. Por exemplo, não conheço mais ninguém além de Freyre que tenha escrito com tanta originalidade e tantos detalhes sobre a casa, o complexo familiar etc. Enfim, acho que ele não é tão considerado quanto deveria ser, dado o seu valor. Fora dos Estados Unidos, quase não encontrei ninguém que tenha genuinamente lido grande parte de sua obra. Aqui na Grã-Bretanha esse desconhecimento e essa indiferença são gritantes. O artigo sobre Freyre que publiquei numa coleção de ensaios não atraiu nenhuma atenção dos críticos e não foi mencionado em nenhuma das resenhas feitas. Lamento dizer que antes desta entrevista ninguém jamais me fez nenhuma pergunta sobre Freyre.

Como Freyre, o senhor também faz bastante uso de jornais como fonte do conhecimento histórico. Foi influenciado por ele quanto a isso?

Sei que Freyre se orgulhava muito de ser um dos pioneiros na utilização dos jornais como fonte, mas isso era, na verdade, algo que já fazia parte de minha maneira de escrever história antes de conhecê-lo. Para se escrever sobre o século XIX, os jornais são realmente fonte muito valiosa, e sempre os usei em abundância. No entanto, na época em que conheci Freyre, eu não havia ainda desenvolvido completamente meu interesse sobre o jornalismo numa outra direção; numa direção, por assim dizer, mais crítica; o que fiz, em sequência, foi escrever muito criticamente sobre o desenvolvimento do jornalismo como parte de um "complexo da mídia".

Quais seriam, então, os perigos envolvidos na utilização do jornalismo como fonte histórica?

Os perigos são tão grandes quanto as vantagens. Quando um estudante quer trabalhar comigo sobre um determinado tópico, não aceito nenhum plano do que ele pretende fazer antes que ele se "enterre" numa parte considerável do material da época em que pretende trabalhar. E, para isso, a leitura de jornais me parece a melhor coisa a fazer, pois funciona como um exercício de imersão que nos possibilita exatamente criar um léxico, ao recuperar a linguagem técnica da época, ao perceber quais são os seus conceitos-chave, suas palavras-chave. Mas eu não consideraria isso mais do que o exame de um certo nível de percepção, e não tomaria essa imersão como podendo nos levar aos elementos realmente significativos da história da época. E isso por conta de certas fraquezas fundamentais dos jornais que nos obrigam a suspeitar bastante do que dizem e a utilizá-los com imensa cautela. Pois não podemos nos esquecer de que os jornais costumam ser muito tendenciosos, são tremendamente mal-informados e só abordam uma pequena parcela da realidade. Apesar disso, eles são uma fonte inestimável para o historiador, e não só pelo que dizem em suas matérias, mas pelo que também se pode extrair de seus anúncios e ilustrações.

Freyre, como se sabe, foi bastante criticado por intelectuais brasileiros por sua fluidez conceitual e por ter tido um grande papel na elaboração e difusão de um poderoso sistema ideológico que elimina as contradições do processo histórico brasileiro em nome de uma pretensa harmonia social. De acordo com essa visão, devemos a ele o mito de um Brasil exemplarmente miscigenado e socialmente democrático. O que acha dessas críticas?

Nunca me preocupei muito com fluidez conceitual porque uma das alternativas à fluidez conceitual é a rigidez conceitual, e, portanto, muitos dos que criticam Freyre por fragilidade ou flexibilidade conceitual estão trabalhando a partir de algum quadro marxista e são, eles próprios, presos a conceitos que os encorajam a buscar conflitos. Por outro lado, há, sem dúvida, em Freyre, fluidez, imprecisão e até, às vezes, associações de ideias que o levam a uma concepção de harmonia social. Acho que ele estava predisposto, por conta de sua experiência, a uma noção de harmonia histórica como a chave para a unidade de uma era. Por sua formação e temperamento, diria que ele era levado a buscar muito mais elementos de continuidade do que de mudança na sociedade brasileira. É, pois, muito provável que tenha superestimado consideravelmente as harmonias naturais da sociedade brasileira e subestimado as forças que geravam conflito. Não há, no entanto, inconsistência em sua obra. Ela compõe um todo muito coeso, acredito. Não li duas obras em que Freyre tenha usado metodologias diferentes ou chegado a conclusões diferentes sobre o Brasil. Sua maior importância não é, no meu entender, como sociólogo ou psicólogo social, mas sim como um historiador da cultura, que procurou iluminar as continuidades na história brasileira e entender as profundas motivações de seus personagens.

As muitas faces da história

Era-lhe muito perceptível, nas atitudes e na obra de Freyre, aquele "amor físico e ao mesmo tempo místico" que ele confessava sentir pela Inglaterra?

Sim, sua anglofilia era óbvia para mim, mas era de um tipo, por assim dizer, mais agradável do que o tipo de anglofilia que encontro nos Estados Unidos. Não me sinto atraído por anglófilos, e quando viajo prefiro encontrar pessoas críticas às suas sociedades e à minha. No entanto, no caso de Freyre, sua anglofilia não me deixava particularmente incomodado. Havia muita coisa sobre o que podíamos conversar. Seu conhecimento da literatura inglesa era bastante extenso e profundo. Gostava muitíssimo da língua inglesa e apreciava o estilo de muitos de seus autores. Era-lhe importante saber que um historiador podia escrever bem e num estilo memorável. Não mencionava autores ingleses só para obter efeito. Ele realmente os lera e não se referia a nenhum deles sem que houvesse um motivo bem claro para isso. Assim, como eu sabia que ele amava a Inglaterra, que ela significara muito para ele, achei muito apropriado que uma universidade inglesa lhe fizesse uma homenagem. E foi o que, com o apoio do sociólogo Fernando Henrique, consegui que a Universidade de Sussex fizesse, conferindo-lhe o título de doutor *honoris causa* em 1966.

Freyre costumava dizer que, quando esteve em Portugal, em vez de ver o país com os seus próprios olhos, viu-o através dos olhos de ingleses. Até que ponto o senhor diria que, do mesmo modo que ele, também viu o Brasil com os olhos de Freyre?

Não, vi o Brasil com os meus próprios olhos! Eu já havia estado na Venezuela, no México e também várias vezes no Caribe, e estava, por mim mesmo, interessado em questões de cor e cultura. No meu contato com o Brasil, estava também presente o meu antigo interesse pelo estudo de cidades. Quando estive no Rio, comparei a cidade com outras, de um modo que provavelmente Freyre não teria feito. Meu interesse por esse tema é bem antigo, e àquela altura eu já havia escrito *Victorian Cities*. Sem dúvida, no entanto, sua visão do Brasil fornece um quadro para se pensar o país. Mesmo com as eventuais fraquezas e problemas que sua interpretação possa ter, e considerando que, obviamente, muito do país contemporâneo não está em sua obra, sem a menor sombra de dúvida eu ainda recomendaria, com insistência, a leitura de Freyre a qualquer estrangeiro que fosse ao Brasil.

Diferentemente de Le Goff,[22] que se sentiu totalmente deslocado na Universidade de Oxford, Freyre confessou que ali se sentiu extremamente bem, como se estivesse em seu ambiente natural. O que, no seu entender, teria feito um jovem recifense se sentir tão em casa numa instituição onde tantos ingleses se sentem, ao contrário, tão pouco à vontade?

Oxford é um lugar lindo, onde o novo flui dentro de um velho quadro. E Freyre tinha uma sensibilidade quase romântica, que o fazia apreciar ruínas, antiguidades, relógios de carrilhão e os cisnes no lago do Worcester College. Acredito que não se pode entender Freyre sem que se perceba como era importante sua relação com a beleza. Ele era muito, muito consciente das coisas belas, era levado por elas. Assim, o lado estético de Oxford certamente cativava alguém que, como Freyre, era hostil a muitas manifestações do moderno e ao inóspito e cinzento das cidades industriais. Já os ingleses não respondem a Oxford da mesma maneira porque lá chegam com a experiência de outras partes da Inglaterra, que Freyre não tinha. Além disso, nós, ingleses, carregamos o sentimento do muito de inadequado que tem sido estudado e ensinado em Oxford.

Uma das políticas britânicas que mais afetaram o Brasil no século XIX foi a que visava ao fim da escravidão. O que acha da ideia defendida por alguns estudiosos de que, em vez de ser uma demonstração de espírito público e de idealismo moral, tal campanha antiescravagista procurava, de um lado, minar o poder econômico de outros países e, de outro, desviar a opinião pública

---

22 Jacques Le Goff (1924), renomado historiador medievalista francês, autor de Os *intelectuais na Idade Média* (1957) e *O nascimento do purgatório* (1981), entre outros.

britânica de questões domésticas prementes, como, por exemplo, a ampliação do direito de voto?

Não concordo, em absoluto, com nenhuma das duas interpretações. A campanha antiescravagista tinha múltiplos motivos e se desenvolveu por um longo período. Pode ter havido, ocasionalmente, hipocrisia por parte dos ingleses, e pode-se argumentar que eles tratavam certas pessoas muito mal, pior até do que escravos. Em Yorkshire, por exemplo, a condição das pessoas que trabalhavam nas tecelagens era comparável àquela dos escravos. Mas nunca, no meu entender, a campanha foi conscientemente usada para desviar a atenção do público inglês de seus problemas. Nunca. Quanto ao desejo de enfraquecer a economia de outros povos, os fatos não corroboram tal visão. Se uma velha economia foi efetivamente destruída, foi a da Índia, onde não havia escravidão. Quanto à África, se as mudanças econômicas foram, em muitos casos, destrutivas, isso era menos associado à escravidão do que ao capitalismo. Se houve destruição, foi devida a forças de mercado.

Para nós, brasileiros, e talvez para todos os povos de tradição republicana, parece um pouco estranho que alguém que tenha afinidades com os movimentos e partidos trabalhistas aceite um título de nobreza e usufrua privilégios que o acompanham. Poderia comentar isso?

Essa é, curiosamente, uma pergunta que tem muito mais interesse para pessoas de fora da Inglaterra. Quando estive na China, fui acompanhado por um intérprete que durante todo o tempo não me fez uma única pergunta sobre a Inglaterra. Falamos sobre a China o tempo todo, até que na última manhã ele me perguntou se poderia fazer uma pergunta muito pessoal: "Como é ser um lorde?". E lhe respondi que esse título não me fazia sentir nada diferente do que se não o tivesse recebido. Agora, a razão pela qual me ofereceram esse título – que, na verdade, me surpreendeu – foi porque eu havia estado profundamente envolvido na criação de novas universidades, e o primeiro-ministro Callaghan sentiu que aquele aspecto da vida educacional deveria ser representado no Parlamento. Outra razão é que eu fora presidente de um comitê que estudava a condição das enfermeiras e sua formação, de onde saíra um projeto de lei. E enquanto este estava sendo discutido, era importante que houvesse alguém no Parlamento que entendesse do assunto. Dito isso, devo completar afirmando, em primeiro lugar, que, diferentemente de muitos outros que lá estão, não fui para a Casa dos Lordes como político. Em segundo, essa instituição ocupa um lugar secundário em minha vida, e a uso mais como um centro de informação do que como um fórum político. Se tivesse interesse em política, teria entrado na Casa dos Comuns muito antes. Na verdade, esse título não mudou minhas atitudes de nenhum modo, em nenhum assunto, não me confere nenhum privilégio especial e eu não lhe atribuo nenhum significado social. Escrevo sempre em meu próprio nome, Asa Briggs, e jamais me refiro a mim mesmo como Lord Briggs, quer na Inglaterra quer no exterior. Mas, curiosamente, de todas as coisas da minha vida, isso é o que mais atrai o interesse das pessoas no estrangeiro.

Pensando agora no futuro da Grã-Bretanha, tem havido ultimamente uma crescente controvérsia sobre a validade e a adequação da família real. Para alguns, a monarquia perdeu seu prestígio, sua legitimidade está definitivamente abalada e não há mais razão que justifique sua manutenção. O que acha dessa visão?

Não acredito que haja um movimento para abolir a monarquia, mas sim, talvez, para rever a linha sucessória. As críticas que ela sofre hoje não são, na verdade, inusitadas, pois já passou por períodos muito difíceis antes da rainha Vitória. Seus tios e predecessores, por exemplo, não eram bem vistos nem por ela nem por muitos de seus próprios súditos. E, colocando-se a questão em perspectiva, foi só no século passado, com a rainha Vitória, que se desenvolveu o conceito de uma família real. Eu jamais diria que algumas instituições duram para sempre, mas, por enquanto, eu ficaria surpreso – a não ser que alguma coisa muito tola seja feita – se houvesse uma grande pressão para abolir a monarquia. Em todo e qualquer país, a cultura política envolve a questão de se saber quem vai ser a pessoa que o representa, e, na Inglaterra, não há muito entusiasmo pela ideia de se ter um presidente como seu representante. Apesar de a monarquia inglesa deter muito pouco poder político, ela tem, no entanto, muita força simbólica e histórica. Definitivamente, é algo muito importante para a identidade cultural, mas, ao mesmo tempo, se fosse um dia abolida, não acredito que a identidade cultural do país fosse totalmente destruída.

Robert Darnton tem argumentado que a imprensa francesa exerceu um papel crucial na queda do Antigo Regime. Publicando histórias escandalosas e difamatórias sobre a vida sexual de Luís XVI, Maria Antonieta e outros membros da família real, os libelos estimularam a irreverência dos súditos, dessacralizaram a instituição monárquica e minaram sua autoridade. Diria que, como nesse caso, a moderna mídia britânica é uma das grandes responsáveis pela crise atual da monarquia?

Apesar de achar que Darnton está certo em chamar a atenção para esse tipo de literatura, de modo algum, no meu entender, ela causou a Revolução Francesa. A crise financeira da monarquia, sua inabilidade em resolvê-la, acrescida do desenvolvimento de ideias iluministas são muito mais importantes quando se trata da queda do Antigo Regime do que os efeitos dessa literatura sediciosa. Esta, no meu entender, afetou o comportamento das pessoas somente após a queda da monarquia ou um pouco antes, como foi o caso dos *sans-culottes* que cresceram em importância entre a queda da Bastilha e a execução do rei. Mas acho que hoje, na Inglaterra, esse tipo de literatura está associado a uma mídia muito mais poderosa do que a literatura escandalosa sobre a qual Darnton fala. E, certamente, com seu interesse obsessivo por escândalo, a mídia dificulta a coesão daqueles elementos importantes para se manter a sociedade em pé. Muito frequentemente, tira proveito dos preconceitos populares, em vez de tirar proveito do poder que tem de dar informação ou de estimular discussões importantes. Não deixa de ser curioso que o pior e mais popular jornal inglês, *The Sun* – que tem um alto nível de habilidade jornalística para fazer jornalismo de baixo nível –, seja propriedade da mesma pessoa que possui o *Times*! Os escândalos sexuais dos últimos anos minaram a posição da família real, mas é difícil aquilatar quanto. Às vezes penso que não devem ser levados tão a sério, e que talvez estejam causando menos dano do que se supõe. Há, certamente, um elemento de novela de televisão nos escândalos e as pessoas gostam de ouvir histórias de amor, de adultério etc. E isso tanto na Inglaterra quanto no exterior. Quando viajo, outra pergunta que frequentemente me fazem, além da que se refere ao meu título, é sobre o que, afinal de contas, está acontecendo com a família real!

Londres, julho e outubro de 1996
(entrevista atualizada e ligeiramente
ampliada em junho de 1999)

Bibliografia selecionada

Victorian People. London: Odham's, 1954.
The Age of Improvement, 1783-1867. London: Longman's, 1959.
Mass Entertainment: The Origins of a Modern Industry. Adelaide: Lecture, 1960.
The History of Broadcasting in the United Kingdom. Oxford: Oxford University Press, 1961. 5v. (Nova ed. 1995).
Victorian Cities. London: Odham's, 1963. *Collected Essays.* Brighton: Harvester, 1985. 3v.
A Social History of England. London: Weidenfeld and Nicolson, 1983. [Ed. port.: *História social da Inglaterra.* Lisboa: Presença, s.d.]
Victorian Things. London: Batsford, 1988.
The Story of the Leverhulme Trust. London: Leverhulme, 1991.

3
Natalie Zemon Davis[1]

Fazendo recentemente um retrospecto de sua trajetória intelectual, Natalie Zemon Davis descreveu seu empenho de resgatar sucessivamente para a história os trabalhadores, as mulheres, os judeus, os ameríndios e os africanos como se fosse "alguma missão de salvamento" que sempre se repete. Anos antes ela se referira à sua relação com o passado como tendo alguma coisa "de maternal", como se ao escrever história ela quisesse "dar vida novamente às pessoas, assim como uma mãe quer dar seus filhos à luz". O tom dessas declarações é bem revelador do dom que Davis tem de expressar seus sentimentos e emoções sem que isso tenha jamais comprometido os mais altos padrões acadêmicos da valiosa obra que escreve há mais de quarenta anos.

Natalie Zemon Davis é uma autoridade inconteste na história da França do século XVI, bem como uma das mais conhecidas e prestigiadas historiadoras de hoje, não só no campo da história social e cultural da Idade Moderna, como no da história das mulheres. O primeiro curso dedicado à história das mulheres no Ca-

---

[1] Uma versão resumida desta entrevista foi publicada no caderno "Mais!", *Folha de S.Paulo*, em 26 de setembro de 1999.

nadá – que viria a se tornar modelo para um dos mais populares cursos das universidades ocidentais nos anos 70 e 80 – foi organizado por Davis e sua colega Jill Ker Conway[2] em 1971. Foi, no entanto, como especialista da história de Lyon do século XVI que Davis estabeleceu sua reputação nos anos 60, quando escreveu uma série de artigos inovadores examinando essa cidade sob vários pontos de vista: espaços urbanos, comércio, imigração, relações entre católicos e protestantes, entre homens e mulheres etc. Nessa época, como ela confessa, seu interesse estava fundamentalmente voltado para as classes trabalhadoras, e as revoltas dos trabalhadores de Lyon pareceram-lhe o material ideal para abordar as grandes questões que então a fascinavam: sobre classes, conflito de classe, mudanças religiosas e relacionamentos de mundo social e intelectual. Se, ao iniciar sua carreira de historiadora, o marxismo lhe dera algumas importantes diretrizes, o estudo da antropologia lhe ampliou o quadro das referências, acrescentando à sua obra uma preocupação com a dimensão simbólica da realidade, bem como com a multiplicidade de relações nela envolvidas. Foi assim que, nos anos 70, a reputação de Davis se ampliou com suas novas explorações histórico-antropológicas. Seu estudos pioneiros sobre ritos, por exemplo, apesar de focalizados na França do século XVI, levantavam questões mais amplas sobre os usos do ritual para legitimar a violência urbana contra os de fora. Pode-se dizer que a antropologia acentuou a característica marcante de Davis, que é usar a história local como uma ocasião para levantar questões mais gerais.

No início dos anos 80, Natalie se tornou ainda mais internacionalmente conhecida como a autora de um *best-seller* acadêmico, *O retorno de Martin Guerre*, e consultora do filme com o mesmo título dirigido por Daniel Vigne em 1982. Desde que lera o livro do juiz de Toulouse, Jean de Coras, contando a história do céle-

---

[2] Jill Ker Conway (1934), australianq especializada em história das mulheres nos séculos XIX e XX. Ex-professora e vice-presidente da Universidade de Toronto, atualmente ensina no Massachusetts Institute of Technology (MIT). Autora de *Female Experience in 18th- and 19th- Century America* (1982), seus livros mais recentes são autobiográficos: *The Road from Coorain* (1989, *best-seller* nos Estados Unidos durante um ano, e *True North: a Memoir* (1994).

bre caso que ele julgara em 1560, Natalie Davis dissera: "Isto tem que ser um filme!". O caso, levado ao tribunal, revelava o drama vivido por uma família de camponeses de Languedoc no século XVI, quando um homem – que havia desaparecido durante doze anos – reaparece, é aceito como o verdadeiro Martin Guerre por sua família e pela comunidade durante três ou quatro anos, até ser finalmente denunciado como impostor por Bertrande, sua mulher. A história – que atinge o ponto mais dramático com a chegada do verdadeiro Martin Guerre no momento em que o impostor estava quase convencendo o tribunal de que era realmente o camponês desaparecido – tinha tudo para se tornar um filme de sucesso. A atuação do famoso ator francês Gérard Depardieu como o verdadeiro e o falso Martin Guerre contribuiu ainda mais para a divulgação da história e para o reconhecimento de Natalie Davis como uma historiadora capaz de atingir, ao mesmo tempo, o público acadêmico e leigo. Novamente, ela se mostrava exímia na arte de usar a história local para levantar questões gerais. Dessa vez, uma micro-história – um caso de impostura de uma pequena vila francesa – era usada para discutir questões de formação de identidade e de relações de classe.

Mais ou menos na mesma época, Natalie desbravou um novo campo de estudo, impondo-se como historiadora da cultura judia e da cultura das mulheres do início da Idade Moderna. São esses interesses que a levaram ao seu mais ambicioso trabalho, até agora, *Nas margens. três mulheres do século XVII*, de 1995, onde compara e contrasta as carreiras de três mulheres do século XVII – uma judia, uma católica e uma protestante – e suas aventuras não só na França ou mesmo na Europa, como também além do continente europeu. Com esse projeto, diz Natalie, "entrelacei todos fios de meus antigos interesses – social, antropológico, etnográfico e literário –, mas também me lancei em novos mares e territórios". Na mesma linha é o livro que está agora escrevendo sobre "mistura cultural", onde explora até mesmo as rotas das caravanas no norte da África.

A mesma audácia que marca esse trabalho, que Natalie Davis publicou em 1995, aos 66 anos de idade – e que repete sua incansável determinação de ensaiar novos caminhos –, encontramos em sua vida pessoal, sobre a qual Natalie fala com inusitada abertura e franqueza. Nascida em Detroit, em 1929, numa família judia abastada e não atingida pela Depressão dos anos 1930, sua vida transcorreu calmamente até o início da guerra fria e o seu encontro com Chandler Davis, jovem matemático de Harvard com quem está casada há mais de 50 anos. Até então, Natalie tivera uma existência tranquila e uma educação esmerada, primeiramente numa seleta escola privada dos subúrbios de Detroit, seguida pelo Smith College, um dos chamados "Seven Sisters", os mais prestigiados Liberal Arts Colleges femininos dos Estados Unidos. Já nessa época, no entanto, à medida que sua consciência político-social se aguçava, Natalie se tornava uma ativa participante de discussões e ações políticas contra o racismo e a favor da liberdade de expressão, dos sindicatos etc. Em casas privilegiadas como a sua, Davis se recorda, "os negros só entravam para limpar, passar ou servir a mesa"; no entanto, isso não a impediu de se manifestar muito cedo contra a discriminação racial e, contra o estabelecido, de se sentar sistematicamente ao lado de um negro quando entrava num ônibus!

Seu encontro com Chandler, em 1948, causou, no entanto, uma verdadeira revolução em sua vida. Primeiro, porque a decisão de se casar após algumas semanas de namoro com um *goy* era totalmente inadmissível para uma jovem judia como Natalie. Chandler, como ela própria diz, não era nem judeu nem rico. O fato de ser "bonito, inteligente, de esquerda e de gostar de mulheres inteligentes" não alteraria em nada, ela bem sabia, a decisão de sua família. Assim, com apenas dezenove anos, ela foge e se casa à revelia, não só da família, como do Smith College (que excepcionalmente não a expulsa). E, segundo, porque logo se iniciou a saga do casal Davis com o FBI e o macarthismo[3] – que envolveu a cassação de seus passaportes e a prisão de Chandler por alguns meses – que só iria terminar definitivamente em 1962, quando eles se mudaram para o Canadá, onde ambos obtiveram postos na Universidade de Toronto. Foi durante esse período difí-

---

3 Joseph McCarthy (1909-1957), senador norte-americano e líder da perseguição anticomunista dos anos 1950.

cil dos anos 50 que Natalie teve seus três filhos e fez seu doutorado pela Universidade de Michigan. "A alegria de ter filhos e de criá-los superou consideravelmente a agonia política pela qual passávamos", diz Natalie. E, sem nenhum constrangimento, acrescenta que "ter filhos me ajudou como historiadora; me humanizou, ensinou-me sobre psicologia e relações pessoais, e deu substância a palavras abstratas como 'necessidades materiais' e 'o corpo'; revelou o poder da família, raramente tratada pelos historiadores naquela época".

Recentemente aposentada de Princeton, onde ensinou desde 1978 (após ter estado seis anos em Berkeley, na Califórnia), mas ainda extremamente ativa como pesquisadora e conferencista itinerante por várias partes do mundo, Natalie se mantém inabalável no papel de modelo, não só para as novas gerações de mulheres acadêmicas, como para os historiadores de um modo geral. A eles e ao público leigo ela sempre lembra que o estudo do passado pode ser visto como uma lição de esperança, pois mostra que, por mais impositiva que a sociedade possa ser, há sempre alternativas abertas para as pessoas fazerem sua própria história. "Não importa quão estático e desesperador o presente nos pareça, o passado nos lembra que podem ocorrer mudanças."

Extremamente elegante e bonita, no seu estilo *mignon*, e parecendo dez anos mais moça do que é, Natalie nos recebeu em Londres para uma longa, amistosa e entusiasmada conversa sobre as modernas tendências historiográficas e os mais variados aspectos de sua carreira e de seus interesses.

A senhora nasceu numa família judia para quem, como diz, "o passado era muito desagradável para as crianças conhecerem". O que a fez dedicar sua vida ao estudo do passado?

Para começar, acho que foi um sentimento de estar deslocada do passado, de não ter raízes. De um lado, minha família era composta de imigrantes judeus europeus, meus avós e bisavós, considerando que não valia a pena se falar sobre o passado russo ou polonês, que lhes era tão doloroso em muitos aspectos. E, de outro, não havia também um passado americano que fosse significativo para nós. O compromisso que tínhamos era com o futuro e com a ideia de sermos bons cidadãos americanos. O primeiro impacto que o passado teve sobre mim foi quando, na *high school*, me vi convivendo com pessoas de tradicionais famílias americanas que se viam profundamente enraizadas no passado do país. Na mesma ocasião, tive também uma excelente professora de história que me iniciou na história grega, europeia, no Iluminismo, Revolução Francesa, Revolução Americana etc. Foi então que, de repente, me senti ligada a esses eventos distantes do passado europeu. Já naquela ocasião, senti-me também atraída por conhecer as aspirações que as pessoas haviam tido em outras épocas. Quando entrei na universidade, essa atração continuou, ao lado do meu interesse pela literatura e pela escrita, que tem uma origem familiar, pois meu pai havia sido autor de peças de teatro popular. Quando, há poucos meses, minha filha escreveu suas reminiscências – "A filha de meus pais" – para a comemoração dos meus setenta anos, ela se referiu ao tec-tec de minha máquina de escrever, seguido de pausas, que marcara sua infância. Pois fora exatamente essa também minha experiência de criança, quando ouvia meu pai escrever suas peças de teatro. Assim, afora a história me parecer fascinante, fui desde cedo também atraída pela literatura e pela imaginação criativa. Mas, além de a história me fornecer aquele sentido do passado que me faltava, meu interesse por política, especialmente do tipo marxista, tornava a história particularmente importante. Marx havia dito que a história era o único tipo de ciência que poderia nos servir de guia para o futuro, e me fascinava pensar que eu – não como mulher ou judia, que àquela altura não me pareciam questões particularmente interessantes – fazia parte da grande corrente, da onda da humanidade.

Quanto ao interesse pela história ao longo de uma vida, devo dizer que não me move o desejo de achar respostas fáceis no passado para nossas questões atuais, de obter prescrições ou de aprender, com clareza, certas lições. Estas, se existem, são muito pouco claras e nos levam a uma visão mais ampla da variedade das experiências humanas; visão que pode ser confundida com uma visão cínica da história, da qual de modo algum compartilho.

Sempre me lembro do que disse Pico deli a Mirandola[4] sobre a humanidade: ela podia assemelhar suas realizações às dos anjos, mas também podia descer ao nível das coisas demoníacas. Reconheço que, quando era mais jovem, meus interesses eram limitados e procurava escrever sobre questões mais batidas, como opressão e dominação humanas. Hoje, ainda posso escrever sobre essas questões, mas o faço com mais sobriedade, sentindo-me preparada para falar sobre uma humanidade mais complexa e variada. Com o tempo, pois, acho que minha noção sobre a importância do passado aumentou e se expandiu para incluir uma gama maior de temas. Há 25 anos, por exemplo, incluí a mulher no meu campo de estudo e, mais recentemente, a história dos judeus e temas não europeus. Em suma, essa ampliação me forneceu mais posições vantajosas a partir das quais posso estudar o passado.

Desde seu tempo de escola, sua participação nos debates e nos eventos marcantes da época tem sido constante. Protestou, por exemplo, contra o Plano Marshall, o macarthismo, e, no ônibus, fazia questão de se sentar ao lado de um negro para manifestar sua oposição à discriminação racial. A senhora se descreveria, então, como uma intelectual engajada? E coloca a história a serviço desses engajamentos?

Certamente quero ser uma intelectual engajada, mas a forma de meu engajamento tem mudado com o passar do tempo. Na minha época de estudante, e até começar a ter filhos, fui muito ativa em política. Depois, continuei a estar muito atenta aos acontecimentos, mas minha atuação limitou-se mais a assinar petições, envolvendo-me só raramente em ações concretas. Mais recentemente, envolvi-me em demonstrações contra a Guerra do Golfo (um terrível erro por parte dos Estados Unidos) e contra a outorga de um doutorado honorário da Universidade de Toronto ao ex-presidente George Bush. Além de casos como esses, meu engajamento

---

4 Giovanni Pico della Mirandola (1463-1494), humanista italiano, autor de *Discurso sobre a dignidade do homem*.

também se manifesta em meu trabalho, como, por exemplo, quando defendo uma vida universitária mais democrática e menos hierárquica. Mas devo deixar claro que, se minha atividade como membro de um departamento pode estar claramente inspirada por meus valores políticos, meu trabalho como historiadora não está a serviço da política. À medida que existe em meu trabalho uma instância crítica – que espero que exista –, ele me parece uma ação engajada, o que não significa que esteja diretamente vinculado a meus valores políticos. Minha tarefa principal como historiadora é entender o passado, buscar o maior número de evidências possíveis, conferir minhas evidências e interpretá-las de modo a relacioná-las às questões propostas e ao material levantado. Mesmo nos meus tempos marxistas mais ativistas e engajados, nunca fui doutrinária e nunca deixei que a história fosse posta a serviço de qualquer doutrina. Achava o marxismo útil e sugestivo, mas já tinha, na época, um profundo respeito pelas evidências que encontrava, pelo que elas diziam. A história nos serve somente pelas perspectivas que nos abre, pelos pontos de vista que nos descortina, a partir dos quais podemos olhar e entender o presente. Também nos serve pela sabedoria ou paciência que pode nos dar e pela esperança de mudança com que pode nos confortar.

Concorda, então, com a visão comum de que o historiador sempre deve ser neutro e imparcial e não tomar nenhum partido nos assuntos históricos?

Meu trabalho sobre a produção acadêmica francesa durante a ocupação alemã da França é bem propício para se refletir sobre essa questão. Já havia começado a tratar de tópicos difíceis como esse quando estudei os ritos de violência no século XVI. Mas, quando me pus a tentar entender os historiadores que colaboraram com o nazismo, ficou ainda mais evidente que era necessário conhecer a posição das pessoas que estamos estudando, o lugar de onde elas vêm, mesmo que essa pessoa seja um Hitler. Em meu trabalho fiz, pois, um grande esforço para entender o que formou esses colaboradores, como se desenvolveu sua moralidade, e para lhes dar uma boa oportunidade, não de se tornarem corretos a meus olhos, mas de se tornarem plausíveis e compreensíveis quanto a determinadas trajetórias de vida e de certos valores de uma época. Identificar esses historiadores-colaboradores a partir de suas próprias vozes é algo que me parece extremamente importante. Mas, de outro lado, o historiador pode, de algum modo, querer introduzir sua própria voz no corpo de trabalho. No meu caso, por exemplo, quando estudei nos anos 70 os ritos de violência no século XVI, procurava tratar dos atos gratuitos de violência tentando dar um sentido a um comportamento totalmente inaceitável e entendê-lo de um modo não reducionista. Mas, ao mesmo tempo, não queria deixar de registrar, de algum modo, meu julgamento sobre esses ritos de violência. Foi o que fiz no fim do ensaio quando disse que os ritos de violência não poderiam ser confundidos com direitos de violência, e procurei relacionar o tema a questões do momento em que vivíamos. Mas, nesse caso, deve ficar claro para o leitor o que se está querendo fazer, de que perspectiva se está falando e onde o historiador está se colocando. Enfim, é muito importante que o historiador lance mão de uma estratégia literária para mostrar que a voz que agora fala é a dele próprio. Evidentemente, tenho consciência de que os valores de cada um influenciam inevitavelmente o que se escreve, e não estou propondo que o historiador intervenha a todo momento e seja constantemente autorreflexivo, como fazem muitos estudos contemporâneos. Isso pode ser extremamente enfadonho.

Os anos 50, período em que teve seus três filhos e escreveu seu trabalho de PhD, foram especialmente difíceis para a senhora e seu marido: o governo americano lhes confiscou os passaportes quando se recusaram a fazer o juramento anticomunista, seu marido foi posto numa lista negra, o que lhe barrou o emprego permanente em qualquer universidade (obrigando-os a se mudarem constantemente – Michigan, Nova York, Rhode Island etc.), e, finalmente, ele chegou a ser posto na prisão sob acusação de desacato ao Congresso. Referindo-se a essa época turbulenta e dramática de sua vida, a senhora diz que uma das piores partes dela foi seu isolamento intelectual. Mas não acha que houve também vantagens no fato de não estar ligada a algum grupo e que muito da inovação que trouxe para a história se deveu a esse isolamento involuntário?

Sim, penso que esse foi um ponto a meu favor, pois não era assistente de nenhum titular e não tinha que agradar a ninguém, já que desenvolvia meu trabalho longe da Universidade de Michigan (onde iniciei e defendi minha tese de PhD) e não estava ligada a nenhum grupo de estudantes de graduação. Passei parte dessa época morando em Nova York e meu local de estudo era a New York Public Library. Assinei algumas revistas e ia a alguns encontros de acadêmicos onde ouvia sobre os trabalhos que outros estavam desenvolvendo, o que era muito interessante; no entanto, reconheço que teria sido bom ter tido, nessa época, uma ou duas amigas interessadas em história e que também estivessem criando seus filhos. Conheci, nessa ocasião, Rosalie Colie,[5] da Universidade de Columbia, a quem dediquei um de meus livros, e foram muito importantes para mim as discussões intelectuais que tive com ela. Mas como Rosie não estava na posição de minha professora, as conversas que tínhamos eram, por assim dizer, entre duas mulheres, entre iguais. Há alguns anos, quando escrevi sobre a pintora e naturalista alemã do século XVII, Maria Sibylla Merian, em *Nas margens,* acho que me inspirei em meu próprio passado quando refleti sobre as consequências de ela não ter tido patrocinadores para sua viagem de pesquisa ao Suriname. Isso a deixara livre, como disse, para tomar suas próprias decisões. Como ela, eu também me sentira livre ao desenvolver meu doutorado, e as pessoas em que pensava quando escrevia eram pessoas já mortas, como Max Weber, e algumas poucas outras que estavam começando a escrever sobre a tese de Weber, mas que eu nem conhecia. Ou seja, não me preocupava com o que x e y iriam dizer, e a principal pessoa com quem conversava sobre meu trabalho era meu marido, que é matemático e não historiador.

---

5 Rosalie Colie, críta norte-americana, autora de *Paradoxica Epidemica:* the Renaissance Tradition of Paradox (1966) e *Shakespeare's Living Art (1974).*

As muitas faces da história

No início de seu curso de doutorado a senhora escreveu um ensaio sobre Christine de Pisan, uma viúva francesa do século XIV que conseguiu manter seus filhos e sua mãe com seu trabalho de escritora. No entanto, decidiu não escolher a história da mulher como tema de seu doutorado, o que teria sido uma verdadeira inovação na época. Keith Thomas, por exemplo, lamenta retrospectivamente ter se desencorajado com a falta de interesse no assunto e não ter prosseguido em seus estudos sobre as mulheres iniciados mais ou menos na mesma época. O que acha que a impediu de explorar esse novo território no início dos anos 50?

Intelectual e profissionalmente não me parecia o caminho certo, apesar de ter adorado trabalhar sobre Christine naquela época. E não me arrependo, em absoluto, da decisão que tomei. Em primeiro lugar, eu estava muito interessada em estudar os artesãos e a classe trabalhadora durante a Reforma protestante e começara a desenvolver um trabalho de arquivo inusitado entre os historiadores que trabalhavam com religião e mudança social. Em segundo lugar, eu não considerava, àquela altura, a história das mulheres como algo que iria acrescentar uma nova dimensão aos estudos históricos. Apesar de ter ficado fascinada com *La cité des femmes* de Christine e de ter estudado essa primeira literata a partir de meu interesse, por assim dizer, marxista, não achei que havia muita novidade em desenvolver um estudo sobre uma mulher que se situava numa posição socialmente elevada. Preferi, pois, me voltar para um tópico ainda inexplorado, como era o material que estava descobrindo sobre esses primeiros sindicatos de trabalhadores. E, em terceiro lugar, acho que não queria fazer estudos sobre mulher só porque eu sou mulher. Havia razões políticas, também, por trás de minha decisão. No início dos anos 50, quando escrevi aquele *paper*, estávamos no meio da guerra fria, da Guerra da Coreia, e as questões relativas à paz, e não às mulheres, é que se apresentavam como centrais.

Na sua juventude, a senhora foi seduzida pelo marxismo e pelo socialismo porque, como diz, "eles ofereciam algumas gran-

des formas de organizar o passado". E hoje em dia, ainda vê valor no trabalho de Marx e de alguns de seus seguidores?

Na verdade, nunca me converti realmente ao marxismo, pois apesar de achar que muitos estudos marxistas eram interessantes e valiosos, sempre fui muito eclética. O próprio Marx foi, no meu entender, um homem historicamente fascinante, uma das grandes figuras do século XIX; e hoje, com o fim da guerra fria, estamos em melhor posição para poder apreciar sua grandeza e suas limitações, já que não o avaliamos mais como se ele fosse *a* verdade. Diria, pois, que ainda continuo a achar Marx e alguns outros que se inspiraram em questões, por assim dizer, pós-marxistas, extremamente interessantes e estimulantes. Sem dúvida, eles nos ajudam a combater a visão do mundo como um mero texto e a nos lembrar como é importante o conflito para a compreensão de uma cultura. Sim, pois o que acho muito importante – e que sempre insisto em minhas aulas – é a noção de que um modo mais apropriado de se identificar um período é estudando os profundos conflitos que existem entre as pessoas. Nestes, muito mais do que nas crenças que as pessoas compartilham, me parece se encontrar a chave para a identificação de períodos e de culturas. Tão logo uma determinada questão deixa de ser central, isso assinala o fim de um período ou uma transformação cultural. E acredito que essa ideia é uma consequência, a longo prazo, de meu passado marxista.

A senhora abraça alguma filosofia da história?

Em certo sentido, sim, mas não uma filosofia que acredita em estágios de evolução. Acabei de escrever um artigo, "Beyond Evolution",[6] onde mostro de que maneira lido não somente com o marxismo, mas com todas as versões não socialistas do marxismo, como as ligadas à teoria da modernização, que com ele compartilham a ideia de evolução. Não há uma trajetória única, no meu entender, e todas as teorias de estágios de evolução me pa-

---

6 "Beyond evolution: comparative history and its goals", in *Swiat Historii*, Posnânia, Instytut Historii UAM, 1998, p.149-57.

recem insatisfatórias. Talvez com a idade tenha ainda que rever minha posição, mas hoje rejeito os esquemas evolucionários que aceitava quando estudante. Insisto na ideia de trajetórias múltiplas, de caminhos múltiplos, e, se se pode falar em filosofia, a minha está em busca de conflitos e debates, e não de consenso e coerência. Mais do que uma filosofia, diria que é uma visão do passado que está interessada em multiplicidade dentro de um quadro comum e que, em vez de acordos, busca lutas e mudanças históricas.

Durante muitos anos seu trabalho foi especialmente concentrado em Lyon. O que a atraiu para essa cidade? O fato de ter escrito vários ensaios sobre esse tema, em vez de um livro, se deve a uma opção consciente pela forma ensaística, ou foi um mero acidente?

Meu objetivo era testar minha hipótese sobre religião e capitalismo e, como aprendera com os trabalhos de H. Hauser,[7] Lyon tinha tudo o que eu queria: movimentos de artesãos, impressores, banqueiros, comerciantes, novos tipos de indústria, como a de seda, e até Rabelais,[8] que lá havia vivido muito tempo. Atraiu-me também trabalhar fora do centro, fora de Paris, num lugar, por assim dizer, marginal. Os arquivos também eram excelentes, e muito do que fiz ao longo dos anos se baseou no material que lá coletei. Até o livro sobre presentes, que estou acabando agora, se apoia, em parte, no material de Lyon, como, por exemplo, os dossiês de testamentos dos tabeliões de toda uma vizinhança. Quanto a não ter publicado um livro sobre Lyon, mas principalmente ensaios, isso foi mais ou menos acidental e não proposital. Poderia ter publicado meu doutorado, mas cometi um erro que tento evitar que meus alunos cometam. Comecei a me interessar por outros temas, como a antropologia, por exemplo, e estava sempre tentando refazê-lo com base no novo material. Nisso, meu

---

7 Henri Hauser (1866-1948), historiador social francês, autor de *Travailleurs et marchands dans l'ancienne France* (1920) e *La modernité du 16ᵉ siecle* (1930).

8 François Rabelais *(c.1494-c.1553)*, autor do romance cômico *Gargântua e Pantagruel.*

isolamento foi desvantajoso, pois necessitava de um mestre que me incentivasse a publicar o trabalho no estágio em que estava. Ademais, eu tinha outros interesses além de Lyon – escrevi dois ou três artigos, por exemplo, sobre aritmética comercial – que me impediam de me dedicar mais atentamente a um livro. De qualquer modo, quando penso no meu *Culturas do povo:* sociedade e cultura no início da França moderna, acho que cada artigo que o compõe se inspirava no anterior e que, apesar de escritos separadamente num período de quatorze anos, tratavam mais ou menos de uma mesma questão intelectual.

A senhora tem estudado muito o século XVI, especialmente o protestantismo. Considera uma vantagem ou desvantagem o fato de não ser cristã? Diria que esse distanciamento lhe dá insights *que escapam aos que estudam o mesmo tema sendo cristãos?*

Para mim foi, sem dúvida, uma vantagem, mas não diria que seja essa uma condição necessária. Lucien Febvre e J. Delumeau[9] são exemplos que mostram que é possível se atingir um distanciamento e uma perspectiva múltipla, mesmo sendo cristão. No meu caso, entretanto, o fato de não ter compromissos religiosos me deu uma vantagem significativa, pois nos anos 50 ainda havia muitas histórias escritas, por assim dizer, num espírito confessional. Os protestantes escreviam sobre o protestantismo e publicavam em revistas protestantes, os católicos escreviam sobre o catolicismo e publicavam em revistas católicas, e assim por diante. Eu, como não estava escrevendo sobre os judeus, me colocava fora disso. O que considero ter sido uma grande mudança para mim foi meu afastamento de uma posição mais evolucionista ou, para usar um termo antigo, progressista. Foi a partir daí que comecei a me interessar pela antropologia (e pela história das mulheres como parte disso) e a considerar o catolicismo mais seriamente. A perspectiva antropológica no tratamento da religião e o estudo de

---

9 Lucien Febvre (1878-1956) e Jean Delumeau (1923) são historiadores do catolicismo e protestantismo do século XVI.

muitas outras formas de religião me ampliaram os horizontes de tal modo que passei a ver o catolicismo como um outro ator, tão importante quanto o protestantismo. E acredito que essa mudança foi facilitada pelo meu distanciamento, pelo fato de não ser nem protestante nem católica.

Invertendo a situação, diria que, por estar emocionalmente envolvida com o judaísmo, corre o risco de perder o senso de perspectiva quando escreve sobre questões judaicas?

Sim, há esse risco, mas, também nesse caso, não quero criticar outros caminhos possíveis. No meu caso, acredito que foi muito melhor ter iniciado meus estudos sobre questões judias após ter trabalhado muito tempo sobre questões protestantes e católicas, que me eram distantes. Diria que tento estudar todas essas questões com empatia, procurando ver a coisa de dentro mas também a distância. Em relação ao judaismo, tento expor certas coisas como se fosse alguém de fora, pois há muitas que me chocam apesar de me serem familiares. Para isso, um certo senso de humor, uma capacidade de rir de mim mesma são muito úteis. Quando escrevi o prólogo de *Nas margens*, por exemplo, interpelei Glikl (a comerciante judia que estudei), perguntando-lhe por que se referia aos filhos como rabi – título honorífico – e não reservava às filhas nenhum tratamento especial. Essa foi uma forma de me referir ao sexismo judeu, que considero irritante. Em suma, me agrada a ideia de o historiador tratar as questões como alguém de dentro e também de fora delas.

Um de seus muitos artigos inovadores é o "Rites of Violence" onde faz um estudo pioneiro sobre a violência religiosa popular do século XVI. Seu interesse por tal questão se deveu ao material que encontrou ou foi, em grande parte, uma reação à violência urbana que presenciava em sua própria época nos Estados Unidos?

As duas coisas e mais o Holocausto. Meu interesse pelas revoltas e pela violência em Lyon já era antigo, e havia uma revolta que me atraia especialmente: a chamada *"rebeine"* de 1529, o extraordinário motim, apresentado por Hauser como sendo ao mesmo tempo protestante e motivado pela fome. Pois eu queria examinar as evidências e verificar essa sua hipótese, que constatei não se sustentar. O que descobri foi que a maior parte das revoltas de Lyon eram religiosas, e só esporadicamente motivadas pela fome. Nessa mesma época, estava ocorrendo uma série de manifestações violentas nos Estados Unidos contra a Guerra do Vietnã, a favor dos direitos civis e contra a administração das universidades, muitas delas envolvendo invasões. Eu mesma participei de várias demonstrações contra a guerra em Berkeley e outros lugares, que envolveram algumas vezes violência, não necessariamente por parte dos manifestantes, mas por parte da polícia. E, em terceiro lugar, talvez houvesse, inconscientemente, o estímulo representado pelo Holocausto, essa terrível violência contra os judeus. Todos os outros casos não foram tão terríveis, pois, apesar de ter havido mártires no Movimento de Direitos Civis e pessoas terem sido mortas nas demonstrações antiguerra do Vietnã, não houve crueldade em massa. Já no século XVI, houve tipos de massacres que se assemelhavam ao que ocorreu na Segunda Guerra contra os judeus, até mesmo no seu aspecto ritual. Assim, quando estava tentando compreender os ritos de violência do século XVI, acho que também estava tentado dar algum sentido ao que ocorreu com os judeus durante a guerra.

Freud ou outros psicólogos foram relevantes para seu estudo sobre os ritos de violência e o impulso humano para matar os semelhantes?

Alguns dos *insights* de Freud se tornaram parte de nosso modo de olhar o mundo, como o relacionamento de pais e filhos, e aceito e uso isso quando considero útil. Mas nunca me interessei em adotar o freudismo e desenvolver o meu trabalho histórico para confirmar uma teoria psicológica ou psicanalítica, que é o que muita história psicológica vem fazendo. Meu objetivo tem sido sempre atingir uma profunda compreensão das pessoas, dos indivíduos que estudo, mesmo quando me interesso pelo comportamento de grupos, como no caso dos ritos de violência e dos ritos carnavalescos. Por trás do grupo, meu principal foco é sempre o entendimento dos verdadeiros indivíduos.

Quando estudei o líder calvinista Théodore de Beze,[10] por exemplo, interpretei seu rompimento com o humanismo, sua adesão a Calvino e seu casamento com uma criada de quarto como envolvendo uma rebelião contra seu pai. E fiz questão de apontar que o primeiro livro que Beze publicou, quando chegou à Suíça, foi *Abraham sacrificing Isaac*, que é exatamente sobre um pai e um filho. Assim, como vê, meu freudismo vai só até o ponto de utilizar um tipo de *insight* que faz parte de nossa cultura geral. Não me interesso em ir mais adiante, pois essa não é minha tarefa como historiadora.

A senhora cita frequentemente intelectuais de outras disciplinas. Em seu "Rites of Violence", por exemplo, citou pessoas como Elias Canetti,[11] Mary Douglas,[12] Neil Smelser.[13] Qual a contribuição que eles podem lhe oferecer que os historiadores não podem?

Muitos desses intelectuais foram, em algum momento, meus contemporâneos em Berkeley e faziam, pois, parte da rede local de pessoas com quem estava sempre cruzando e conversando. Não era esse o caso de Mary Douglas, que não conhecia, mas que me interessou por ser antropóloga e estar teorizando sobre a questão da poluição, tema que os historiadores estavam estudando na época. Eu, por exemplo, estava começando a trabalhar sobre a história das mulheres, e a noção de poluição menstrual me foi bastante útil. Mas diria que, de modo geral, esses pensadores trabalhavam, de um lado, sobre um quadro mais amplo e se debruçavam sobre períodos e fontes que não eram normalmente tratados em trabalhos históricos. E, de outro, estavam buscando certos tipos de teoria, certas generalizações que os historiadores não buscavam, pelo menos não no campo da violência.

---

10 Théodore de Beze (1519-1605), teólogo francês, herdeiro de Calvino.
11 Elias eanetti (1905). autor búlgaro que mora na Inglaterra, ganhador do Prêmio Nobel de Literatura de 1981. É autor de *Massa e poder* (1976).
12 Mary Douglas (1921), antropóloga britânica, autora de *Perigo e pureza* (1966).
13 Neil Smelser (1930), sociólogo norte-americano, autor de *Social Change in the Industrial Revolution* (1959), *Social Paralysis and Social Change* (1991) etc.

Há alguns teóricos que são especialmente importantes para o seu trabalho, como M. Douglas e C. Geertz,[14] ou a senhora os escolhe por razões instrumentais?

Principalmente por razões instrumentais, o que não significa dizer que eu não os respeite. O que quero dizer é que as pessoas pelas quais me sinto mais responsável, mais devedora, por assim dizer, não são os teóricos – que eu admiro e por quem sinto até muito afeto, no caso de alguns que conheço pessoalmente. Minha responsabilidade última é para com as pessoas sobre as quais escrevo, e também Rabelais e Montaigne,[15] quando estudo o século XVI. Estes são os pensadores para os quais sinto que devo sempre me voltar para conferir minhas ideias. Não que desempenhem papel de teóricos para mim, mas foram tão bons observadores de seu tempo, conheceram o seu século tão bem – com exceção das mulheres –, que se eu estiver no caminho certo, sinto que encontrarei algum eco em Rabelais e Montaigne. Já quando se trata das mulheres do século XVI, devo recorrer a Margarida de Navarra.[16] Para o meu livro sobre presentes, por exemplo, achei importante reler Durkheim[17] e Mauss,[18] pois eles estudaram muitas teorias de troca, o que não significa que sinta que devo submeter-me ao que disseram. O mesmo se aplica ao que estou escrevendo sobre mistura cultural, onde tento olhar as coisas não só a partir de um ponto de vista europeu. Levantei um rico material, tenho minhas próprias ideias, mas sinto que devo ler o que os escritores pós-colonialistas têm dito sobre o tema. Posso certamente me inspirar em um ou outro, como foi o caso de um crítico literário marroquino que descobri recentemente – que discute desde a

---

14 Clifford Geertz (1923), antropólogo norte-americano, autor de *A interpretação das culturas* (1973) e *O saber local: novos ensaios em antropologia interpretativa* (1983) etc.
15 Michel de Montaigne (1533-1592), ensaísta francês.
16 Margarida de Navarra (1492-1549), irmã de Francisco I, rei da França. Escreveu *Heptameron*, coleção de contos na tradição do *Decameron* de Boccaccio.
17 Emile Durkheim (1858-1917), sociólogo francês, autor de *As regras do método sociológico* (1894).
18 Marcel Mauss (1872-1950), sociólogo francês, autor de *Ensaio sobre a dádiva* (1925).

poesia árabe pré-islâmica até literatura contemporânea[19] –, mas não os consideraria propriamente como meus mentores.

A senhora já confessou que seu primeiro livro, Culturas do povo: sociedade e cultura no início da França moderna, *publicado no início do movimento feminista, tornou-se "um modelo de história para as mulheres". Haveria algum desenvolvimento dessa história com o qual não gostaria de se ver associada?*

Primeiramente, gostaria de dizer que, quando faço alguma crítica ao que emergiu do movimento das mulheres, não o faço como inimiga. Há, hoje em dia, muita briga nos departamentos, no próprio movimento, e se tenho algumas reservas, não as exponho com o desejo de eliminar pessoas ou com a pretensão de um saber total. O que não gosto sobre as histórias das mulheres é quando são escritas com a sugestão de que têm a chave absoluta e de que todos os outros tipos de história são errados e superados. Prefiro também um tipo de história das mulheres que não as olhe como vítimas, e que as percebam nas várias situações em que estão em colaboração e até em cumplicidade com os homens. Nos anos 70, fazendo um balanço da história das mulheres, disse que deveríamos fazer algo mais do que simplesmente falar dos méritos das grandes mulheres do passado, de quão maravilhosas elas eram, ou coisas semelhantes. No meu entender, não deveríamos escrever uma versão moderna do que se produziu nos séculos XVII e XVIII sobre as mulheres, apesar de esse gênero ter tido o mérito de falar um pouco sobre as mulheres excepcionais daquela época. No entanto, isso não significa dizer que não possa haver estudos em que as mulheres sejam as principais personagens, como é o caso do meu *Nas margens*, que focaliza a vida de três mulheres não aristocratas e pouco conhecidas. Mas o importante é lembrar da rede de relações e conexões em que as mulheres estão envolvidas, pois esse é o único modo de vê-las num todo. Há pouco tempo participei em Berlim de um *workshop,* onde Barbara Harn, que trata especialmente das mulheres literatas judias do fim do século XVIII e início do XIX, apresentou *um paper muito* interessante so-

---

19 Abdelfattah Kilito, crítico e romancista, professor da Universidade de Rabat.

bre alemães cristãos que tiveram relacionamentos com mulheres judias. Ela vira as cartas que eles haviam enviado uns aos outros fofocando sobre essas mulheres, algo que já havia sido notado por outros estudiosos; mas também havia cartas que eles escreveram para as próprias mulheres com quem estavam se relacionando, com quem estavam dormindo. E Barbara mostrou como isso tudo deve ser visto num todo, em conjunto.

Como ativa participante e observadora do desenvolvimento dos estudos sobre a mulher, considera uma vantagem ou uma desvantagem o fato de esse campo estar associado ao movimento militante?

A vantagem, no meu entender, está no grande entusiasmo que toda uma geração compartilhava e que era visível nos cursos sobre o tema dados no início dos anos 70. A desvantagem estaria na crença daqueles que encaravam a militância como uma resposta para tudo, o que, em realidade, não era. No meu caso, e de outros de minha geração, não comecei a trabalhar sobre a história das mulheres a partir do nada, pois havia escrito sobre muitos outros temas antes, o que significa dizer que não fui especialmente levada ou motivada pelo movimento de emancipação das mulheres. Para mim, essa época representou um desafio muito grande, pois queria trabalhar com esse novo tema, mas, ao mesmo tempo, não queria limitar meus interesses a isso. Acredito, pois, que para grande parte da primeira geração de historiadoras das mulheres, esse também tenha sido o grande desafio que enfrentaram. Devemos lembrar aqui da diferença que se tornou marcante nos Estados Unidos entre o chamado "estudos de mulheres" *(women's studies)* e história das mulheres. O primeiro tendeu a ter mais preocupações sociológicas e a ser mais próximo da militância, enquanto o segundo se expandiu em história do gênero e tendeu a se distanciar da militância inicial.

A nos atrás, E. P. Thompson[20] foi considerado por muitas historiadoras um antifeminista inveterado, por argumentar que a

---

20 E. P. Thompson, "The sale of wives", in *Customs in Common*. London: Penguin Books, 1991, p.404-66.

As muitas faces da história

"venda de esposas" – prática ritual da classe baixa inglesa desde fins do século XVII até meados do XIX – não era prática exclusivamente reveladora da opressão masculina, mas que era algo que dava espaço para as mulheres mostrarem sua independência e vitalidade sexual. A senhora considera que diante de tal fenômeno essa reação ainda seria encontrada hoje em dia?

Mesmo naquela ocasião, não acredito que todas tenham tido a mesma reação. Eu certamente não tive, pois me era claro que muitas vezes a "venda" era arranjada pelos dois lados a fim de se efetuar uma espécie de divórcio. Mas como a vitimização da mulher era a questão que estava por trás daquelas que não aceitaram a interpretação de Thompson, acho que poucas reagiriam da mesma forma hoje, já que a ideia da mulher como vítima já está bem mais atenuada. Hoje em dia, o que seria inaceitável é o silêncio da história, no que diz respeito às mulheres. As pessoas mais sérias diriam, ainda hoje, que Thompson – com exceção desse artigo fascinante sobre a "venda das esposas" – não foi particularmente atento às mulheres em seu trabalho, o que é verdade, pois seu interesse maior era pelo imperialismo inglês. Se for pensar em algo que agora provocaria uma reação semelhante à que provocou o artigo de Thompson, diria que é a questão do Holocausto ou do racismo, pois há ainda muitos estudiosos que estão unicamente interessados na vitimização dos judeus e só procuram perseguição em toda parte.

A história das mulheres parece ter ainda muita dificuldade em reconhecer o papel dos homens no pensamento feminista (como Benito Feyjóo[21] e Poullain de la Barre,[22] por exemplo, que

---

21 Benito Jerónimo Feyjóo (1676-1764), monge beneditino espanhol, autor do polêmico *Defensa de las Mujeres*, um dos discursos do seu volumoso *Teatro crítico universal* (1726-1739).

22 François Poullain de la Barre, autor do tratado feminista-cartesiano *De l'égalité des deux sexes* (1673). Este texto foi plagiado, em parte, pelo(a) autor(a) britânico(a) do tratado *Woman not Inferior to Man* (1739), que, por sua vez, foi traduzido integralmente pela feminista brasileira Nísia Floresta em 1832 [*Direitos das mulheres, injustiças dos homens*] (cf. M. L. G. Pallares-Burke, *Nísia Floresta, o carapuceiro e outros ensaios*. São Paulo: Hucitec, 1996).

estabeleceram as condições epistemológicas para se pensar a igualdade dos sexos), a importância de alguns de seus textos na crítica à opressão das mulheres pelos homens e à possibilidade de haver um entrelaçamento de textos masculinos e femininos. O que diria, pois, aos que acreditam que a história das mulheres é propriedade exclusiva das próprias mulheres?

Isso pode ainda acontecer, mas não acho que seja inevitável, considerando a forma como a história das mulheres é praticada hoje em dia. De qualquer modo, penso que não temos feito um bom trabalho no que diz respeito à colaboração e cumplicidade entre homens e mulheres, e que não temos nos detido suficientemente nas situações em que as mulheres trabalham com os homens. Provavelmente, quando um homem escreve textos como os que mencionou, há alguma mulher com quem ele está colaborando, ou seja, ele não está sentado imóvel e solitário num mosteiro beneditino sem ter contacto com qualquer mulher. Concordo, pois, que temos estudado muito pouco situações propícias a trocas e à fertilização recíproca de ideias. Esse é o motivo pelo qual estou desenvolvendo o projeto sobre mistura cultural e sobre a difícil questão, na história judia, da amizade entre judeus e cristãos e de casamentos entre eles. Esses são assuntos que envolvem, ao mesmo tempo, questões de intimidade e poder. Uma das dificuldades é que não temos uma boa linguagem para falar sobre isso, e é urgente uma reflexão sobre o modo de descrevermos tal cooperação. Já se escreveu muito sobre o amor, mas quando se trata de falar sobre amor e disparidades de poder, há necessidade de uma linguagem especial para isso.

Voltando à questão da colaboração intelectual, não temos pensado sobre o caráter informal que essa colaboração pode ter. Estamos familiarizados com a colaboração entre universidades, entre instituições de saber, mas não com o fato de que as ideias de pessoas de gêneros diferentes e com grande disparidade de idade podem se entrelaçar e se estimular. E há inúmeros casos como esses na história da ciência, na história de todo tipo de conhecimento, e na história das mulheres. Sobre Poullain de la Barre, por exemplo, conhecemos o texto que escreveu, mas não as mulheres que conhecia. E mesmo dando-lhe o crédito por ter escrito o livro, seria muito importante vê-lo em interação, trocando ideias com elas. Enfim, tudo isso levanta questões interessantes sobre as formas de cumplicidade, o que está em jogo na cumplicidade e sobre a vulnerabilidade envolvida nos vários tipos de colaboração.

Num dos seus pioneiros ensaios, "City Women and Religious Change", a senhora mostrou que, ao rejeitar a santidade feminina e ao eliminar a opção de vida comunitária religiosa para as mulheres, o protestantismo contribuiu para torná-las mais vulneráveis à submissão em muitas esferas. Era sua intenção reagir contra a visão corrente que considera o protestantismo uma instituição que liderou a emancipação das mulheres?

Não quero negar que o protestantismo tenha contribuído, a longo prazo, para a emancipação, pois a valorização da alfabetização feminina e o que chamei nesse ensaio de "assimilação de estilo" – ou seja, o fato de as mulheres terem assimilado o padrão masculino – tiveram efeitos muito positivos. Pois, não obstante os homens estarem por cima, elas estavam com eles cantando salmos e lendo a Bíblia. Mas tendo deixado isso claro, eu estava também reagindo nesse artigo contra a noção de que o protestantismo era uma religião universal, e procurando mostrar a contribuição realizada por outras instituições. Porque havia, na verdade, uma importante versão do primeiro feminismo que se expressava nas comunidades de mulheres. Pois, certamente, elas aí tinham um espaço autônomo, delas próprias, e não estavam submetidas a nenhum marido, já que o estado de submissão vem do casamento.

Seu livro O retorno de Martin Guerre, *de 1983, gerou muitos debates, e ao lado de* Montaillou, *de Le Roy Ladurie, e* O queijo e os vermes, *de C. Ginzburg, tem sido elogiado como pertencendo à tradição pós-modernista em historiografia. Concorda com essa visão?*

Não considero o pós-modernismo uma categoria útil para tratar desses três livros, que, na verdade, têm objetivos diferentes, sendo o de Ginzburg, por exemplo, menos etnográfico do que os outros dois. Quando falo em pós-moderno, penso na ênfase que colocam na cultura e na linguagem como condicionando tudo o que pensamos e falamos, e também no fato de a abordagem pós--modernista recusar generalizações e falar em fragmentos, em vez de todos coerentes. Ora, não precisamos do pós-modernismo para falarmos de condicionamentos culturais, pois tudo é, num certo sentido, gerado culturalmente. E quanto a dizer que esses trabalhos são pós-modernos porque recusam generalizações, diria que, ao contrário, todos eles, apesar de diferentes, são micro-histórias ou etno-histórias que esperam gerar *insights* para o tratamento de outros casos; esperam relacionar os casos individuais estudados a outros casos, e não somente por analogia, mas por conta das próprias notícias sobre eles que circulavam. Pois, inegavelmente, corriam notícias sobre os inquisidores em *Montaillou*, sobre o caso de Martin Guerre e também sobre os inquisidores de Menocchio, o moleiro herético estudado por Ginzburg.

Em que sentido considera que seu estudo sobre Martin Guerre difere dos importantes estudos de micro-história realizados por Carlo Ginzburg e Le Roy Ladurie?

Em primeiro lugar, devo dizer que, apesar de não me importar de ser classificada como micro-historiadora, ao escrever meu livro não tinha a ideia de micro-história em mente. Achava que, como uma antropóloga que vai para um sítio, estava fazendo um estudo etnográfico, antropológico e também, por assim dizer, de atuação. Sim, pois sempre me interessei pelo que é representado ao longo de uma vida, e que não aparece claramente num diário ou num documento. Há uma passagem no filme *Elizabeth*, de Shekhar Kapur – que pretendo utilizar em uma palestra –, que achei especialmente perspicaz e interessante para exemplificar isso. É o momento em que a futura rainha Elizabeth aparece ensaiando seu discurso e nos é, então, revelada uma representação que os documentos não registrariam. Essa ideia de imaginar esse tipo de ensaio de representação me pareceu extremamente feliz e sugestiva. Comparando meu livro com os de Ginzburg e Le Roy Ladurie, diria que o meu está mais especialmente voltado para o conto de uma história, mais interessado no que envolve contar uma história. Eles, de certo modo, tratavam de histórias de julgamentos, mas estavam menos interessados nas múltiplas formas de se contar uma história. No caso de Martin Guerre, no entanto, o relato de uma história era muito mais central, pois tratava-se da história do marido que vai embora e retorna, da história da mulher que o recebe, e também da história de toda uma vila. E, sem dúvida, isso faz diferença e me levou, ao longo do projeto, a adicionar às questões antropológicas e etnográficas iniciais questões mais propriamente literárias, já que tinha que pensar sobre como se conta uma história.

Sua reputação internacional aumentou muito com o sucesso de seu livro O retorno de Martin Guerre, *e o fato de ter trazido para a história um evento periférico a transformou em uma espécie de modelo para muitos outros historiadores que desenvolveram trabalhos nessa mesma linha. Está satisfeita com seus seguidores ou compartilha, em algum grau, da crítica dirigida a este tipo de história por historiadores de renome, como, por exemplo, John Elliott, que se exprimiu nesses termos incisivos: algo está terrivelmente errado quando "o nome de Martin Guerre é tão ou mais conhecido do que o de Martinho Lutero"?*

Não sabia dessa crítica de meu amigo Elliott e, sem dúvida, ele foi extremamente espirituoso! Sei, no entanto, que ele gostou de meu livro e acho que entendo o que quis dizer com esse criticismo, pois também concordo que haveria algo de errado se o nome de Martin Guerre fosse mais conhecido do que o de Martinho Lutero. Estou em boa posição para tratar disso, porque acabei de rever as propostas de *papers* para uma conferência sobre micro-história da América colonial, e diria que metade deles não apresentava nenhuma característica de uma boa micro-história. Nem eram estudos profundos, minuciosos e perspicazes do seu tema, e nem sugeriam conexões com outros eventos ou processos, quer por analogia, contraste ou por algum tipo de comunicação. É errônea a ideia de que é mais fácil escrever uma micro-história do que um livro-texto geral, pois, como este deve abordar muita coisa, a exigência de pesquisa detalhada é menor. Já a micro-história exige, ao mesmo tempo, detalhes, evidência e a ambição de uma *"histoire total"*.

Devo também dizer que não aconselho os historiadores a só escreverem micro-história, pois acho que, idealmente, eles deveriam escrever tipos diferentes de história, prática que propicia a percepção das relações entre o local, o fragmentário e o geral. No caso do meu Martin Guerre, por exemplo, sua história não faz sentido sem o aparato judiciário do Estado francês do início da era moderna. Mas, mesmo quando isso não é feito pelo historiador individual, cabe à história encontrar um meio de colocar essas diferentes abordagens da história em ligação. É por isso que pretendo defender, nessa conferência sobre micro-história, a necessidade de se manter um diálogo entre os estudos mais focalizados e os estudos mais gerais, o que iria permitir colocar num quadro mais amplo mesmo aqueles trabalhos que, em si mesmos, não fazem as necessárias conexões. Em um certo sentido, a tarefa de um curso é exatamente promover esses diálogos e construir esses quadros mais amplos, já que, ao ensinar, estamos normalmente usando estudos de um tipo ao lado de estudos de outro tipo.

Voltando à questão levantada por Elliott sobre Guerre e Lutero, acho que foi mais um alerta ou uma advertência do que uma real constatação, porque não acho que seja verdade que Martin Guerre é hoje mais conhecido que Lutero. Meu livro faz parte da lista de leitura de certos cursos, mas, diferentemente de Lutero, não há cursos regulares sobre o julgamento de Martin Guerre! É possível que, por conta do filme que foi feito com Gérard Depardieu, as pessoas estejam se divertindo mais com a sua história do que com a figura de Lutero, mas seria muito bom se as modernas micro-histórias germânicas, levando em conta novas evidências, apresentassem um Martinho Lutero diferente.

Dirigir filmes é um dos seus mais antigos interesses (ainda quando estudante, como diz, planejava fazer documentários), e após ter colaborado na direção de O retorno de Martin Guerre, *a senhora disse que "Bons filmes históricos exigem mais do que trajes ou acessórios autênticos: eles devem sugerir algo verdadeiro so-*

bre o passado e ser o equivalente visual de uma declaração escrita verdadeira". Como, então, responderia à afirmação de Hayden White[23] de que um filme histórico e a escrita da história compartilham das mesmas limitações quanto ao atingir a verdade, e que, portanto, a ficção do filme e a ficção do discurso do historiador são equivalentes?

Devo dizer que Hayden White e outros prestaram um grande serviço à história quando apontaram as formas literárias que afetam o nosso modo de escrever história. No entanto, como uma visão total do significado da história, a sua é bastante limitadora, pois deixa de lado os esforços que os historiadores fazem e as regras da evidência que seguem para tentar provar seus argumentos. No meu entender, as duas coisas operam concomitantemente, como se fossem sistemas de ondas, uma delas sendo a do gênero literário que a escrita da história pode adotar (tragédia, comédia, tragicomédia etc.) e a outra a da evidência. Além disso, ao focalizar especialmente a questão do gênero literário para apontar o caráter fictício dos escritos históricos, Hayden White não leva em conta as convenções da escrita em prosa que se desenvolveram ao longo de dois mil anos, e que permitem ao leitor saber quando se fala com incerteza, quando se fala assertivamente, quando se tem dúvida sobre um argumento ou quando há vários pontos de vista sobre o tópico tratado. Enfim, ele desconhece que além dos gêneros narrativos sobre os quais discorre, há muitas possibilidades abertas pelas convenções de prosa que podem ser usadas em favor da prova histórica. A nota de rodapé, por exemplo, foi estudada brilhantemente por Tony Grafton[24] e Lionel Gossman[25] como um gênero literário e também como gênero de prova.

---

23 Hayden White (1928), filósofo da história norte-americano, autor de *Meta-história: a imaginação histórica do século XIX* (1973), *The Content of the Form* (1991) etc.
24 Anthony Grafton, historiador norte-americano, autor de *Forgers and Critics* (1991) e *The Footnote: a Curious History* (1997).
25 Lionel Gossman (1929), crítico literário norte-americano, autor de *Between History and Literature* (1990).

Quanto aos filmes históricos, diria que as convenções cinematográficas têm um longo caminho a percorrer antes que os recursos dramáticos e visuais alcancem as regras da evidência e os recursos equivalentes aos da prosa. Estou pensando, por exemplo, na necessidade de convenções visuais e técnicas que expressem coisas como "talvez" ou "há vários modos de se interpretar isso". Há muito a ser feito quanto a isso, além, evidentemente, da necessidade de se fazer pesquisa histórica para se planejar um filme. Enfim, fazer um filme é muito mais complicado do que o comentário de Hayden White sugere. No meu entender, há um limite no que este *medium* pode fazer e estou certa de que há áreas em que o contar em prosa será melhor do que o contar visual, e outras em que a situação se inverte. O cinema pode, por exemplo, ter algumas das vantagens da micro-história quanto a mostrar o elemento de atuação. Já lhe dei o exemplo de Elizabeth ensaiando seu discurso e o mesmo se aplica ao *Martin Guerre*, quando o filme me forçou a pensar como certas coisas aconteceram, a levantar questões que o estudo mais acadêmico e a escrita histórica não exigiriam. Um filme pode, enfim, mostrar o papel da contingência no passado e o papel das forças gerais insuspeitas, que não se revelam nas páginas de um diário ou nos jornais, mas que aparecem num momento de interação pessoal. O diário, como fonte histórica, pode eventualmente apresentar disso alguns indícios, mas é só quando se enfrenta o desenrolar de uma cena que a questão aparece claramente. Enfim, talvez o cinema deva ser considerado mais como um experimento de laboratório em que se comunica à plateia o que se está tentando fazer, e menos como um contador de verdades.

Seu Fiction in the Archives *(1987) fornece uma vívida ilustração do modo como as tradições literárias narrativas estão presentes na chamada documentação factual do passado. Diria, pois, que história e ficção são, em certo sentido, gêneros indistintos?*

A pesquisa histórica envolve algum trabalho da imaginação e a escrita da história exige uma habilidade que é, em parte, imaginativa. Há, por assim dizer, no modo como se pensa e se escreve, uma região em que as fronteiras entre história e ficção se confundem. Mas, por outro lado, os historiadores, em regra, consultam textos – algo externo a eles mesmos –, e não suas próprias mentes, quando precisam verificar algo. E, como estava conversando com a romancista Beryl Gilroy[26] ontem mesmo, essa é uma diferença profunda entre os dois gêneros. Na ficção, o autor pode muito bem decidir que não consultará nenhum texto e que vai simplesmente deixar a coisa fluir, o que nós historiadores não podemos fazer. Não nos é permitido escapar às regras da história, e muito me agrada, na verdade, ter que me submeter a algo exterior a mim mesma.

Durante muitos anos seu trabalho versou sobre a França do século XVI e especialmente Lyon. Diria que seu Nas margens, *que trata da vida de três mulheres de diferentes partes do mundo durante o século XVII, representou uma mudança de direção intelectual, ou o vê como um desenvolvimento natural de suas preocupações anteriores?*

Acho que foi, sem dúvida, uma mudança, apesar de sentir que não precisava rejeitar o que fizera antes, pois toda minha experiência podia servir de apoio para tentar fazer coisas diferentes, como trabalhar com temas não ocidentais e não europeus. Foi como se eu passasse a me situar no mundo de um modo diferente, quando me dei conta de que esse estudo me possibilitava encarar as coisas tanto com os olhos europeus quanto com os olhos não europeus. Gosto de ter um senso de solidariedade com pessoas de outras partes do mundo e esse novo caminho me ajudou nisso. A primeira mudança foi decidir que podia fazer pesquisa sobre não cristãos, especialmente judeus, pois nunca havia trabalhado com documentos judeus em arquivos. Outra mudança significativa foi ter que estudar mais profundamente o século XVII,

---

26 Beryl Gilroy, guianense que imigrou para a Inglaterra, onde se tornou educadora e romancista. Autora de *Black Teacher* (1976); *In Bed* (1977); *Granpa's Footsteps* (1978). Ela é uma das quatro figuras do século XX que – ao lado de outras dos séculos XVI, XVII e XVIII – estão sendo estudadas por Davis em seu projeto sobre mistura cultural.

sobre o qual só tinha um conhecimento vago, já que precisava conhecer os movimentos milenaristas que estão por trás da linha de utopia que permeia a vida das três mulheres que acompanhei. Estudar os africanos do Suriname (ao seguir Maria Sibylla Merian na sua expedição científica) me obrigou a buscar um novo aparato acadêmico que foi muito gratificante e divertido. De toda essa experiência, talvez o mais marcante para mim foi ter descoberto a importância dos lugares a partir dos quais a história pode ser escrita. O encontro que participei da Associação dos Historiadores do Caribe, recentemente realizado em Paramaribo, foi especialmente revelador disso, pois nunca havia estado numa conferência cuja agenda era inteiramente definida por preocupações não ocidentais ou não europeias. Tratava-se de discutir o que eles achavam importante, e confesso que, muitas vezes, eu não achava a questão em pauta importante. E, inversamente, o *paper sobre* questão judia que apresentei era muito distante das preocupações deles. Isso me fascinou muito e diria que se trata de algo que, em certo sentido, é tão importante quanto as descobertas de Hayden White, pois tão importante quanto saber como as pessoas escrevem é saber como as histórias são escritas em várias partes do mundo. Eu, aqui, por exemplo, sou uma europeia escrevendo sobre os africanos, e seria importante saber como eles escrevem sobre nós!

É muito relevante para o entendimento do passado a abordagem comparativa? Concordaria com Jack Goody que a comparação é uma das poucas coisas que as ciências sociais e históricas podem fazer para realizar os experimentos dos cientistas?

Sim, concordo que é extraordinariamente importante e que é um experimento, do mesmo modo que algumas versões da micro-história e certos filmes históricos, pois estes, se bem feitos, tentam imaginar como as coisas realmente aconteceram no dia a dia, o que é fascinante. Sobre a comparação, publiquei recentemente, como disse, um artigo, "Beyond evolution: comparative history and its goals", onde argumento que comparamos o tempo todo, em quase todas as nossas afirmações, mas só tomamos consciência dos problemas envolvidos quando fazemos comparações entre coisas diferentes, que se situam fora de algum tipo de unidade comum. Três são os tipos de comparação que podemos fazer, cada um envolvendo sua própria problemática. O primeiro, que é o que tentei fazer em *Nas margens,* é quando consideramos pessoas da mesma sociedade que foram negligenciadas e não estudadas comparativamente. Nesse setor há muitas coisas que estão ainda a exigir um tratamento comparativo. O caso dos judeus e cristãos é um deles, e um estudo nessa linha poderia contribuir para o entendimento de questões, não só da história judia, como da história cristã. A questão de saber por que entre as comunidades judaicas dos séculos XVI e XVII não houve perseguição às bruxas, está, por exemplo, a exigir mais atenção. Os judeus viviam as mesmas crises demográficas e econômicas que os cristãos, tinham tradições populares semelhantes sobre mulheres desordeiras e bruxas, e eram obsecados pela ideia de mau-olhado e espíritos maus. No entanto, apesar disso e do fato de serem eles próprios perseguidos, não houve, entre eles, denúncias e perseguições às bruxas. Questões desse tipo revelam as possibilidades de um estudo comparativo para testar nossas teorias sobre as causas da mania da caça às bruxas do início da era moderna. O segundo tipo é a comparação entre sociedades separadas espacial e temporalmente e onde a interação é quase inexistente ou nula. Nesse caso, uma comparação mais frutífera exigiria que as questões ou variáveis fossem geradas não somente por nossa historiografia, mas também pela do país ou sociedade em comparação. Se a comparação for entre Inglaterra e Alemanha, por exemplo, estas não serão muito diferentes, mas se se tratar de Japão e França, então a situação muda. Há um livro muito interessante sobre a vida em Edo [Tóquio antigo] e Paris no início da era moderna que, no entanto, tem a falha de tratar somente de questões geradas pelas universidades americanas, não obstante o volume ter tido um coeditor japonês e um terço de seus autores ser japonês.[27] O terceiro tipo de comparação é a que não compara sociedades que têm

---

27 J. L. McClain, J. M. Merriman, U. Kaoru (Ed.) *Edo and Paris.* Urban Life and the State in the Early Modern Era. Ithaca: Cornell University Press, 1994.

uma certa analogia – como a França e o Japão do século XVII –, mas sociedades totalmente diferentes que se encontraram, como foi o caso dos jesuítas franceses encontrando-se com os ameríndios no século XVII em Quebec. Um dos desafios nesse tipo de comparação é não tratar uma das sociedades como o antepassado da outra, o que o antropólogo holandês Johannes Fabian abordou muito bem em seu excelente livro *Time and the Other*. E tratar como contemporâneas duas sociedades ou grupos que não estão no mesmo nível tecnológico é algo bastante difícil, pois há sempre a tentação de se dizer que elas não estão, verdadeiramente, vivendo na mesma época. Enfim, fazer comparações é excelente, mas não é fácil realizá-las com proveito. Algumas vezes as comparações são bem tolas.

A senhora está desenvolvendo um estudo sobre a mistura cultural e parece otimista sobre as implicações positivas desses tipos de estudo) pois, como diz, "eles nos afastam do altar impuro do nacionalismo e da raça, nos obrigam a pensar para além das fronteiras, nos fazem olhar para o mestiço que existe dentro de nós". O que diria, no entanto, ao historiador que encontra na mistura cultural exemplos de discórdia e não de compreensão, de narcisimo das pequenas diferenças e da força da intolerância em vez de compaixão humana?

Concordo que há um lado negativo na mistura cultural e também procuro mostrar em meu trabalho que, em certas circunstâncias, o imigrante pode se tornar muito ressentido. Um dos exemplos que trato é o de um judeu-romeno que viveu no fim do século XIX e início do XX na França. Filologista, linguista e especialista em Rabelais, as experiências que trouxe da Romênia foram, no meu entender, essenciais para as inovações que empreendeu. No entanto, estudando esse intelectual de mérito, percebe-se claramente que ele se tornou extremamente amargurado por se sentir isolado e não aceito no novo ambiente. Mas eu não vou tratar desse e de outros casos que envolvem crueldade humana (como os que tratam da escravidão) de um modo totalmente sombrio, já que acredito que no meio disso tudo há ainda espaço para a compaixão e para a emergência de algum resquício de solidariedade humana.

As muitas faces da história

Isso, por exemplo, fica claramente exemplificado no caso dos escravos africanos do Suriname que se tornaram judeus. Não obstante o preconceito que existia contra eles, o fato de o judaísmo ser uma religião da lei fez que eles fossem identificados com os outros judeus, que participassem das mesmas rezas e que fossem, enfim, considerados parte de uma mesma comunidade. Assim, mesmo se aqui não se trata propriamente de uma história de compaixão humana, trata-se de uma história que envolve algum tipo de solidariedade e até casamento misto, como houve entre esses ex-escravos africanos e os judeus. O que pretendo enfatizar nesse estudo sobre mistura cultural é, por assim dizer, três coisas: que, a despeito daqueles que buscam uma falsa pureza, a mistura cultural é um fato inegável; que precisamos de melhores e mais precisas ferramentas descritivas e de tipologias para tratar o fenômeno do multiculturalismo; e, finalmente, que a mistura cultural, além das características deploráveis, pode apresentar muitas características realmente positivas.

"Meu melhor leitor geral", a senhora já disse, "é meu marido Chandler Davis, matemático e escritor". Quando escreve, há outros interlocutores que imagina criticando e discutindo seu trabalho?

Como procurei mostrar no prólogo de *Nas margens*, onde imagino uma conversa entre mim e Glikl, Marie e Maria (as três mulheres que estudei), penso muito nas próprias pessoas sobre as quais estou escrevendo e me pergunto: o que diriam? como se sentiriam? Acredito que essa seja uma boa atitude porque nos faz lembrar de nossas responsabilidades. Falando de um modo geral sobre interlocutores, diria que eles mudam, e, de acordo com o que estou escrevendo, me pergunto o que o intelectual "x" pensaria sobre isso, se "y" gostaria dessa abordagem etc. Mas acho que, na maior parte do tempo, estou tão envolvida num diálogo com minhas fontes, que só penso nelas e me esqueço de outros interlocutores. Quanto a meu marido Chan, gosto de lhe mostrar o que escrevo para ter certeza de que tem sentido e que está dito claramente.

A senhora não gosta de ser identificada como uma historiadora profissional associada com especialização e carreirismo, e já foi descrita como "historiadora radical". Concorda com essa sua descrição ou há outra identificação que prefere?

Em primeiro lugar, devo esclarecer que não me importo de ser leal à profissão quando questões de ensino e profissionais estão em jogo. Mas fora disso não gosto de me ver como historiadora profissional porque o "profissional" parece excluir muitas formas de se fazer história. No meu entender, há muitos modos de se abordar o passado e gosto de estar atenta a todos eles. Quanto a me considerar uma historiadora radical, novamente o "radical" parece implicar limites e excluir muitas direções. Prefiro me considerar uma intelectual que trabalha em múltiplas direções e, portanto, prefiro me ver como uma historiadora que trabalha de modo crítico, pois "crítico" é menos excludente e implica maior amplitude.

Seu trabalho, além de dar origem a toda uma escola de historiografia, também tem atraído criticismos e provocado polêmica. Diria que alguns desses criticismos a ajudaram a reformular e desenvolver suas ideias?

Muito cedo em minha carreira, quando publiquei meu primeiro artigo, "On the protestantism of Benôit Rigaud", um amigo me confessou que meu modo de escrever era muito pedante e que eu não conseguira mostrar o interesse humano que o estudo dessa figura do Renascimento poderia ter. Essa crítica, sem dúvida, me marcou profundamente. Mais recentemente, a crítica de Finlay[28] a *O retorno de Martin Guerre* me obrigou a pensar como dizer as coisas mais claramente e também me ensinou a responder a uma crítica, o que pude fazer na resposta à sua resenha que publiquei no mesmo número da *American Historical Review*. Como sabe, seu arti-

---

28 Robert Finlay, historiador norte-americano, especialista na história de Veneza dos séculos XV ao XVI. Sua resenha, 'The Refashioning of Martin Guerre", foi publicada na *American Historical Review*, v.93, n.3, junho de 1988, seguida da resposta de Natalie Davis, "On the Lame".

go-resenha foi muito agressivo e até mesmo maldoso em certas passagens do original, que li, mas que ele acabou suprimindo na versão publicada pela revista. De qualquer modo, essa foi uma experiência que me forçou a não tomar as coisas pessoalmente e a considerar que essa era uma ocasião especialmente oportuna para discutir e esclarecer o meu trabalho, o que não teria cabido tão apropriadamente nos objetivos e no espaço do próprio livro. O interessante é que esses dois artigos – a crítica de Finlay ao lado de minha resposta – estão sendo muito utilizados em cursos de metodologia por todos os Estados Unidos e talvez até a Inglaterra, e sei que há alunos que concordam com Finlay e não comigo. Na verdade, esse é um resultado bastante bom, já que, no meu entender, um dos objetivos da escrita é fazer que os leitores leiam o que se escreve, debatam e tomem, eventualmente, uma direção diferente da adotada pelo autor ou autora. Meu *Nas margens* também atraiu muitas críticas, tanto sobre o meu uso da palavra "margens", como sobre o que foi considerado a ausência de ligação entre as histórias das três mulheres. O que essas críticas me ensinaram é que temos que repetir muitas vezes o mesmo argumento se quisermos evitar mal-entendidos, pois eu abordara essas questões desde o prólogo e imaginara que tinha sido clara. De qualquer modo, nada disso me abala muito porque acho que o que queria atingir com o livro foi atingido. Considerando que ele está sendo lido por alunos de graduação e pós-graduação nos Estados Unidos, quero acreditar que através das vidas dessas três mulheres do século XVII eles estejam vivendo um pouco da vida dessa época, tal como ela era vivida por pessoas que não se situavam no centro do mundo do saber ou do poder.

Vou lhe propor as mesmas questões que a senhora propôs a Marc Bloch[29] e a Eileen Power, dois historiadores inovadores como

---

29 Marc Bloch (1888-1944), historiador medievalista francês, fundador da revista dos *Annales*, autor de *Os reis taumaturgos* (1924) e *A sociedade feudal* (1939-1940).

a senhora: quem são e como se relaciona com seus mentores, quem define como seus correformadores, e que tipos de herdeiros gostaria de ter?

Aprendi muito com os historiadores do passado, mas sinto em relação a eles o mesmo que em relação aos meus professores, ou seja, que eles não representaram nenhum peso para mim e que estava livre para fazer o que desejasse. Talvez seja próprio da minha geração essa sensação de liberdade e essa ausência de "medo da influência", para usar a expressão de Harold Bloom.[30] Mas, contrariamente ao que quis dizer Bloom com essa expressão, eu não sentia a necessidade de ser tão original a ponto de achar que não podia dizer nada do que já havia sido dito antes. Esse não era, em absoluto, um problema que se colocava para mim. Acredito que essa atitude de não me importar com essa questão tenha um pouco a ver com o fato de ser mulher, com minha visão do que significa pertencer ao gênero feminino.

Quanto aos meus herdeiros, devo primeiramente dizer que não me sinto distante da geração mais jovem de historiadores e que revivo minha juventude quando os vejo ensaiando novos caminhos. Em segundo lugar, gosto que meus alunos ouçam meus conselhos, mas prefiro que sejam independentes e sigam seus próprios caminhos. Quando os vejo fazendo críticas ao que fiz, evidentemente gosto que sejam justos e fiéis aos meus argumentos, não os distorcendo. E, nesse ponto, minhas observações me levam a crer que há um elemento, por assim dizer, de gênero nas resenhas. As mulheres tentam, em geral, fazer um resumo muito acurado e cuidadoso do trabalho resenhado, mesmo quando vão criticá-lo fortemente a seguir. E o terceiro ponto a acrescentar aqui – relacionado à minha preferência por alunos que se tornam independentes e seguem seus próprios caminhos – é o do empréstimo de ideias sem o reconhecimento da genealogia, coisa que os estudantes às vezes fazem. É claro que gostaria de ter minha autoria reconhecida, mas quando isso não ocorre, me lembro

---

30 Harold Bloom, crítico literário norte-americano, autor do *A angústia da influência: uma teoria da poesia* (1973), *Um mapa da desleitura* (1975) etc.

de uma passagem brilhante no filme *Manhattan* de Woody Allen, onde ele recorda sua mãe dizendo que ia mandar embora a empregada porque ela estava roubando, ao que o pai responde: "Mas, afinal de contas, de quem ela pode roubar senão de nós?". É isso o que acabo pensando sobre os alunos, pois, para que estamos ensinando senão para lhes dar algo, lhes passar algo? Assim, minha atitude final nesses casos de "roubo" de ideias acaba sendo: deixe que levem, já que, acima de tudo, o importante é o avanço do conhecimento! Nesses dois últimos pontos, acho que minha visão também tem a ver com o fato de ser mulher, pois tenho a impressão de que é mais fácil para as mulheres, de um lado, aceitarem ser roubadas de suas ideias e, de outro, verem os jovens amadurecerem e se lançarem no mundo a seu modo.

Quanto aos correformadores, para só mencionar alguns poucos nomes dentre muitos outros possíveis, poderia nomear Carlo Ginzburg, de quem me sinto muito próxima, lutando, por assim dizer, pela mesma causa, apesar de também termos nossos desacordos; Emmanuel le Roy Ladurie, especialmente considerando seus excelentes trabalhos como *Montaillou,* os camponeses do Languedoc e *Carnival of Romans;* e Maurice Agulhon,[31] que foi muito importante para a rota antropológica que segui, e que descobri num período crítico de minha vida quando trabalhava em grande isolamento. Lembro-me de que, ao ler suas obras, senti que havia grande afinidade entre meus interesses e ambições e os dele.

O reconhecimento que tem recebido do mundo acadêmico inclui mais de trinta prêmios e graus honorários e a tradução de seus livros em mais de dez línguas. Fazendo um balanço de sua invejável carreira, de qual de suas realizações mais se orgulha?

Esses prêmios e graus honorários são maravilhosos, mas sei que nada mais são do que um evento social que pode ser útil e significativo para a carreira dos acadêmicos mais jovens, servindo-lhes de estímulo. Sobre meu trabalho, não posso pensar em

---

31 Maurice Agulhon (1926), historiador francês, autor de *Sociabilité méridionale* (1966) e *La république au village* (1970).

nada muito específico, mas como sempre procuro atingir um público mais amplo do que o acadêmico e especializado, ficaria muito feliz de saber que alguns de meus estudos podem dar alguma alegria e esperança para as pessoas que os leem. Mas, quanto à minha maior glória, não posso imaginar nada mais importante e que mais me orgulhe do que meus filhos e netos. Realmente, não poria nada acima deles.

Londres, novembro de 1998

Bibliografia selecionada

Society and Culture in Early Modern France. Stanford: Stanford University Press, 1975. (Traduzido para o alemão, espanhol, francês, italiano, japonês e português). [Ed. bras.: *Culturas do povo:* sociedade e cultura no início da França moderna. Rio de Janeiro: Paz e Terra, 1990.

Anthropology and history in the 1980's: the possibilities of the past. *Journal of Interdisciplinary History*, v.12, n.2, p.267-75, Autumn 1981.

The Return of Martin Guerre. Cambridge Mass.: Harvard University Press, 1983. (Traduzido para o alemão, espanhol, francês, holandês, italiano, japonês, sueco, português, russo). [Ed. bras. O *retorno de Martin Guerre*. Rio de Janeiro: Paz e Terra, 1987].

Fiction in the Archives: Pardon Tales and their Tellers in Sixteenth-Century France. Stanford: Stanford University Press, 1987. (Traduzido para o alemão, francês, italiano, japonês).

Censorship, silence and resistance: the *Annales* during the German ocupation of France. *Literaria Pragensia: Studies in Literature and Culture*, v.l, p.13-23, 1991.

Women and the world of the *Annales*. *History Workshop Journal*, v.33, p.121-37, 1992.

(Ed. com Arlette Farge). *A History of Women*. v.3: *Renaissance and Enlightenment Paradoxes*. Cambridge Mass.: Harvard University Press, 1993. (Traduzido para o alemão, espanhol, italiano, francês, holandês, japonês).

Women on the Margins. Three Seventeenth-Century Lives. Cambridge, Mass.: Harvard University Press, 1995. (Traduzido para o alemão, finlandês, francês, italiano, português, sueco). [Ed. bras.: *Nas margens:* três mulheres no século XVII. São Paulo: Companhia das Letras, 1997].

The Gift in Sixteenth-Century France. University of Wisconsin Press, 2000.

Slaves on Screen. Canada: Vintage, 2000.

4
Keith Thomas[1]

Keith Thomas – ou Sir Keith, como é chamado formalmente – é um dos historiadores mais eminentes e inovadores da Grã-Bretanha de hoje. Tendo iniciado sua carreira numa época em que os historiadores ainda estavam, na sua maioria, centrados na história política narrativa, Thomas desbravou com brilhantismo um novo campo: o estudo sociocultural das sociedades do passado. O livro que o tornou famoso, e com o qual ganhou o prestigioso Prêmio Wolfson, foi *A religião e o declínio da magia:* crenças populares na Inglaterra – séculos XVI e XVII (1971), mais conhecido por suas discussões sobre as razões pelas quais as pessoas acusavam seus vizinhos de bruxaria. Quase imediatamente tornou-se um *best-seller*, foi exposto em livrarias especializadas no "oculto" e seguramente foi consultado não só por estudantes, como também por videntes. Em 1994, esse livro obteve ainda maior prestígio ao ser incluído, por um painel de intelectuais ilustres, na lista dos cem livros que mais influenciaram o discurso público ocidental

---

[1] Esta entrevista, feita em colaboração com Peter Burke, foi publicada parcialmente no caderno "Mais!", *Folha de S.Paulo,* em 4 de abril de 1999.

após 1945! Outro livro que consolidou sua fama de inovador foi *O homem e o mundo natural:* mudanças de atitude em relação às plantas e aos animais (1500/1800) (1983), em que Thomas trata das mudanças de atitudes para com os animais e com a natureza no decorrer dos séculos XVI, XVII e XVIII, fazendo uso pioneiro de fontes literárias como evidência histórica. Entusiastas resenhistas, como Christopher Hill,[2] consideraram que essa obra iria fazer que a natureza da própria história e de seus métodos fosse repensada. Traduzidos em várias línguas (incluindo o português), esses dois livros fizeram que Keith Thomas viesse a ocupar um lugar de liderança na chamada "antropologia histórica", papel que compartilha com Emmanuel Le Roy Ladurie e Carlo Ginzburg, dois dos historiadores atuais que mais admira, e que, como ele, se aproximam do passado como se este fosse um país estrangeiro. Grande admirador do antropólogo britânico Sir Edward Evans-Pritchard (1902-1973), que conheceu em Oxford – e que, como ele próprio, era natural do País de Gales –, Thomas muito se inspirou em sua obra sobre a bruxaria, oráculos e magia entre os azande da África Central para desenvolver seus estudos sobre a cultura e sociedade inglesas do século XVII.

Menos conhecidos em âmbito internacional, mas igualmente importantes, são os muitos artigos, aulas magnas e ensaios de Thomas dispersos em revistas de renome e até hoje jamais coletados em livro. Dois dos artigos escritos nos anos 50, tratam da história da mulher muito antes de essa modalidade de história se tornar respeitável, e ainda muito menos coisa da moda. Outros, inspirados nos trabalhos de teóricos sociais como Mikhail Bakhtin, Norbert Elias e Bronislaw Malinowski[3] – para não mencionar Sigmund Freud, a quem a obra de Thomas deve muito mais do que pode parecer – tratam de uma grande variedade de temas,

---

2 Christopher Hill (1912), historiador britânico, autor de *As origens intelectuais da Revolução Inglesa* (1965), *O mundo de ponta-cabeça:* ideias radicais durante a Revolução Inglesa de 1640 (1972) etc.
3 Mikhail Bakhtin (1895-1975), crítico literário russo, autor de *O mundo de Rabelais* (1965); Norbert Elias (1897-1900), sociólogo alemão que imigrou para a Inglaterra, autor de *O processo civilizador* (1939); Bronislaw Malinowski (1884-1942), antropólogo polonês que imigrou para a Inglaterra, autor de *Argonautas do pacífico Ocidental* (1922).

tais como: a história das atitudes diante da risada, da limpeza e da santidade, da saúde, da função social do passado, das crianças, das relações entre as gerações, da alfabetização, da disciplina e indisciplina escolar etc.

Quando jovem, Keith Thomas causou furor com as ferrenhas críticas que dirigiu em tom bombástico aos seus colegas mais conservadores que se negavam a ver qualquer utilidade nas ciências sociais para o estudo da história. Hoje, bem mais moderado e apreciador da tradição, Thomas mostra-se cauteloso e cético quanto às possibilidades de grandes mudanças no método histórico. No entanto, aliando tradição e inovação tanto no que diz respeito aos métodos empregados quanto aos temas estudados, Thomas permanece, no fundo, um historiador radical em sua perspectiva; ou, como já foi descrito, "um revolucionário calado", que não gosta de alardear suas inovações.

Se Quentin Skinner pode ser descrito como essencialmente um *Cambridge man,* Keith Thomas é na quintessência um *Oxford man.* Extremamente feliz e orgulhoso de viver e trabalhar há quase cinquenta anos em Oxford – uma cidade de duzentos mil habitantes –, Thomas, que nasceu num vilarejo do País de Gales, a vê como uma verdadeira metrópole. Londres não é de seu agrado, e quando foi convidado, há alguns anos, para dar aulas na Universidade de São Paulo, sua primeira pergunta foi: "Qual o tamanho de São Paulo?". Obviamente, não aceitou o convite!

Após estudar, nos anos 50, no Balliol College (o *college* de Oxford de maior prestígio na época), iniciou sua carreira – sem ter necessidade de doutorado – como *fellow* do Ali Souls, um riquíssimo *college* sem alunos, dedicado integralmente à pesquisa. De lá passou ao *St. John's College,* onde durante trinta anos deu doze tutorados por semana (com um ou dois estudantes por vez, que liam seus ensaios em voz alta, ao que se seguia uma discussão) e duas aulas semanais sobre história inglesa e história do pensamento político. Finalmente, há alguns anos, Thomas mudou-se para o outro lado da cidade, quando foi eleito presidente do Corpus Christi College, instituição fundada em 1517, onde o humanista espanhol Juan Luis Vives (1492-1540) ensinou. Presidir um *college* da Universidade de Oxford equivale a ser reitor de uma pequena universidade, com mais ou menos trezentos alunos e trinta professores; o cargo, que tem grande dose de *glamour* e é sempre muito concorrido, além de alto *status* envolve uma multidão de tarefas administrativas, financeiras e burocráticas que Thomas desempenha com o espírito de dedicação e orgulho de um *Oxford man*.

Na última década, Keith Thomas recebeu duas das maiores homenagens que um intelectual pode almejar na sociedade britânica: foi honrado com o título de "Sir", conferido pela rainha Elizabeth por "serviços prestados à história", e foi nomeado presidente da centenária British Academy (onde seus discursos anuais são lembrados pelo brilhantismo e humor). Homem sorridente, alto, magro e de cabelos escuros, que parece ter bem menos do que seus 65 anos, Keith Thomas nos recebeu em sua sala no Corpus Christi. Localizada na ala nova (!) do *college*, construída no século XVIII, seus aposentos de estudo têm todo o charme e a elegância do Século das Luzes: teto alto, amplas janelas voltadas para o belo jardim, móveis e quadros antigos, e estantes repletas de livros, muitos deles originais do século XVII. Sentado numa confortável poltrona e levantando-se em vários momentos para apanhar um livro a fim de ilustrar o que dizia, Keith Thomas falou várias horas num tom bastante amistoso mas pouco enfático, o que, muitas vezes, tornou sua usual ironia quase imperceptível. Pausadamente e com uma informalidade contrabalançada, em vários momentos, por extrema cautela, discorreu longamente sobre sua trajetória intelectual, seus interesses e suas experiências.

O senhor cresceu numa fazenda do País de Gales, num ambiente pouco voltado para a vida intelectual. O que, no seu entender, o fez optar por uma vida dedicada ao estudo do passado?

É verdade, o único não fazendeiro de minha família sou eu. E esse é um mundo muito autossuficiente e não introspectivo, que tende a dividir as pessoas entre fazendeiros e o resto. O mundo acadêmico é visto como relativamente parasítico, já que o mais importante é alimentar as pessoas. Além disso, o dinheiro aí é altamente respeitado! Mas minha mãe, que tinha feito inglês na Universidade de Cardiff e fora professora primária, ao perceber que eu era uma criança dada à leitura, me incentivou. Já meu irmão, bem diferente de mim, continuou na fazenda, e hoje, consequentemente, é um fazendeiro bem-sucedido, muito mais rico do que eu! Quando criança, eu tinha predileção por romances históricos, muitos deles hoje esquecidos, como os de Ainsworth e Walter Scott.[4] Não penso, entretanto, que isso tenha tido algo a ver com minha escolha de campo. Como aluno, eu me saía muito bem em várias disciplinas, e foi por acaso que escolhi história como uma das matérias para o Higher School Certificate, tal como era chamado o exame de nível avançado (*A level*). Pretendia escolher inglês, latim e francês, o que teria sido desastroso, já que meu latim não teria sido suficiente para fazer estudos clássicos na universidade, o francês não teria sido suficiente para fazer línguas estrangeiras e inglês... não sei se seria muito bom nisso. Mas havia um novo professor de história, muito bom, com quem acidentalmente encontrei quando estava justamente indo para o lugar onde os alunos declaravam as escolhas de matérias para o colegial. E ele disse: "Você vai fazer história, não é?", ao que eu respondi: "Bem, não sei, mas acho que sim, se o senhor acha que devo". Sempre faço o que a última pessoa que encontro me diz!

E foi assim, então, que a história começou a se tornar meu principal interesse. Devo muito, sem dúvida, a esse jovem galês, Teifion Phillips, que me fez ler *A religião e o surgimento do capitalismo*, de Tawney,[5] e me incentivou a me candidatar à Oxford, contra a ideia do diretor, que achava que os jovens daquela escola não eram feitos para tanto! Mas, enfim, consegui não só entrar no Balliol College, como ganhei a Bolsa de Estudos Brackenbury, a mais prestigiada de todas. E acho que ganhei essa bolsa, em grande parte por causa dos ensaios que escrevi sobre Calvino, Lutero e temas afins, que eram uma mistura do livro de Tawney e das aulas de Phillips. Penso que a essa altura estava já completamente seduzido pela história.

---

4 W. Harrison Ainsworth (1805-1852), autor de *Rookwood* (1834); Walter Scott (1771-1832), autor de *Waverley* (1814) e muitos outros romances históricos.
5 Richard H. Tawney (1880-1962), historiador britânico da economia, que publicou seu *A religião e o surgimento do capitalismo* em 1926.

Qual foi a importância de Oxford e o convívio com Christopher Hill para o desenvolvimento de suas atitudes e interesses?

Já ouvira falar de Hill antes de ir para Oxford e conhecia alguns de seus textos publicados na revista marxista *The Modern Quarterly* e numa coletânea chamada *The English Revolution of 1640*. Meu primeiro encontro com ele se deu no dia de meu exame e entrevista em Balliol: enquanto aguardava o resultado com outro candidato, numa sala horrível, para meu espanto Hill entrou dizendo que havia me saído muito bem e que, caso ganhasse a bolsa, ele sugeria que eu não prestasse os exames nacionais para a obtenção do Higher School Certificate, já que estes eram desnecessários para a sua implementação. Seria bem melhor aproveitar o tempo estudando línguas. Deve ter sido por conta desse encontro que Hill ficou fortemente impresso em minha mente.

Devo dizer, no entanto, que tendo ganhado a bolsa com um exame de história, pensava inicialmente em estudar direito, para me tornar um funcionário do governo ou um advogado. Mas foi só dois anos mais tarde, após ter servido o exército na Jamaica (numa experiência que inicialmente me pareceu odiosa), que iniciei propriamente o curso universitário. Imagino que, àquela altura, já estivesse pendendo para uma vida acadêmica. Mas só desisti do direito quando o tutor de história me disse: "Você não vai fazer direito, não é?". Sou meio fraco e acho que sempre me deixo levar pelo vento!

Minha primeira experiência de pesquisa em história deve ter sido também determinante. Concorri a um prêmio universitário escrevendo um ensaio sobre Antony Wood, alguém sobre o qual nunca ouvira falar antes e que vocês, seguramente, também não. Ele era um antiquário do século XVII que viveu em Oxford, coincidentemente em duas casas abaixo da de onde moro agora. Sua obra, toda dedicada a Oxford, consistia num dicionário biográfico dos oxfordianos, uma história da universidade e alguns estudos sobre a cidade. Seus manuscritos e seu diário estão todos na Bodleian Library[6] e são escritos numa letra bonita e perfeitamente le-

---

6 Bodleian Library é a biblioteca central da Universidade de Oxford.

gível. Ora, para mim foi uma experiência incrível sentar na biblioteca e conseguir ler textos escritos séculos atrás e, além disso, sobre lugares que eu conhecia!

No curso, enfim, acabei sempre escolhendo as matérias que Hill ensinava, apesar de haver outros tutores igualmente brilhantes (ou até mais), dos quais me aproximei bem mais tarde. Havia, por exemplo, Hugh Stretton, um australiano que trabalhava com o século XIX e que escolhia temas sofisticados de dissertação, como "Qual é o melhor retrato de Mr. Asquith, o que está no refeitório-mor ou na sala de estar?". Havia também Dick Southern, um medievalista excelente, do qual fiquei amigo depois. Mas, seguramente, acabei me tornando um especialista do início da era moderna pela gratificante experiência com a pesquisa sobre Wood (pois ganhei o prêmio!) e, principalmente, porque isso era o que Hill era!

O senhor chegou a compartilhar das posições marxistas de Christopher Hill?

Hill me seduziu muito mais pela sua personalidade do que por seu marxismo. Ele era um tutor muito pouco didático. Quando o estudante acabava de ler um ensaio, ele não dizia absolutamente nada! Então a gente pensava em algo para dizer, ao que se seguia um longo silêncio, até pensarmos em outra coisa para falar, e assim por diante! Portanto, a ideia de que Hill entrouxava marxismo em seus discípulos é totalmente ridícula! Ele não nos entrouxava nada! Nem me lembro de ter discutido muito marxismo com ele. Normalmente, nós é que escolhíamos os assuntos dos ensaios que escrevíamos semanalmente. Ele não sugeria nada, e considerava sinal de fraqueza se não pudéssemos fazer nossa própria escolha. Mas, seguramente, ele era ótimo para transmitir a ideia de que somente os trabalhos da mais alta qualidade eram aceitáveis.

Muitos de meus contemporâneos eram, no entanto, seriamente marxistas: Ralph Samuel,[7] o fundador da progressista *His-*

---

[7] Ralph (Raphael) Samuel (1935-1998), autor de *Theatres of Memory* (2v., 1994, 1998).

tory Workshop, era um deles; Chuck Taylor,[8] um filósofo marxista católico, era outro. Vários outros não se tornaram acadêmicos mas eram marxistas roxos, o que criava um clima em que não se podia ficar indiferente ao assunto. Diria que eu mesmo era um marxista vulgar, no sentido de que, se tivesse que definir minha ordem de prioridades, eu começaria com as circunstâncias materiais, seguidas das estruturas sociais e políticas, para sobrepô-las, finalmente, com algum tipo de cultura e ideias, como uma espécie de superestrutura. Na verdade, o marxismo então me parecia a única alternativa a um empirismo político, quase sem nenhuma dimensão mental ou espiritual. Não havia, pelo menos para mim, nenhuma antropologia, sociologia ou ciência política em evidência que pudesse contrabalançar essa dicotomia. A escolha era ou o marxismo ou um evento político seguido de outro, seguido de outro, e assim por diante.

Mas não havia, já nessa época, a alternativa da Escola dos Annales?

Confesso que nunca li um artigo da revista *Annales* durante meu curso universitário! Já Braudel, eu o li e me impressionou muito. Mas, na verdade, ele não era muito útil para os cursos, pois a segunda parte de sua grande obra, sobre Filipe II, era muito detalhada para ser aproveitada para outros temas, e a primeira parte, onde desenvolvia uma espécie de determinismo geográfico, também me parecia pouco aproveitável! Em resumo, apesar de ser um lugar-comum da época dizer que a obra de Braudel era monumental, ela era um tanto indigerível. E, seguramente, assim como Bloch e Febvre, Braudel também não "pegou" na minha época.

Como o senhor reagiu aos dramáticos acontecimentos políticos de 1956, que dividiram os ingleses?

Confesso que, infelizmente, não me envolvi apaixonadamente em nenhum dos episódios, quer na tomada do Canal de Suez

---

8 Chuck (Charles) Taylor (1931), autor de *As fontes do self:* a construção da identidade moderna (1989).

pelos ingleses e franceses quer na invasão da Hungria pelos russos. Retrospectivamente, poderia fingir que sim, mas não seria sincero. Suponho que nessa fase de minha vida eu estava muito mais interessado no passado do que no presente, apesar de minha visão política ter se transformado drasticamente após ter entrado em Oxford. Meus pais eram bastante conservadores, e me lembro muito bem do clima fúnebre em casa quando, nas eleições de 1945, Cardiff colocou três trabalhistas no Parlamento! No entanto, após Oxford, quando me tornei eleitor, sempre fui trabalhista, mas não marxista!

E como vê o marxismo hoje? O senhor o rejeita em bloco ou acha que ainda tem alguma contribuição a dar ao estudo do passado e do presente?

Não, não rejeito o marxismo em bloco, pois penso que não só há classes sociais cujos interesses até certo ponto conflitam, como também acho que tais interesses se refletem em algum grau não só na política, mas na arte, na religião e nas ideias. Também acho que Marx estava certo sobre a tendência do capitalismo ao monopólio. Por outro lado, não acho que o marxismo tenha qualquer poder de previsão e, certamente, também não acho que a vida cultural esteja determinada pelas relações de classe; pelo contrário, os pressupostos culturais têm o poder de afetar o modo como as relações de classe são concebidas.

O senhor tem alguns "heróis" no mundo acadêmico?

Depende de que época estamos falando. Com o passar do tempo, passei a ser grande admirador de Marc Bloch e a me seduzir pelo programa de Lucien Febvre. No entanto, durante a universidade, eu admirava Gardiner[9] e Firth,[10] e me entusiasmei profundamente pelo que eles haviam escrito décadas antes (cinquenta

---

9 Samuel R. Gardiner (1829-1902), autor de *History of the Commonwealth and Protectorate* (1894-1903).
10 Charles Firth (1857-1936), historiador de Oxford, autor de *Cromwell's Army* (1902).

anos, no caso de Firth; e sessenta ou setenta anos, no de Gardiner) sobre Cromwell e o Protetorado: estudos extremamente detalhados e não restritos à narrativa política, os quais, no meu entender, eram – e ainda são – difíceis de se aprimorar! (Isso tudo não soa muito consistente, não é?) De qualquer modo, acabei desenvolvendo outros entusiasmos mais tarde. Um dos melhores historiadores que conheci na universidade foi John Prestwich, especialista em história medieval secular do mais alto gabarito e extremamente original, que praticamente nada publicou.

Muito antes dos anos 70, quando o movimento feminista incentivou o desenvolvimento da história das mulheres, o senhor já estava escrevendo artigos inovadores e instigantes sobre esse tema. O que o levou a esse pioneirismo?

Não tenho muita certeza. Talvez uma retrospectiva meio longa me ajude a responder como tudo começou. Meu primeiro tema de doutorado era a grande questão intelectual na época, ou seja, a "controvérsia sobre a nobreza menor", na qual estavam envolvidos historiadores como Trevor-Roper,[11] Lawrence Stone, Tawney e, em menor escala, Christopher Hill. Tratava-se de avaliar a importância relativa da terra e da sinecura como fundamentos da autoridade da classe proprietária inglesa. O doutorado ia ser sobre Robert Cecil, um político jacobino da Inglaterra elizabetana que havia sido importante para essa questão por causa de suas atividades fiscais. Meu supervisor, J. P. Cooper, escreveu a Joel Hurstfield (especialista em Cecil) falando sobre meus planos, e a resposta deste foi taxativa: eu não deveria estudar Cecil porque ele próprio estava para publicar um estudo definitivo sobre a vida do jacobino. Na verdade, ele nunca publicou estudo algum sobre Cecil, quer definitivo ou não!

Assim, mudei de tema, e dessa vez ia fazer um estudo sobre a corte de Jaime I, especialmente sobre os funcionários públicos: quem eram, quais os lucros advindos dos cargos etc. Teria sido

---

11 Hugh R. Trevor-Roper (1914), Lord Dacre of Glanton, autor de *The Last Days of Hitler* (1947), *The European Witch-Craze* (1967) etc.

um estudo bastante monótono, suponho, mas era o que ia fazer. Fui "salvo" disso por ter sido eleito *fellow* do Ali Souls College, onde me sugeriram que fazer um doutorado era terrivelmente indigno, que não havia nenhuma necessidade disso e que eu estava totalmente livre para estudar meio a esmo. E foi o que fiz! Como respondia por muitos tutorados, meus interesses eram gerados pelo que estava tendo que ensinar naquela semana, tudo bastante desestruturado. Um dos temas era a questão da tolerância religiosa por volta de 1640, e foi a propósito disso que li *Gangraena*, de Thomas Edwards, uma obra polêmica da época que atacava as seitas religiosas e a ideia de tolerância. (Não parece, mas estou, sim, respondendo à sua pergunta!)

Pois bem, o grande argumento de Edwards contra a tolerância é que com ela a família se desintegraria, já que a mulher poderia seguir uma religião diferente da do marido e os filhos, uma diferente da dos pais. E foi explorando essa questão que acabei por escrever o artigo "Women and the Civil War sects", que publiquei em 1958, a conselho de Christopher Hill, na revista *Past and Present*. Nele eu argumentava que as seitas que surgiram durante a Guerra Civil haviam propiciado um tipo de emancipação feminina ao darem às mulheres liberdade de expressão, liberdade de pregar e de discutir religião, e ao lhes permitirem alguma participação no governo das congregações. Foi por aí, enfim, que entrei no campo da história da mulher.

Meu próximo passo foi escrever um artigo sobre o duplo padrão de moralidade sexual, que me sugeriram omitir de meu currículo quando me candidatei a *fellow* do St. John's College, pois causaria má impressão! Mas, na verdade, eu já havia tratado tal tema em uma das seis aulas que dera em 1957 sob o título "The relations between the sexes in England between the Reformation and the First World War". Aulas às quais, devo confessar, só umas cinco pessoas vieram assistir! A propósito disso, devo dizer que ainda hoje há um debate tolo, no meu entender, sobre esse desinteresse pela história das mulheres nos anos 50. Recentemente, no *New York Times*, uma resenha lembrava esse fato dos minguados cinco alunos que assistiram às minhas aulas e argumentava que não havia desinteresse na época pelo tema, mas, sim, pelo que eu, um desconhecido professor de Oxford, tinha a dizer sobre ele. Porém, a verdade não é tão simples assim, já que, quando esse mesmo "desconhecido" deu, logo depois, um curso sobre Aristóteles, Hobbes e Rousseau, foi necessário procurar uma sala bem maior para acomodar a grande plateia. E isso não porque eu fosse um professor notável, mas, simplesmente, porque a disciplina fazia parte do currículo oficial. Portanto, a razão pela qual eu não tive audiência no curso anterior sobre as mulheres é porque o assunto não fazia parte do currículo, e essa é, em geral, a única razão pela qual os alunos vão às aulas!

Mas até agora não expliquei propriamente o porquê do meu interesse pelo assunto. Suponho que tenha me parecido bastante central, pelo simples fato de as mulheres serem metade da raça humana; e também por me parecer um tópico explorado inadequadamente. Tendo embarcado nessa questão, li alguns livros que me impressionaram, sendo *O segundo sexo*, de Simone de Beauvoir, provavelmente o que mais se aproximava de uma doutrina sobre o assunto. Colecionei também um grande número de tratados do século XIX sobre as mulheres, mas infelizmente não havia absolutamente nenhum interesse pelo assunto nessa época. E foi por causa desse desinteresse generalizado que acabei, muito tolamente, me afastando desse tema!

Chama a atenção em sua lista de publicações o número de artigos que, desde os anos 50, são dedicados às histórias da educação e das mulheres. Esses dois interesses têm as mesmas raízes?

Sim, para mim essas coisas se relacionam de perto. Suponho que meu pressuposto básico, ao estudar a história das mulheres, era que a natureza humana é bastante plástica e maleável, sendo sempre moldada por pressões sociais, culturais e intelectuais de um ou outro tipo. E, dentre essas pressões, a educação formal me parecia a mais obviamente formativa e didática. Assim, os valores educacionais de um período histórico são muito instrutivos, já que não só revelam o tipo de pessoas que são aí criadas, como também os próprios valores daquela cultura. Não chegava a pensar, no entanto, que não existiam diferenças inatas entre os sexos, mas acreditava que grande parte de tudo o que existia era um produto social. Hoje moderei um pouco essa minha visão. Talvez não esteja expondo muito bem, mas o que quero dizer é que, no início, me guiava por uma espécie de psicologia de John Locke. Ora, concordo que isso é muito pouco sofisticado, mas a verdade é que eu e muitos outros contemporâneos não éramos educados em nada, a não ser em história. Não tínhamos nenhuma instrução em psicologia ou quaisquer outras ciências sociais, para não dizer ciências naturais. Portanto, os pressupostos que se tinha para dar um sentido às ações históricas eram uma mistura do que se chama de senso comum – ou seja, os preconceitos da época – e dos livros com que, por acaso, havíamos cruzado.

Um livro que influenciou consideravelmente meu trabalho de historiador foi O *mal-estar na civilização,* de Freud, que era minha leitura favorita nos anos 50. Nele Freud ilustrava, por assim dizer, o modo pelo qual a sociedade funciona como uma grande construtora, inibindo as emoções humanas.

Em um dos seus artigos mais incisivos o senhor argumentou que no crescente "mundo alfabetizado" do século XVII os analfabetos não viviam, como se poderia imaginar, numa "escuridão mental". Ao contrário, eles não somente foram bem-sucedidos nos negócios, como ocuparam posições de liderança em várias rebeliões políticas e religiosas. Poderia esse fato ensinar alguma coisa àqueles que ainda hoje acreditam na educação como panaceia?

Diria que "alfabetismo" tem outro significado hoje! Talvez ser "alfabetizado em computador" é o que agora importa, pois sem isso não é possível sair-se bem nos negócios nem governar! Mas quanto à educação formal, eu diria que sou meio antiquado a esse respeito. Admiro muito John Stuart Mill,[12] o que significa dizer que acredito em educação, acho que ela amplia os horizontes, e, apesar de eu ter passado grande parte de minha vida estudando a cultura popular, não estou disposto, de modo algum, a romantizá-la! Nesse sentido, não acho totalmente ridícula e absurda

---

12   John Stuart Mill (1806-1873), filósofo inglês, mais conhecido por *Um sistema de lógica dedutiva e indutiva* (1843), e *Da liberdade* (1959).

a ideia de que certas pessoas, de fato, vivem numa escuridão mental. Se pensarmos, por exemplo, no conhecimento geográfico dos americanos médios, ele é praticamente nulo! Não saberiam dizer se Oxford fica a leste ou oeste de Constantinopla! E, para mim, ignorância desse tipo é um obstáculo para a compreensão das coisas. Enfim, creio que há alguma coisa chamada conhecimento e que é bom tê-lo. Não estou negando que as pessoas totalmente iletradas e ignorantes vivam num tipo de mundo simbólico, tão simbólico quanto o nosso, e que também tenham uma vida significativa. Mas penso que estão, seguramente, perdendo muito!

Em 1989, o senhor conclamou os historiadores a estudarem a história das crianças de um modo mais apropriado, já que a história escrita até então não tinha sido, de fato, a história das crianças, mas sim a "história das atitudes dos adultos para com as crianças". Houve algum desenvolvimento quanto a isso nos últimos dez anos?

Em antropologia, sei de alguns trabalhos sobre isso, como o de Charlotte Hardman, que estudou as crianças de hoje nos *playgrounds* do condado de Oxford; algo que seguia a tradição de Iona Opie, com um pouco mais de sofisticação. Mas em história houve pouquíssimo progresso em virtude das dificuldades.

É verdade que hoje se sabe muito mais sobre as circunstâncias físicas em que as crianças viviam no passado. A historiadora Barbara Hanawalt,[13] por exemplo, mostrou que os inquéritos sobre as mortes acidentais podem revelar que havia diferenças de gênero no modo como as crianças viviam. Enquantos as meninas sofriam queimaduras com água fervente caindo das panelas, os meninos caíam de árvores ou dentro de lagos. Já a cultura infantil propriamente dita, por ser essencialmente oral, fica muito mais difícil de estudar fora do presente. Acredito, no entanto, que esse tema merece um maior esforço.

---

13 Barbara Hanawalt, historiadora norte-americana especializada em Idade Média, autora de *Growing up in Medieval London* (1993).

Os diários infantis podem ser uma fonte, mas tendem a ser a menos espontânea das atividades, a não ser que a criança seja excepcionalmente talentosa. Em geral, eles são profundamente influenciados por outros modelos literários e também pela reação dos adultos. Tive acesso a um bom número deles, e somente alguns poucos foram interessantes, a maioria provendo simplesmente informações paralelas. Eu mesmo, quando criança, escrevi um diário que é revelador do momento em que as canetas Biro eram ainda consideradas um luxo, já que registrei meu encantamento quando ganhei uma de presente. É esse o tipo de informação que esse documento traz muito bem, mas pouco diz, de fato, sobre as próprias crianças.

Em 1961, o senhor deu uma palestra intitulada "História e antropologia", cujo mero título foi o suficiente para intrigar a comunidade acadêmica. Numa época em que quase nenhum outro historiador levava a antropologia a sério, o que o levou a se interessar por essa disciplina?

Acho que foi um panfleto de Evans-Pritchard chamado "History and anthropology" que me despertou para esse novo campo. Imagino que, àquela altura, estava profundamente ressentido com o fato de muitos acreditarem que a história das mulheres, na qual estava envolvido, era algo mais ou menos ridículo, não história verdadeira! Assim, fiquei imediatamente encantado com a ideia de que em outras partes do mundo tudo o que se referia à vida do cotidiano era central, em vez de periférico. Essa descoberta também coincidiu com o momento em que me dei conta de que meus interesses estavam voltados para a busca de significado de todas as dimensões da experiência humana, e não somente da dimensão política convencional. Diria que meu pressuposto fundamental passou a ser o de que devemos começar um estudo imaginando que nada sabemos sobre as pessoas do passado, e que não devemos atribuir a elas emoções, crenças ou reações que são nossas, só porque estas nos parecem naturais, humanas e normais. Desde então tenho, na verdade, oscilado violentamente entre esses dois pontos de vista opostos: que as pessoas do passado são totalmente diferentes de nós ou que são muito semelhantes! Com isso quero dizer que a coisa não é tão simples, pois há muito a ser dito a favor de ambos os pontos de vista! Mesmo assim, penso que há maior integridade intelectual na ideia de que devemos construir a imagem das pessoas do passado a partir do que formos descobrindo sobre elas, em vez de assumirmos, por princípio, que elas devem ser como nós e que, portanto, nos comportaríamos dessa ou daquela forma nas mesmas circunstâncias!

Devo, entretanto, confessar que jamais perdi totalmente o interesse pela história convencional e que, de fato, desde essa época minhas atividades de pesquisa e de ensino tomaram direções bem diferentes! Peter, como meu ex-aluno, pode talvez me desmentir, mas acredito que nunca propus um tema para ensaio sobre um tópico no qual trabalhava. Devo ser, nesse sentido, um pouco esquizofrênico!

Suas experiências de ter servido o exército na Jamaica teriam preparado o senhor para valorizar a antropologia e considerar os ingleses dos séculos XVI e XVII como estrangeiros?

Essa foi, de fato, minha primeira experiência no estrangeiro, e, após o choque inicial, aprendi a apreciar a oportunidade de viver dezoito meses numa cultura completamente diferente. Viajei bastante por lá e acabei fazendo, de fato, um pouco de experiência de campo quando me embrenhei certa ocasião, sem saber, na região onde ainda vivem os descendentes dos escravos fugitivos que fundaram, no século XVII, uma espécie de quilombo, uma república quase independente. Ora, quando nos vimos, por acaso, na terra desses maroons (como são chamados), fomos polidamente detidos e submetidos a um longo julgamento num imenso celeiro iluminado por lampiões de querosene. A questão era saber se, segundo os tratados de 1739 (que haviam reconhecido a república), era ou não apropriada a entrada de soldados britânicos em terras *maroons!* Presenciamos, então, um jovem jamaicano, que com seu asno nos ajudava com a bagagem, ter o seu pulso cortado para algum tipo de mágica vodu! Poderia hoje dizer que isso tudo fez que eu me interessasse pela antropologia, mas, de fato, não acredito que tenha exercido impacto algum quanto a isso! O problema é que nossa vida (a minha, ao menos) é muito mais confusa e desordenada do que deveria ser!

Há algum tipo de antropologia pela qual se sente particularmente atraído? Malinowski, Evans-Pritchard, Lévi-Strauss e Geertz são todos citados em suas notas de rodapé, apesar de seus estilos intelectuais serem muito diversos. O senhor escolhe, de algum modo, entre eles, ou acha que uma escolha é desnecessária?

Vocês querem saber como, afinal de contas, eu podia acreditar em todos eles quando eles não acreditavam uns nos outros? Pois bem, acho que é porque ao ler antropologia eu não estava procurando um sistema, uma chave para entender todas as mitologias ou para abrir todas as portas! Estava, sim, em busca de um estímulo para a imaginação histórica, e, nesse sentido, todos esses autores, cada um a seu modo, me foram muito úteis. Essa pode parecer uma resposta meio fraca, mas o fato é que não tenho uma posição definida, cuidadosamente elaborada e bem argumentada. Sou meio que levado pelo vento e tendo a acreditar no último livro que li!

Talvez seja de interesse dizer que, quando mandei uma cópia de meu artigo "History and anthropology" para Evans-Pritchard, ele me escreveu uma carta maravilhosamente sardônica dizendo mais ou menos o seguinte: "Muito obrigado. Você leu bem mais antropólogos do que eu. Lamento dizer que acho a maioria deles pomposa, dominada por jargões e, na verdade, ilegível!". Quanto a mim, falando de modo geral, acho a antropologia mais recente menos acessível do que a tradicional antropologia social britânica. A lucidez desta me parece preferível à pretensão e à pompa das que surgiram depois.

O senhor foi descrito no início dos anos 70 como um dos maiores e pioneiros entusiastas de uma Nova História, tendo escrito em 1966 um manifesto clamando por "uma doutrinação mais sistemática" dos historiadores "nas ciências sociais". Seu entusiasmo ainda se mantém?

"The tools and the job" foi um artigo que causou muita dor para muita gente. Se vocês lerem um volume muito interessante de cartas que o grande medievalista K. B. McFarlane[14] escreveu para seus alunos, encontrarão lá uma denúncia desse meu texto publicado no *Times Literary Supplement*. O problema é que ele foi escrito em termos muito arrogantes, a arrogância da juventude, creio. Argumentava que a história nesse século havia tomado um caminho completamente errado, o que implicava, injustificadamente, que todos os importantes trabalhos feitos pelos "historiadores convencionais" haviam sido perda de tempo! O que não é, em absoluto, verdade! Confesso que não havia pensado muito sobre essa questão antes de ter recebido o convite do editor do *TLS* para escrever um artigo sobre história e ciências sociais. Mas, quando comecei, foi como se minha caneta fosse me obrigando a dizer tudo aquilo daquele modo enfático e agressivo! Na ocasião, estava sofrendo de uma paixão temporária pela história quantitativa, pela história econométrica, e pensava que elas trariam a resposta para uma questão histórica central: que diferença uma determinada coisa, como, por exemplo, a estrada de ferro, fez na história? Calcular e quantificar parecia ser o modo certo de obter tal resposta. Mas, como se sabe, isso não ocorreu, e tal entusiasmo durou pouco. Outra ideia que expressei incisivamente no artigo foi sobre a importância das ciências sociais para a história. Afirmava que havia muito a se aprender com elas de um modo rigoroso e sistemático. Se hoje penso que exagerei e que as coisas não são tão científicas como pensava, continuo insistindo em que as leituras dos historiadores devem cobrir um espectro de temas e disciplinas o mais amplo possível porque, no final, a história é o que os historiadores trazem para ela; e se o historiador for estreito em seus pressupostos e na extensão de suas referências culturais, os resultados serão igualmente estreitos!

Qual é a importância de Norbert Elias para o seu modo de pensar o passado?

---

14 K. B. McFarlane (1903-1966), medievalista britânico, autor de *The Nobility of Later Medieval England* (1980).

Conheci Norbert Elias e até mesmo escrevi uma resenha de sua grande obra quando foi traduzida para o inglês em 1978. O *processo civilizador*, como sabem, foi publicado em alemão em 1939 e ficou enterrado sem rastros durante décadas! (É sabido que Elias se mostrou exageradamente meticuloso quanto às traduções de seus livros, o que fez que várias vezes, apesar de planejadas, elas não se materializassem.) Fiquei entusiasmado com seu estudo sobre o desenvolvimento das maneiras, mas não gostei da teoria geral que desenvolveu para entender o crescente aumento da inibição; pareceu-me cruamente evolucionária e não muito plausível. Encontrei-me com ele uma vez num almoço em Princeton, e, como pessoa, Elias era extremamente agradável. Na verdade, uma figura notável! Nessa ocasião, já bem velho, deu uma aula magnífica! Enfim, apesar de seu assunto me interessar muito, sua abordagem não me entusiasmou. Elias, apesar de ter ideias próprias, era, em certo sentido, uma mistura de Freud e Weber.

Seu interesse pela antropologia é bastante conhecido, mas poucos críticos comentam as suas muitas referências à psicologia e aos psicólogos, especialmente a alguns psicólogos sociais e do desenvolvimento. O senhor diria que é possível escrever uma história psicológica?

Já houve um tempo em que eu achava isso possível e tive uma espécie de paixão pela abordagem psicológica de C. R. Hallpike, um antropólogo que me interessa muito, mas que não é muito apreciado por seus colegas de ofício. No seu *The Foundations of Primitive Thought* – em que procurou estudar as sociedades mais simples a partir da psicologia do desenvolvimento –, ele cita algumas passagens muito engraçadas em que o psicólogo russo Luria[15] pretende mostrar que os camponeses não podem entender o conceito de silogismo. Nas experiências que fez com usbeques iletrados da Ásia Central, Luria registrou a seguinte conver-

---

15 Alexandr Luria (1902-1977), psicólogo russo, um dos fundadores da neuropsicologia.

sação: o interrogador diz ao camponês: "Não há camelos na Alemanha; a cidade de Berlim fica na Alemanha; há camelos em Berlim?". O camponês responde: "Não sei, nunca estive em Berlim". Nova tentativa é feita: "Não há camelos na Alemanha; a cidade de Berlim fica na Alemanha; há camelos em Berlim?", ao que o camponês diz: "Sim, provavelmente há". Mais uma tentativa, e o camponês diz: "Sim, porque Berlim é uma cidade grande e provavelmente há alguns camelos lá". O interrogador argumenta: "Mas estou dizendo que não há camelos na Alemanha e essa cidade fica na Alemanha! Além disso, numa cidade grande não há lugar para camelos". E assim continuam sem parar porque os usbeques não conseguem entender a ideia do silogismo, pelo menos é isso o que Luria quer provar. Hoje sua interpretação já foi questionada.

O atrativo de tal conclusão de Luria parece claro. Se consideramos o passado como um país estrangeiro e as pessoas, ao menos superficialmente, como tendo raciocínios e crenças diferentes dos nossos, um dos modos de abordar essa questão é o psicológico. Mas no fundo não funciona! Acho muito melhor supor que o equipamento cognitivo das pessoas, pelo menos no tempo histórico que consideramos, seja igual ao nosso. Essa atitude causa, sem dúvida, um problema para os historiadores que confrontam instituições como o ordálio, a crença em milagres etc. Como lidar com isso? Seguramente, não é solução dizer que as pessoas raciocinam diferentemente porque estão numa fase diferente do desenvolvimento psicológico. Isso não convence!

Qual é a importância, para o seu desenvolvimento intelectual, da tradição empirista britânica na qual se criou? Existe alguma tensão entre essa tradição e seu interesse em teoria?

Bem, suponho que apesar de ter escrito contra o empirismo britânico, queira ou não, sou um produto dele. Mas, obviamente, depende do que entendemos por isso. Seguramente não sou um empirista no sentido de G. Elton,[16] que dizia que bastava ir aos ar-

---

16 Geoffrey Elton (1921-1994), nascido na Alemanha, professor de história na Universidade de Cambridge, autor de *The Tudor Revolution in Government* (1954).

quivos, sem nenhuma pergunta, e esperar para ver! Acredito que a pesquisa em arquivos pode sugerir novas questões, mas, primeiramente, você deve ter alguma pergunta, sem o que, como saber o que anotar?! Penso, pois, que todo conhecimento avança formulando e testando hipóteses, em vez de simplesmente ser o resultado de acumulação de fatos. Por outro lado, tendo formulado alguma questão ou abordagem, eu esperaria progredir não invocando uma teoria, mas buscando evidência num sentido moderadamente convencional. Em certo sentido, sinto uma tensão real entre a abordagem teórica e a empírica. Mas, no final, meu método de trabalho e meu modo de argumentar são bastante convencionais. O assunto pode ser bem diferente, mas certamente a argumentação não difere muito daquela utilizada pela "geração inculta" dos historiadores da primeira metade do século!

Há, portanto, um elemento cultural britânico que, sem dúvida, dificulta a nossa compreensão de abordagens mais teóricas, como, por exemplo, a francesa. Uma ilustração disso é a reação das editoras britânicas ao livro de Le Roy Ladurie, *Montaillou*. Apesar de apresentar vários defeitos do lado empírico, achei esse livro realmente fantástico quando o li, ainda em forma de prova para a edição francesa. Pois bem, não obstante ter dito à Cambridge University Press e à Penguin que era um livro brilhante, que precisava ser traduzido, as duas editoras não se interessaram. Como sabem, tão logo o livro foi publicado em francês e François Mitterand apareceu com ele em mãos no primeiro dia, *Montaillou* se tornou um *best-seller* mundial. Nem precisa dizer que a Penguin acabou tendo que comprar os direitos de publicação a um preço altíssimo!

Porém, voltando à questão, o livro de Ladurie desde o início me pareceu ter problemas empíricos, mas, em contrapartida, apresentava uma excelente abordagem, um modo realmente maravilhoso de escrever história. Usando documentos que haviam sido compilados para um determinado propósito, ele iluminou algo diferente, ou seja, o mundo físico e mental de uma comunidade que parecia estar definitivamente perdida. Enfim, seus raciocínios e pressupostos foram exatamente aqueles que eu próprio gostaria de ter.

No artigo "History and anthropology" (1963) em Past and Present, *o senhor sugeriu novos e interessantes temas para uma história sociocultural, tais como a história dos sonhos, a história das atitudes diante da dor, a história dos hábitos de beber etc. Diante de tamanha variedade de tópicos, o que o levou a investir tanto tempo e esforço escrevendo um volumoso livro sobre o declínio da magia?*

Bem, sobre os tópicos que sugeri, acho que muitos já foram, desde então, desenvolvidos pelos historiadores! Mas meu *A religião e o declínio da magia*, de 1971 – que não levou tanto tempo como imagina, pois o escrevi em mais ou menos um ano –, surgiu como que por acaso, por acidente! Estava dando um curso com John Cooper sobre o Protetorado e cabia a mim o estudo dos Levellers (Niveladores). Um dia, estava na Bodleian Library vendo se descobria algum manuscrito interessante sobre esses democratas radicais do século XVII, quando deparei com uma pequena nota escrita por Richard Overton – conhecido como um dos chefes desse movimento democrático – ao astrólogo William Lilly. Num pequeno pedaço de papel alfinetado aos "livros dos casos" em que Lilly registrava as consultas dos seus clientes, a nota do mais racional dos Levellers dizia o seguinte: "Com seu conhecimento astrológico, você poderia me dizer se devo continuar um *leveller* ou não?". Num primeiro momento, li a nota de Overton com um certo descaso, mas logo me dei conta de que essas anotações, jamais tocadas desde o século XVII, eram potencialmente a mais rica fonte para se conhecer os medos, ansiedades e esperanças das pessoas do século XVII! Lilly tinha, por assim dizer, um grande negócio, pois era consultado por mais ou menos duas mil pessoas por ano! Assim, a primeira parte do livro que escrevi tratava da astrologia, e foi a partir daí que descobri que os clientes queriam sempre saber dos astrólogos se estavam ou não enfeitiçados. E isso me levou, finalmente, à bruxaria, que procurei estudar como parte de um quadro mais amplo.

Esse livro foi com frequência tido como, fundamentalmente, um trabalho sobre o declínio dos processos contra a bruxaria. Considera justa essa visão sobre a "tese de Thomas"?

As muitas faces da história

Em primeiro lugar, avancei em várias direções e, no final, escrevi sobre tudo nesse livro. Há capítulos sobre profecias, fadas, fantasmas, e assim por diante. Havia até um capítulo sobre pânicos irracionais que acabei não incluindo. O livro não é, portanto, essencialmente sobre bruxaria, apesar de ser essa a parte – aliás, nada melhor nem pior do que as outras – que está sempre sendo discutida. Acho que *A religião e o declínio da magia* foi, em certo sentido, vítima do seu título. Não sou nada bom para títulos, e o "declínio da magia" foi decidido às pressas, quando o livro estava pronto. Mas, de qualquer modo, um dos pontos fracos dessa obra – e que acaba se tornando sua força! – é que aí pode ser encontrado apoio para quase qualquer posição! É verdade que, para onde quer que me vire, posso deparar ainda hoje com muita magia, mas tudo o que quis foi mostrar que a posição legal mudou drasticamente e que a atitude da elite intelectual e social também mudou nesse período, enquanto as coisas se mantiveram mais ou menos iguais nos níveis sociais inferiores.

O que o levou a escrever sobre as relações do homem com a natureza? Foi uma reação às preocupações correntes com o meio ambiente?

Não, de modo algum, assim como o *A religião e o declínio da magia* não era indicativo de nenhum interesse meu pelo oculto! Lamento dizer que tento ser racional de um modo um tanto quanto maçante e nada excitante! Não sou nem um pouco dado a gostos fantasmagóricos, e seguramente não estava me sentindo particularmente "verde" quando escrevi O *homem e o mundo natural*! Assim, suponho não ser muito mais sensível aos problemas do meio ambiente do que a maioria das pessoas. Simplesmente aconteceu que fui convidado a dar as Trevelyan Lectures em Cambridge (a partir das quais surgiu o livro) e descobri em antigas anotações minhas uma pasta, ainda não utilizada, intitulada "animais". Bem, então a pergunta seria: por que, afinal de contas, se interessou por isso? Acho que é porque anotava praticamente tudo! Já ouviram falar sobre·o escritório de Lord Acton?[17] Num relato fascinante, Oman[18] descreveu os aposentos de Acton na sua casa de campo em Shropshire, onde ele, a propósito de escrever uma grande obra sobre a liberdade, tomava nota de tudo, desde a vaidade humana até tudo o que possam imaginar! Como sabem, esse leitor voraz jamais terminou sua grande obra...!

Bem, não chego a ser como ele, mas minha ambição era realmente fazer uma etnografia global da Inglaterra do início da era moderna; estava, pois, interessado em todas as suas dimensões, incluindo a política, e era natural, portanto, que acabasse deparando com "animais". Assim, apesar de não ter sido uma opção consciente e não ter um interesse pessoal no assunto, ironicamente meu livro acabou refletindo as preocupações da época. Não estava tentando apostar no que seria a moda dos anos 80 mas, simplesmente, pensar em que assunto, afinal de contas, eu teria algo de novo a dizer!

O homem e o mundo natural tem sido criticado por não ser suficientemente comparativo e, em consequência, por contribuir para o tradicional etnocentrismo acadêmico que afirma a "singularidade ocidental". Como encara essa crítica?

Não é extraordinário?! Você se envolve num projeto ultra-ambicioso e ainda é criticado por não ser suficientemente comparativo! Se estivesse escrevendo sobre a Reforma do Parlamento de 1832, ninguém diria: "Estou muito surpreso por você não considerar que os brasileiros... enfim!". Quanto mais ambicioso o seu tópico, mais se espera que você amplie seus horizontes! Eta vida dura! Mas o fato é que meu objetivo era fundamentalmente identificar algumas características da situação inglesa, e não fazer um

---

17 Lord Acton (1834-1902), professor de história na Universidade de Cambridge, autor de *Lectures on Modern History* (1906).
18 Charles Oman (1860-1946), historiador de Oxford, autor de *A History of the Art of War in the Middle Ages* (1898).

trabalho comparativo. E mesmo assim – considerando o que digo em nota na página 182 –, o livro não é totalmente destituído de referências não britânicas ao fenômeno estudado.

Concordo que a abordagem comparativa é interessante e que, se o objetivo é identificar o que é distintivo sobre algum período ou lugar, isso deve envolver uma comparação implícita ou explícita. Mas, sem dúvida, se já é trabalhoso e difícil estabelecer o estado de coisas em um contexto particular, o que não dizer se tivermos de fazer comparações! A questão é saber com que dados vamos, afinal, comparar; e não há O *homem e o mundo natural* em todos os países para você consultar e verificar como se comparam com o caso inglês!

Qual a importância das críticas à sua obra para o desenvolvimento de suas ideias?

Suponho que, por estar sempre mudando de tópico, acabo frequentemente não absorvendo e não fazendo justiça às críticas que recebo. Entretanto, caso fosse reescrever *A religião e o declínio da magia* para uma volumosa segunda edição, levaria em conta muitas das críticas com as quais concordo totalmente. O artigo que Jonathan Barry escreveu como introdução ao livro *Witchcraft and Early Modern Europe*, concebido como um tipo de comemoração dos vinte anos de meu livro, está cheio de restrições muito pertinentes. Confesso, entretanto, que não me sinto particularmente refutado ou defendido pelas pesquisas mais recentes. *Religião e declínio de magia* foi um livro de sua época que refletia o que eram considerados pressupostos bastante atualizados, que pouco mudaram desde então. De qualquer modo, se tivesse que escrevê-lo novamente hoje, iria tomar maior cuidado com o vocabulário, empregando as categorias dos contemporâneos e não as rotulações utilizadas posteriormente por outros. Quando digo isso, não estou pensando no termo "mágico", que era um termo contemporâneo, muito em voga nos séculos XVI e XVII, e não anacronístico como se poderia acreditar. Já *O homem e o mundo natural* não teria esse título se o escrevesse agora! O que para mim me parecia um conceito totalmente neutro – ho-

mem – tornou-se hoje politicamente incorreto e tão inaceitável quanto a palavra "preto"!

Mas, de um modo geral, diria que não sou mais tão funcionalista como acredito que fui nos anos 60. Estou muito mais interessado em história cultural, um conceito que me era totalmente estranho naquela época. Meu maior interesse é agora sobre os pressupostos mentais, em vez de sobre as circunstâncias materiais. Mas dizer que os acho mais interessantes não significa que sejam necessariamente mais importantes. Sem dúvida, minhas posições mudaram com o tempo, mas definitivamente não considero que o mundo seja uma construção e que não existe algo chamado realidade. Não sou, em absoluto, um pós-modernista!

Além de utilizar fontes de arquivo, o senhor frequentemente usa fontes literárias. O que a literatura pode oferecer que os demais "documentos" não podem?

Isso mais parece tema de exame final! Bem, a literatura cobre um campo de experiência muito mais amplo, e os problemas de interpretação que apresenta não são mais sérios do que os dos documentos tradicionais. Pode-se argumentar que os poemas ou as peças de teatro, por exemplo, seguem um certo gênero literário, estão submetidos a convenções, são influenciados por certos modelos etc. Mas o mesmo pode ser dito, e com igual força, sobre os documentos encontrados nos arquivos públicos, pois eles também precisam ser interpretados e manejados com sensibilidade. O que, então, pode a literatura nos dizer? Ora, mesmo descontando as imposições dos gêneros literários, ela pode, em geral, nos dizer muito sobre a vida que nela se revela e sobre as sensibilidades, emoções e valores humanos com os quais se ocupa.

Em 1988, insurgindo-se contra fortes tendências da época, o senhor defendeu a reconciliação de história e literatura, argumentando que a distinção entre fato e ficção é meramente uma questão de convenção. Concordaria com os que consideram que essa reconciliação foi muito exagerada nos últimos dez anos?

Sim, acho que realmente muitos foram longe demais. Estou convencido de que há uma diferença entre fato e ficção, o que, sem dúvida, me deixa bem datado! Acredito que estamos sentados aqui nessa quinta-feira, 28 de julho, e que a tendência a anuviar as distinções desses gêneros não é nada útil. Por outro lado, também não sou adepto do novo historicismo, pois, apesar de apreciá-lo até um certo ponto, acho pouco rigorosa sua perspectiva histórica.

Pensando em Hayden White e La Capra,[19] devo dizer que acho seus trabalhos um tanto decepcionantes, já que eles não enfrentam os tipos de historiadores que de fato nos interessam. Não me importa, por exemplo, saber que tropo foi utilizado por Michelet, porque eu não uso esse autor. Mas, se eles analisassem os últimos números da revista *Past and Present* e dissessem algo sobre as formas e tropos ali presentes, aí então eu os acharia muito mais esclarecedores.

O senhor uma vez afirmou que "mesmo o mais escrupuloso dos historiadores está permanentemente construindo mitos, quer reconheça isso ou não". Não haveria um modo de treinar os historiadores para que eles não manipulem "nossas genealogias a fim de atender a novas necessidades sociais", para utilizar sua própria expressão?

É claro que há vários graus de construção de mitos, mas o mais eficiente de todos é de um tipo tão sutil que, no meu entender, se torna muito difícil, se não impossível, erradicá-lo. Quando as pessoas decidem buscar as genealogias do feminismo moderno, do lesbianismo ou de qualquer outro ismo, estão claramente construindo mitos de um modo muito cru, nada muito diferente do modo como os Tudor se diziam descendentes de Brutus, o Troiano.

Já os mitos construídos mais sutilmente são aqueles que aparecem em todas as sentenças que escrevemos sobre as atividades humanas do passado, e que implicam pressupostos sobre como as pessoas se comportam e como devem se comportar, sobre o

---

19 Dominick La Capra (1940), professor da Universidade de Cornell, autor de *Rethinking Intellectual History* (1983).

que é racional e o que é irracional, sobre o que é enigmático e o que não o é, pressupostos que a todo momento estão reforçando a versão contemporânea do que é tido por bom-senso. Em outras palavras, quando escrevemos história ou romances, não podemos deixar de empregar um vasto número de pressupostos básicos sobre o comportamento e valores humanos, prioridades, causalidades e outros, sobre os quais não discutimos e nem, muitas vezes, temos clara consciência. Evidentemente, os currículos acadêmicos, atendendo a pressões do momento (como, por exemplo, as da última comunidade imigrante), estão também sempre sendo revistos para estabelecer novas genealogias. Mas os mitos não são somente construídos desse modo tão evidente. O mito fundamental é aquele que se constrói à medida que os modismos e jargões da época penetram na prosa histórica e literária. E essa é a razão pela qual, quando qualquer um de nós abre um livro de história escrito em 1840 ou 1740, ele nos salta aos olhos. E podemos apostar que o que estamos escrevendo agora, nos anos 90, saltará aos olhos de nossos descendentes da mesma forma, e seremos um país estrangeiro para eles.

O que acha do ideal de uma "Nova Grã-Bretanha" proposto pelo novo Partido Trabalhista? É menos um mito do que "a volta aos valores vitorianos" idealizada por Margaret Thatcher?

Estou muito desapontado com o New Labour, e o aspecto que mais me incomoda é que ele representa o triunfo da democracia na esfera cultural, na sua pior forma; em outras palavras, sua política confirma os piores prognósticos feitos no século passado por Tocqueville[20] ou John Stuart Mill sobre a democracia! Para só citar um exemplo, há pouco tempo apareceu na imprensa nacional um retrato do primeiro-ministro e do ministro da Fazenda, ambos em manga de camisa e com um copo de cerveja na mão, assistindo a um jogo de futebol na televisão! Tenho certeza de que tão logo a foto foi tirada eles voltaram aos seus afazeres.

---

20 Alexis de Tocqueville (1805-1859), historiador e cientista político francês, autor de *A democracia na América (1835)*.

As muitas faces da história

Que essa seja a imagem pública que consideram bom projetar é algo que me deprime profundamente! É verdade que nunca me interessei por futebol e que suas associações com violência e chauvinismo me repugnam. Mas isso é só um aspecto da questão. O outro, mais amplo, é que o novo Partido Trabalhista não se envolveu em nenhum tipo de compromisso com as atividades científicas, acadêmicas, intelectuais, literárias ou artísticas; mas, por outro lado, abraçou o mundo da cultura popular, do esporte internacional e da mídia no seu nível mais baixo! Sei que serei visto como antiquado, mas sempre acreditei que a tarefa do socialismo era elevar as pessoas. E o que vemos agora é que a noção de aprimoramento, vitoriana no seu melhor sentido, foi completamente abandonada em prol não tanto do prazer, mas de um hedonismo de baixo nível! Enfim, o bilhar, e não a poesia.

Uma das coisas mais tristes e deprimentes do governo Thatcher era, como todos sabem, seu desinteresse por questões intelectuais e acadêmicas, que contrastava fortemente com outros lugares, como a França, por exemplo. Ora, esperava-se que a mudança de governo fosse representar uma mudança nesse sentido, o que absolutamente não ocorreu. Eu, que passo hoje muito tempo na administração pública, sei que a British Library está decaindo a olhos vistos! Cortou-se tanto a verba para aquisições e para a conservação, que hoje está se cogitando seriamente a possibilidade de se abandonar totalmente a aquisição de livros não britânicos! Ora, a British Library é tradição e por muito tempo foi uma das maiores bibliotecas do mundo! Agora está cotada como a vigésima, segundo os padrões norte-americanos!

A rejeição da herança do passado em prol da imagem da hoje tão falada New Britain idealizada pelo New Labour é, de fato, algo estarrecedor! A Grã-Bretanha definitivamente não é, politicamente falando, muito importante no quadro internacional; mas por muitas razões históricas teve um papel único no mundo pela sua habilidade de preservar muito da herança física e literária da humanidade. É, portanto, desalentador e chocante observar que isso está sendo agora olhado com descaso e negligência! E, de um certo modo, essa atitude está relacionada de perto aos interesses pessoais (ou falta de interesse) dos nossos líderes políticos. Falando de Blair, por exemplo, alguém me contou que, quando ele esteve recentemente visitando a British Library, parecia que jamais pisara numa biblioteca antes, o que não pode ser verdade, pois, afinal, ele foi aluno do St. John's College quando eu era tutor lá, mas de qualquer modo..., talvez, não sei... Isso tudo é muito, muito chocante! Enfim, a New Britain está relegando o que havia talvez de melhor na velha Grã-Bretanha.

Inquieto, como outros respeitáveis historiadores, com a possibilidade de a micro-história só tratar de questões insignificantes, e preocupado com a crescente popularidade de estudos nessa linha, John Elliott foi enfático ao dizer que algo está muito errado quando "o nome de Martin Guerre é tão ou mais conhecido do que o de Martinho Lutero". O senhor compartilha, em algum grau, da preocupação de Elliott com a micro-história?

Gostaria muito de ter dito essa frase! Sim, não chego a perder meu sono com essa questão, mas concordo que a micro-história vai longe demais. Acho que *O queijo e os vermes,* de Carlo Ginzburg e *Montaillou,* de Le Roy Ladurie, são livros maravilhosos, mas pararia praticamente aí na lista de micro-histórias importantes. Talvez esteja esquecendo algumas outras, mas o fato é que não há nada de errado em escrevê-las, desde que não se abandone tudo o mais. Contrariamente ao que possam pensar, sou a favor do pluralismo na atividade histórica e, portanto, não sou *a priori* contra a micro-história. O que sou é contra essa moda, que não acho nada atraente. Em primeiro lugar, para se fazê-la bem, há necessidade de um toque de gênio! À primeira vista, pode parecer fácil, mas de fato não o é. Há, sem dúvida, tópicos excelentes para uma micro-história, mas na maior parte faltam fontes. Quando leio o diário de Pepys,[21] o que já fiz várias vezes, sempre penso que uma micro-história sobre ele seria profundamente significativa para a compreensão da história do século XVII. Já li, no entanto, um grande número de livros enfadonhos nessa linha,

---

21 Samuel Pepys (1633-1703), funcionário da Marinha britânica que deixou um diário muito detalhado da vida cotidiana de Londres na sua época.

pois, mesmo deixando de lado a necessidade de um toque de gênio, não é qualquer assunto que serve para esse tipo de história, e nem todas as pessoas são tão interessantes como Pepys!

Quais são seus projetos para o futuro? Alguma vez pensou em mudar de campo?

Prefiro não falar sobre minhas ambições para futuras publicações, sobre aquilo que ainda não fiz. Tenho muitos projetos inacabados, e quando me aposentar, daqui a dois anos, terei tempo para me dedicar a eles. No momento, no entanto, posso adiantar que minha principal preocupação é decidir qual o assunto mais apropriado para as seis aulas que devo dar para as Ford Lectures.

Quanto a mudanças de campo, confesso que às vezes tenho minhas dúvidas sobre se é mesmo o início da era moderna que deveria ser "meu" período! Há pouco tempo falava com um historiador americano que me disse que parara de escrever porque não havia nada mais de novo a ser dito sobre essa época! De fato, há um número finito de fontes, e se torna cada vez mais difícil encontrar algo de surpreendente sobre ela, enquanto os séculos XVIII, XIX e XX são ainda incrivelmente ricos em possibilidades de estudo! O fato é que durante décadas o "meu" período atraiu a nata do talento histórico britânico e talvez americano. E olhe só a Escola dos *Annales*, toda concentrada nessa época! Enfim, houve ao redor dela uma incrível concentração de talentos!

O que temos hoje? Os artigos e revistas que tratam da Europa no início da Idade Moderna me parecem, na maioria, bastante desanimadores. São historiadores não da segunda ou terceira, mas de uma quarta leva, tentando encontrar algo de errado no que foi dito pelos da terceira leva, e fazendo seleção para produzir algum novo detalhe ou, muitas vezes, tentando fazê-lo passar por novo. Acho que isso não acontecia há cinquenta anos. Em parte, esse é um problema decorrente da profissionalização da história; esse campo se tornou extraordinariamente abarrotado; seus praticantes procuram descobrir alguma coisa, constroem defesas ao seu redor, e essa passa a ser então sua área, seu domínio! Tenho certeza de que, se começasse tudo de novo, eu não escolheria o início da Era Moderna como meu período.

Em 1988 o senhor foi elevado na hierarquia social britânica ao ser agraciado pela rainha Elizabeth com o honroso título de Sir. O que significa esse título para o senhor e para a cultura a que pertence?

Fiquei honrado e envaidecido quando me foi oferecido o título por serviços prestados à história, pois sei que essas coisas são decididas por comitês de acadêmicos e não de políticos. Não desaprovo as honrarias, apesar de preferir que os títulos viessem após o nome e não antes, já que eles me incomodam (e certamente estimulam o pior lado de algumas pessoas com as quais se encontra!). Mas, enquanto forem criados *sirs,* acho esplêndido que os historiadores sejam tão homenageados quanto os políticos e os homens de negócios. Penso que a profissão acadêmica se beneficia muito desse tipo de reconhecimento público, apesar de não serem necessariamente as pessoas certas que sempre recebem os títulos!

Dentre os livros de sua área de interesse, quais gostaria de ter escrito?

Deixem-me pensar. Não quero ser como Geoffrey Elton, que, quando o *Times Literary Supplement* publicou uma série em que se pedia aos entrevistados que mencionassem os livros que consideravam superestimados e os que viam como subestimados, não conseguiu pensar em nenhum que considerasse subestimado! Admiro um monte de livros e gostaria de ter escrito (na sua época, evidentemente, e não agora): *A sociedade feudal,* de Marc Bloch, e, por razões diferentes, *A religião e o surgimento do capitalismo,* de Tawney. Admiro também *The Making of the Working Class,* de E. P. Thompson, apesar de achá-lo muito desestruturado. O *Crisis of Aristocracy,* de Lawrence Stone, poderia ser mencionado porque é, sem dúvida, maravilhosamente bem escrito, mas infelizmente não é bem-fundamentado. Vindo até o presente, o livro de Orlando Figes sobre a Revolução Russa, *The People's Tragedy,* é invejável, bem como o de Robert Bartlett – a ser ainda lançado – sobre a Inglaterra do século XII. Se, ao contrário, recuar, poderia mencionar as grandes obras de Burckhardt[22] e Huizinga.[23]

Oxford, julho de 1998

Bibliografia selecionada

The double standard. *Journal of the History of Ideas*, v.20, p.195-215, 1959.

History and anthropology. *Past and Present*, v.24, p.3-24, 1963. *Religion and the Decline* of *Magic:* Studies in Popular Beliefs in Sixteenth- and Seventeenth-Century England. London: Weidenfeld and Nicolson, 1971. (Traduzido para o holandês, italiano, japonês, português). [Ed. bras.: *A religião e declínio da magia:* crenças populares na Inglaterra – séculos XVI e XVII. São Paulo: Companhia das Letras, 1991.]

Rule and Misrule in the Schools of *Early Modern England.* Stenton Lecture, University of Reading, 1976.

The Place of Laughter in Tudor and Stuart England. *Times Literary Supplement*, 21, p.77-81, January 1977.

Man and the Natural World: Changing Attitudes in England, 1500-1800. London: Allen Lane, 1983. (Traduzido para o francês, holandês, japonês, português, sueco). [Ed. bras.: O *homem e* o *mundo natural:* mudanças de atitude em relação às plantas e aos animais (1500-1800). São Paulo: Companhia das Letras, 1996.)

Ways of Doing Cultural History. In: Sanders, R. et al. (ed.) *De Verleidung van de Overoloed.* Reflecties oop de Eigenheid van de Cultuurgeschiedenis. Amsterdam: 1991, p.65-81.

Health and Morality in Early Modern England. In: Allan M. Brandt, Paul Rozin (Ed.) *Morality and Health.* London: Routiedge, 1997. p.15-34.

---

22 Jacob Burckhardt (1818-1897), historiador suíço, autor de *A cultura do Renascimento na Itália:* um ensaio (1860).

23 Johan Huizinga (1872-1945), historiador holandês, autor de *O declínio da Idade Média* (1919).

5
Daniel Roche[1]

Daniel Roche (1935), professor recém-eleito do prestigioso College de France, é um dos mais eminentes historiadores franceses de hoje. Especialista em século XVIII, Roche pertence à terceira geração do grupo dos Annales, a geração que, nas palavras de Emmanuel Le Roy Ladurie, transferiu seus interesses "do porão para o sótão", ou seja, da história econômica – da "base" da história, como via Marx – para a história cultural ou superestrutura. Aluno do historiador marxista Ernest Labrousse, mais conhecido por seu pioneiro estudo sobre as origens econômicas da Revolução Francesa, Daniel Roche escolheu para Doctorat d'État um tema de história cultural que o distanciava de seu mestre: o papel das academias provinciais francesas na difusão e na produção do discurso iluminista. Nesse estudo maciço, defendido em 1973 e publicado em 1978 em dois volumes (um deles composto somente de notas e referências), Roche fez um uso bastante perspicaz e eficiente dos métodos quantitativos. Ao mesmo tempo que demonstrou mudanças de interesse e de ten-

---

[1] Esta entrevista, feita com a colaboração de Peter Burke, foi publicada parcialmente no caderno "Mais!", *Folha de S.Paulo,* em 7 de novembro de 1999.

dências na produção cultural do período, produziu uma história social da cultura que não a reduzia, entretanto, à mera expressão das forças econômicas e sociais.

Desde então, seu trabalho se desenvolveu em três frentes: história do livro e da leitura, história da cidade e história da cultura material, os três temas em conjunto constituindo, como diz, "uma maneira mais ampla de propor uma leitura social da cultura". Seu estudo da cultura popular, *Le peuple de Paris* (1981), que se propunha a "reler a história dos comportamentos populares dos parisienses", foi notável em vários aspectos. A cultura material, por exemplo, foi levada muito a sério, como revela seu estudo da comida, das roupas, das casas e das mobílias dos parisienses comuns do século XVIII. A evidência dessa cultura material, Roche a encontrou principalmente em milhares de inventários, tendo suas conclusões se baseado na análise de uma quantidade imensa de dados de arquivos coletados parcialmente pelos seus alunos, que têm uma presença marcante na maioria de suas obras. Confrontando os dados levantados com a visão do povo exposta por reformadores e observadores do século XVIII, Roche pôde apresentar uma visão das classes inferiores muito mais complexa e dinâmica do que usualmente se pensava. Do mesmo modo, baseando-se na evolução da relação do povo com os objetos, e notando o empobrecimento e enriquecimento simultâneos do povo de Paris, o estudo de Roche mostrou que a Revolução não era filha da miséria, como queria Michelet,[2] ou da prosperidade, como queria Jaures.[3] Defendendo uma explicação mista, Roche argumentou que o aumento de dificuldades que o povo enfrentou foi inseparável do surgimento de novas exigências, novos valores e de novas ambições de vida.

Dentre os objetos materiais mencionados nos inventários, também havia livros – já que o grau de alfabetização dos artesãos parisienses era então relativamente alto. Assim, o *Le peuple de Pa-*

---

2 Jules Michelet (1798-1874), historiador francês, autor de *Histoire de la France* (1835-1867).
3 Jean Jaures (1859-1914), deputado socialista francês.

ris, como o trabalho de Roger Chartier (antigo aluno de Roche), deu também uma grande contribuição à história da leitura e à história das mentalidades ou *"façons de sentir et de penser",* como diz Roche ecoando Marc Bloch. Foi seu interesse por problemas metodológicos da sociologia do livro e pelas possibilidades da história quantitativa do impresso que o levou a colaborar com H.-J. Martin e R. Chartier na *Histoire de l'édition française* (1984), assumindo a direção científica do volume sobre *"le livre triomphant"* e redigindo artigos inovadores sobre a censura, a polícia do livro e a grande *Encyclopédie* de Diderot e D'Alembert.

Foi durante sua pesquisa sobre a cultura popular parisiense que Daniel Roche fez o que considera sua realização mais importante: a descoberta da autobiografia de Jacques-Louis Ménétra, um vidraceiro parisiense que viveu durante o Antigo Regime e a Revolução. Com esse achado – que Roche publicou em 1982, junto com um ensaio interpretativo sobre o homem e seu meio – ele pôde suplementar sua análise quantitativa da cultura popular com uma visão de dentro, mostrando como um determinado artesão percebia seu trabalho, seu lazer e também a Revolução Francesa, já que Ménétra nela participou como militante popular, ou *sans-culotte*. O que Menocchio, o moleiro de Friuli, siginificou para Carlo Ginzburg, Ménétra significou para Daniel Roche. Ambos os historiadores descobriram documentos que lhes permitiram reconstruir, com maestria, a vida de indivíduos das classes populares e, por meio delas, iluminaram amplamente a cultura popular do Antigo Regime.

O livro mais notável de Roche é, talvez, o *La culture des apparences* (1989), uma história das roupas no século XVIII francês que já anuncia outro estudo brilhante, publicado recentemente, com o sugestivo título de *História das coisas banais* (1997). O projeto sobre a cultura das aparências se desenvolveu a partir do *Le peuple de Paris,* pois é baseado parcialmente nos inventários pesquisados, mas também discute as roupas usadas pelos homens e mulheres de classe alta, num período em que a moda francesa estava se tornando internacionalmente famosa. O que torna esse livro especialmente original é, acima de tudo, o modo como Roche usa as roupas como evidência das atitudes e valores de seus usuários. Assim, uma história que parece à primeira vista preocupada unicamente com a superfície, com as "aparências", se revela como um meio de investigar estruturas profundas de pensamento e sentimentos.

Como Ménétra, Daniel Roche pode ser descrito como um exímio artesão, praticando o que Marc Bloch chamou de "o *ofício do historiador*" com *finesse* e dirigindo uma oficina de historiadores na qual os estudantes, como aprendizes, dão uma contribuição visível. Dentre as virtudes intelectuais de Daniel Roche, destacam-se a modéstia, a lucidez e a imparcialidade. Tem sido sempre muito aberto às ideias dos teóricos sociais e culturais, desde Marx a Baudrillard,[4] mas une cuidadosamente teoria com pesquisa empírica, do mesmo modo como alia ao seu interesse por cultura de elite grande interesse por cultura popular, e evidências quantitativas com evidências extraídas de fontes literárias, desde revistas de moda até autobiografias.

Daniel Roche nos recebeu na famosa École Normale, na Rue d'Ulm, em Paris, onde dirige o Instituto de História Moderna há vários anos. Nosso encontro se deu, muito apropriadamente, no sótão do edifício, com um bela vista do centro de Paris a distância. Descontraído e informal em seus modos, e de voz ao mesmo tempo pausada e segura, suas respostas às nossas questões foram diretas, lúcidas e espirituosas.

Como se tornou um historiador?

Como me tornei um historiador? Bem, não sei, pois nem mesmo sei se sou historiador. Creio que sou primeiramente professor... Tenho a impressão de que minha história não é muito diferente da de muitos historiadores franceses. Meu percurso foi, por assim dizer, bem tradicional: fiz meus estudos secundários após a guerra, em Paris, entrei na Sorbonne em 1954, preparei-me para o concurso da École Normale Supérieure (que cursei de 1956 a 1960) e fui professor de curso secundário. Na

---

4 Jean Baudrillard, teórico social francês, mais conhecido por sua teoria do consumo.

minha época tinha que se fazer opções ao entrar no curso superior, e escolhi história e geografia. Essas duas disciplinas eram tradicionalmente estudadas em conjunto e a pessoa se licenciava em história e geografia ao mesmo tempo. A simultaneidade dessas duas formações era muito importante, levando-se em conta as obras históricas em uso na época, fruto de uma tradição bem francesa de história regional, em que os laços com as comunidades territoriais, a cartografia e a descoberta do espaço, por exemplo, eram muito relevantes.

Qual a importância de sua história familiar para a trajetória que seguiu?

Não sei se isso tem grande interesse intelectual, mas venho de uma família da média burguesia. Meu pai, um homem da Primeira Guerra Mundial, foi primeiramente oficial e depois se dedicou à administração; enfim, seguiu um itinerário em nada intelectual. Ao contrário de outros, não sou originário de uma família de universitários, de uma família de acadêmicos ou coisa semelhante. Assim, em relação à minha família, aos meus irmãos também, meu itinerário foi bem pessoal. Eu era aquela pessoa que tinha sempre que explicar para os outros qual é, afinal de contas, o trabalho de um historiador ou de um professor. No entanto, apesar de não ser propriamente intelectual, minha família era bastante culta. Havia muitos livros à disposição, lia-se muito, mas ao que me recordo, não livros de história. Diria, pois, que meu interesse específico pela história surgiu por influência de meus professores do ensino secundário. Lembro-me especialmente de dois ou três que conheciam muitíssimo bem seu *métier* e que eram notáveis em suas aulas sobre o Ancien Régime, as origens da Revolução Francesa, as conquistas coloniais e a Guerra da América, por exemplo. Os temas relacionados ao período pré-revolucionário e revolucionário eram tradicionalmente importantes na formação dada nos liceus. Mais do que à leitura de certos livros, devo, pois, muito de meu interesse pela história a esses professores.

Eu poderia ter optado por permanecer professor de história do liceu, o que nos anos 60 ainda era uma opção interessante e honrosa, e onde – diferentemente da violência de agora – os alunos eram calmos e menos numerosos. A ideia de me tornar historiador e de não ser somente professor de liceu se deveu novamente a meu encontro com professores; só que agora aos que conheci na Universidade de Paris e na École Normale.

Foi aí que conheceu Labrousse e Braudel? Foram eles seus principais mentores?

Antes deles, dois outros personagens, Pierre Goubert e Jacques Le Goff, foram muito importantes para mim. Eles eram ainda muito jovens, não tinham, obviamente, a reputação de hoje, mas já se percebia o quanto eram inovadores. Le Goff, por exemplo, ainda não estava na École des Hautes Études, mas era assistente da Universidade de Lille. Eles vinham dar cursos na École Normale e eram representantes do que habitualmente chamamos hoje de Escola dos *Annales*, mas que naquela época não era designada assim. De fato, a Escola dos *Annales* não é uma realidade, mas sim uma fabricação dos anos 80. Havia, certamente, um movimento ao redor da revista, porém, não era uma escola; ou seja, não havia uma vontade de definir objetivos muito precisos, mas, ao contrário, uma grande abertura, sendo a principal a abertura para as ciências sociais. Ora, tal abertura era muito diferente da que caracterizava os estudos históricos que se faziam a essa época na Sorbonne, onde havia grandes mestres representativos da tradição erudita, letrada, positiva, como a de Pierre Renouvin. Lembro-me de ter feito cursos que achava totalmente cansativos, tediosos, irritantes até, como de Roland Mousnier, por exemplo. E digo entediantes e irritantes porque, apesar de todo o saber que tinham, eles queriam ser ideologicamente provocantes, como querendo dizer: "Não sou marxista e, por conseguinte, vou demonstrar a tese contrária". Apesar de nunca ter me filiado a uma ideologia totalmente científica como a do materialismo dialético (ao contrário de muitos outros colegas de minha idade ou um pouco mais velhos, como François Furet e Emmanuel Le Roy Ladurie), a atitude desses professores me irritava. Acho que havia escapado do materialismo dialético um pouco por causa da minha tradição familiar católica, da qual também queria fugir. E

As muitas faces da história

pensava que filiar-me ao marxismo era como deixar uma igreja para entrar em outra!

Minha ligação com Labrousse se deu em 1958, no momento em que tive que me decidir pelo campo cronológico, campo de estudo e problemática que deveria desenvolver no que hoje chamamos *maîtrise*, e na época chamávamos de "diploma de estudo superior". Foi então que Goubert me disse que deveria trabalhar com Labrousse. Àquela época Labrousse estava desenvolvendo um grande estudo sobre a burguesia ocidental e tinha a ideia de fazer que os jovens estudantes se debruçassem sobre as imensas fontes que se encontravam no que Pierre Goubert chamava de *les archives dormantes* (os arquivos adormecidos). Sua ambição principal era encontrar uma explicação econômica e social para as grandes rupturas, como os fenômenos revolucionários de 1789, de 1848 e da Comuna de Paris de 1871. Foi assim que ele me propôs trabalhar nos arquivos notariais parisienses sob a tutelagem mais direta de Furet, que foi quem me ensinou a ler Tocqueville e Marx. Até então ninguém me havia dito para lê-los! Minha relação com Labrousse, propriamente, era bem distante, e eu o via raramente. Um outro mundo, muito diferente do de hoje, quando os alunos não hesitam em me telefonar à meia-noite para falar sobre o problema com o *hard disk* ou com o *mouse* de seu Macintosh....

Quanto a Braudel, não o conheci tão cedo. Ele estava num outro mundo, um tanto distante das Écoles Normales e da Sorbonne onde eu transitava. Pertencia à 6ª Seção da École Pratique des Hautes Études – que iria se transformar na École des Hautes Études en Sciences Sociales só nos anos 70 – que era, naquela época, um pequeno estabelecimento onde se desenvolviam alguns seminários, como os de Labrousse e do próprio Braudel, dos quais, no entanto, nunca participei. Descobri Braudel primeiramente pela leitura da primeira edição de *O mediterrâneo e o mundo mediterrâneo na época de Felipe II* (1949) e, mais tarde, por suas contribuições para a revista dos *Annales,* muito importantes por causa de uma circulação mais acessível. Só vim a conhecê-lo pessoalmente bem mais tarde, no fim dos anos 60 ou início dos 70. Sua influência sobre mim foi, pois, puramente indireta e intelectual, não pessoal. Acredito, no entanto, poder dizer que, se ele não tivesse escrito o que escreveu, eu não teria feito o que fiz.

Como parisiense e observador-participante dos famosos eventos de maio de 1968, poderia dizer que impacto eles tiveram sobre o senhor naquela ocasião? E qual a importância desses eventos examinando-os em retrospecto? Diria que afetaram sua visão de história e, particularmente, da história da Revolução Francesa?

Devo confessar que tudo aquilo nos pegou de surpresa. Nessa época eu já era um *"maître de conferences"* ou "professor associado" da École Normale e, aparte alguns alunos militantes, trotskistas, maoístas e outros terceiro-mundistas, eles eram relativamente distantes do engajamento político que muitos de nós, professores, tínhamos. No meu caso, por exemplo, pertencia ao que se chama de Sindicato Nacional do Ensino Superior, o SNES, participava de suas manifestações, fazendo as exigências que outros faziam, sem me dar conta de qual poderiam ser, a longo prazo, as consequências de nossos brados. Desempenhei, também, um papel um pouco mais preciso quando o sindicato me pediu que cuidasse da Sorbonne quando ela foi tomada; que me responsabilizasse pela direção desse estabelecimento, que cuidasse da manutenção de seu prédio. Foi assim que, durante os meses de maio e junho de 1968, fui o principal responsável sindical pela ocupação da Sorbonne! Esse foi, sem dúvida, um papel bem desagradável, do qual não tenho boas memórias, pois logo fui chamado de "o Beria da Sorbonne".[5] Essa era, fundamentalmente, uma função noturna porque durante o dia a ocupação tinha a forma de grandes discussões e de manifestações bem visíveis; mas à noite havia manifestações violentas e eu tinha que evitar que elas se degenerassem em algo dramático, quer para os indivíduos quer para os prédios, instalações, bibliotecas etc. Como podem imaginar, esse foi um papel muito difícil de exercer, o de salvar a Sorbonne... e que me valeu a Légion d'Honneur!

---

5 Lavrenti Pavlovitch Béria (1899-1953), chefe da polícia secreta soviética durante o governo de Stalin.

As muitas faces da história

Quanto a saber minha opinião sobre a importância desses eventos, diria que minha atitude em relação a Maio de 68 não é a mesma daqueles que passaram por esses eventos só discursando. Lembro-me de Michel de Certeau ter dito: "A palavra foi tomada". No meu caso, não tomei a palavra, mas sim tentei evitar que as pessoas se drogassem nos subterrâneos da Sorbonne, que os estudantes fossem violentados etc. Enfim, tenho desses acontecimentos uma visão noturna, negra, que, em relação à utopia, tem a vantagem de chegar mais perto da realidade das coisas, e, em particular, a de ver a transformação dos indivíduos quando eles se tornam muito a sério como líderes políticos ou coisa semelhante. Para mim, que não era tentado a exercer atividade política, foi uma experiência histórica interessante sobre a maneira como um acontecimento como esse pode usar as pessoas e contribuir para transformá-las, e nem sempre num bom sentido.

Diria, pois, que minha concepção da história, propriamente dita, não foi profundamente marcada por essa experiência. O que ela fez foi me ensinar a relativizar um certo número de coisas, como, por exemplo, os grandes eventos da Revolução Francesa. Quando não se pode dormir durante dois meses, como foi o caso do Comité de Salut Public, acaba-se ficando muito nervoso... O que esses acontecimentos também revelaram foi a dificuldade de ocorrer mudanças na universidade francesa e, mais particularmente, nos estudos históricos dentro dela. Havíamos acreditado, inicialmente, que a universidade iria se tornar mais democrática, mas, na realidade, as coisas foram deslocadas, mas não verdadeiramente mudadas. Houve uma série de transformações um pouco ilusórias que, na verdade, impediu que a instituição universitária francesa enfrentasse diretamente o principal problema, que era o da vontade de toda a sociedade, tanto dos da direita como dos da esquerda: criar uma universidade verdadeiramente democrática. Acreditávamos que ela havia nascido em 68, mas a antiga instituição permanece lá, mais ou menos intocada, juntamente com seus prédios e instalações. O trigésimo aniversário desses eventos, em 1998, parece confirmar isso, pois os estudantes universitários estiveram muito pouco presentes nas comemorações.

O senhor pertence à geração que ainda escreveu um enorme Doctorat d'État. O que o fez escolher as academias provinciais francesas do século XVIII como tema de seu doutorado? Estava tentando enfrentar o desafio proposto por Daniel Mornet sobre as origens intelectuais da Revolução Francesa?

Diria que foi o resultado de uma mistura de acaso e de encontros intelectuais. Acho que é quase sempre por acaso que se descobre o que ainda resta a ser feito. Falando primeiramente do acaso da escolha, quando era ainda professor do liceu em Châlons-sur-Marne, Labrousse me disse: "Roche, a era das monografias terminou e... sobretudo, não estude o campo!". Ele queria dizer que as grandes teses, que, até então, tinham sido regionais, não podiam se repetir indefinidamente. E que, por uma questão de praticidade, era mais fácil encontrar fontes sobre as cidades do que sobre o campo. Convencido a seguir seu conselho, eu não tinha, entretanto, descoberto um tema de trabalho. No entanto, ao ser recrutado, pouco depois, para o ensino superior, tinha obrigatoriamente que escrever o Doctorat d'État. Inicialmente me propus a escrever sobre a nobreza siciliana dos séculos XVIII e XIX, e isso porque minha mulher havia traduzido *O leopardo*[6] para o francês, o que me deu a ideia de tentar entender suas origens trabalhando sobre a Sicília. Para isso, havia a necessidade de encontrar fundos para a pesquisa na Itália, o que não consegui. Lembro-me de ter me aproximado do italiano Ruggiero Romano – figura muito importante para os estudos latino-americanos e braço direito de Braudel para os assuntos italianos – a fim de lhe falar sobre meu projeto. Ele me recebeu amavelmente, me escutou, e, ao final, lhe perguntei: "Como poderia ir para a Sicília?", querendo, evidentemente, saber como conseguir uma bolsa de estudos ou algum tipo de auxílio. Ao que ele me respondeu: "Você toma o avião!".

---

6 Obra de Giuseppe Tomasi de Lampedusa (1896-1957), aristocrata siciliano que ficou famoso, após sua morte, com a publicação do romance *O leopardo* em 1958.

As muitas faces da história

Foi então que resolvi me voltar para um campo de estudo que se situasse entre a história do Antigo Regime e a da Revolução. Pensei em desenvolver um estudo sobre o papel social e político dos príncipes de sangue, tanto no Antigo Regime quanto na Revolução, seguindo algumas famílias nobres desde a corte de Luís XIV até seus exílios forçados. Comecei a trabalhar sobre isso nos arquivos de Chantilly e na British Library, mas as dificuldades da pesquisa – que envolviam uma massa de arquivos – eram imensas. Em Chantilly, por exemplo, os arquivos só eram abertos quatro horas por dia e nem todos os dias da semana. Lembro-me de ter procurado Marcel Reinhard – especialista da história da Revolução Francesa, para quem Labrousse havia me transferido – querendo que ele apoiasse minha candidatura ao Conseil Nationale de Recherche Scientifique (CNRS), o que me daria três ou quatro anos de pesquisa para terminar o trabalho. Ao que ele me respondeu que era impossível, que eu era muito jovem para isso e que, de qualquer modo, não devia me esquecer da seguinte regra: "Não se trata de adaptar o pesquisador à pesquisa, e sim de fazer a pesquisa se adaptar ao pesquisador". Ainda hoje acho que essa é uma fórmula que se deve ter bem em mente. Foi o que me fez, então, mudar de tema, pois havia encontrado alguns *dossiers* da Academia de Chalôn-sur-Marne, quando ensinara no liceu de lá, pouco tempo antes, e pudera perceber que era muito fácil trabalhar nos arquivos departamentais. Fui estimulado por Furet a continuar nessa rota, que confirmou minha suspeita de que a sociabilidade intelectual era um bom tema, havendo muito de novo a ser feito nesse campo. Foi assim que acabei sendo orientado por Alphonse Dupront, que era um mestre nada exigente nas suas relações professorais. Durante quatorze anos creio que só o vi umas três vezes, o que tornou sua orientação muito agradável! Ele simplesmente me perguntava: "Está trabalhando?", e eu dizia: "Sim, estou avançando", o que realmente fiz, percorrendo todo o país e estudando as academias de noventa departamentos franceses.

O objetivo de sua tese era fazer uma história dos intelectuais? Não diria, entretanto, que tal termo é anacrônico e que não se pode fazer a história dos intelectuais antes da época de Dreyfus?[7]

Concordo que esse termo não existe com a conotação de esquerda e de engajamento que vai ter a partir de 1900, mas acho que o objetivo de minha tese se inscrevia no que se poderia chamar de uma sociologia da difusão das Luzes. Mais do que uma história dos intelectuais do Iluminismo, ela procurava compreender quais haviam sido os limites da difusão daquelas grandes ideias, tal como haviam sido estudadas por meus predecessores, quer na perspectiva da história da filosofia ou das ideias, no estilo de Paul Hazard, quer na perspectiva das origens intelectuais da Revolução Francesa *à la* Daniel Mornet.

Seria justo descrever o método de sua tese como um exemplo do que Pierre Chaunu descreveu como "a história serial do terceiro nível"; em outras palavras, como história quantitativa aplicada à superestrutura, à cultura?

O que eu tentava exatamente fazer era um encontro entre as ciências humanas e a sociologia, admitindo a possibilidade de os modelos de estudo estatístico poderem ser transferidos. Sou daqueles que consideram que os estudos estatísticos só oferecem obstáculos para os que só querem enxergar obstáculos. A meu ver, o que se deve lamentar é que não se saiba fazer mais estatística, ou que não se possa fazer estatística sobre todas as coisas. É dessa perspectiva que deve ser visto esse tipo de estudos, e Labrousse ficou fascinado com suas possibilidades. Todas vez que o encontrava ele me perguntava: "Você vai, finalmente, nos mostrar que a

---

7 Alfred Dreyfus (1859-1935), judeu, oficial do exército francês, acusado de fazer espionagem para os alemães, e cuja condenação dividiu profundamente o mundo político e intelectual francês. Foi a partir de "J'accuse!" – carta aberta de Émile Zola ao presidente da República francesa, publicada no diário *L'Aurore Littéraire, Artistique, Sociale* em 13 de janeiro de 1898 – que o termo *"intellectuels"* emergiu para designar tanto um grupo como uma noção (Cf. C. Charle. *Naissance des intellectuels 1880-1900*. Paris: Minuit, 1990).

burguesia fez o Iluminismo?". E, infelizmente, cada vez que o via era obrigado a lhe dizer: "Não foi a burguesia que fez o Iluminismo, e certamente também não foi ela que o consumiu". Tal resultado não é nada irrelevante, pois penso que mudou o modo como se encaram as Luzes. A partir do que agora se sabe sobre as academias de província, não se pode mais dizer que o Iluminismo era o que se fazia em Paris e através dos grandes nomes, como Voltaire, Montesquieu ou Rousseau. O Iluminismo é algo muito mais vasto e complicado, que exige que se interrogue sobre suas relações mais complexas com o restante da sociedade e de seus valores. Assim, diria que minha tese pode ser vista como se encaixando entre dois modelos: de um lado, o modelo puramente marxista de explicação, baseado em classes sociais, e, de outro, o modelo puramente ideal, onde as ideias funcionam por si mesmas, relacionando-se só internamente umas com outras.

Após o estudo da cultura de elite o senhor se voltou para a cultura popular com Le peuple de Paris. *O que o fez mudar de direção? Estava seguindo as novas tendências historiográficas da história urbana e da história da cultura popular?*

Bem, isso nos leva a 1980, quando eu já me tornara professor da universidade, o que muda muito as condições de trabalho. Eram seis horas de curso por semana, mais o CNRS, a École des Hautes Études, enfim, era preciso preparar muita coisa e ainda fazer que os alunos trabalhassem. Ora, uma questão de política imediata era como interessar os alunos de uma universidade (a Paris VII) onde os alunos recrutados eram, em grande parte, de esquerda, em razão das origens dessa universidade. Ali havia pessoas como Le Roy Ladurie, Denis Richet, Michelle Perrot, Jean Chesneaux, e uma quantidade de outras bem mais à esquerda do que eu. Para interessar esses grupos de estudantes que só acreditavam na realização de uma revolução imediata, ocorreu-me fazê-los compreender a ideia de povo, de cultura popular, de massas operárias, e coisas do gênero. Em parte, isso significava para mim um retorno à história social labroussiana e à história de Paris, pois tratava-se de fazê-los trabalhar nos arquivos parisienses. O objetivo central era compreender o que era esse mundo que não estava integrado pela posse do capital econômico ou cultural. Tratava-se de tentar compreender se esta grande parte da população da maior cidade da França era, em algum grau, beneficiária das transformações econômicas do século XVIII, ou se ela havia se empobrecido, vítima das transformações econômicas. Daí a utilização sistemática de arquivos notariais para tentar compreender, através do consumo de todo tipo, tanto material quanto intelectual, a originalidade desse meio. Isso não envolvia uma definição limitada de cultura popular, uma definição *a priori* por categorias sociais, mas, sim, uma definição bem aberta, onde havia espaço para o que qualifiquei de apropriação. Aliás, creio que fui um dos primeiros a falar em apropriação.

Quanto à história urbana, esse é um dos setores onde mais se avançou e em que houve muita reflexão, especialmente a partir das pesquisas de Jean-Claude Perrot e Marcel Roncayolo, com quem estava muito em contato. Na verdade, desde o fim dos anos 70, quando fui eleito para a cadeira de Pierre Goubert na Sorbonne, trabalhei permanentemente com Perrot. Durante 25 anos fizemos seminários juntos, e não sei dizer se ensinei muito a ele; eu, no entanto, certamente muito aprendi com ele, com nossos diálogos. Havia também um grupo de história urbana na Maison des Sciences de l'Homme ao qual ainda estou ligado, só que agora mais como uma espécie de ancestral.

Qual a sua opinião sobre a crítica de Chartier à história da cultura popular e à ênfase que dá aos usos e práticas, em vez de textos e outros objetos?

Talvez vocês não saibam, mas Chartier foi um dos meus alunos na École Normale e trabalhou comigo até o início dos anos 80. Sua *maîtrise* sobre a Academia de Lyon, ele a desenvolveu comigo e foi a partir daí que começou a estudar a história do livro. Na questão da cultura popular, seu alvo era a concepção exposta por Robert Mandrou em seu estudo sobre a Bibliotheque Bleue,[8] onde, a

---

8 Bibliotheque Bleue era uma coleção de textos franceses impressos dirigidos a um público amplo, especialmente no século XVIII.

partir de uma análise um tanto rápida, ele extrai uma definição de cultura popular extremamente limitada. O debate de Chartier nasceu daí, da questão de saber se se podia derivar uma definição tão precisa tendo como base unicamente aquelas representações e não todo um conjunto de práticas. Em relação a esse debate, um leitor atento verá que os parisienses de *Le peuple de Paris* acrescentaram muitos elementos relevantes.

Sua mudança de tópico parece ter sido acompanhada por uma mudança de método, tendo ganho grande peso em suas obras o trabalho de equipe. Poderia falar sobre isso mais longamente?

Há mais do que um modo de se conceber o trabalho coletivo na historiografia dos anos 1960 a 1980. Um deles é o que predominava nas instituições como a École des Hautes Études ou o CNRS – de que participei algumas vezes como ator, outras como conselheiro –, onde se reúnem professores e pesquisadores trabalhando sobre temas afins, o que pode, eventualmente, resultar em publicações importantes, como foi *Livre et société*, sob a direção de Furet. Foi essa publicação que acabou determinando a decolagem da história do livro e uma reorientação da história da leitura, da história da alfabetização etc. Outro tipo de trabalho coletivo – e nisso penso que fui pioneiro – é aquele em que o professor mobiliza alunos para trabalhar sobre temas comuns e, em conjunto com eles, decide visitas aos arquivos, define os protocolos de análise de documentos, determina o que vão fazer e, finalmente, reúne tudo. O professor, nesse caso, funciona como um arquiteto, um organizador, ou, se quiser, um mestre de obras que organiza e publica os resultados. No meu entender, nesse tipo de trabalho todo mundo ganha, tanto os alunos como o professor, que muito aprende com esse contato. Na maioria dos livros que publiquei há uma longa lista de estudantes, mostrando que eu não poderia ter escrito, por exemplo, *Le peuple de Paris* ou *La culture des apparences,* sem sua cooperação. Teria certamente levado uns quinze anos para escrever *Le peuple de Paris* se não contasse com a colaboração de uma dezena de estudantes.

La culture des apparences, *onde revela que o estudo da indumentária não é nada superficial, representa uma nova direção em seus estudos ou é a continuação de seus trabalhos sobre cultura material?*

Esse livro está diretamente ligado ao primeiro resultado de *Le peuple de Paris*, pois da análise do consumo popular, o fenômeno que se destacou como o que mais se transformou no século XVIII foi o das despesas com vestimenta. Quando se leva em conta o resultado desse consumo (pois o que a documentação revela não é propriamente o consumo), é esse o setor que mais se modificou, ocupando o lugar mais importante na lista dos bens possuídos. Devo aqui lembrar que essa questão, que me foi colocada pela própria documentação estudada, se inspirava também nas preocupações de estudiosos do consumo inglês, como Plumb, McKendrick e Brewer.[9] Foi, assim, desse encontro do consumo inglês com a documentação francesa, que me veio a ideia de reconstituir um fenômeno global, um "fato social global", como dizia Marcel Mauss, e de tirar daí todas as implicações possíveis. É, portanto, um trabalho sobre a cultura material, mas uma cultura material que não se pode ler unicamente a partir da descrição dos objetos. É necessário colocá-la num sistema mais amplo e, em particular, relacioná-la ao modo como os contemporâneos refletiam sobre os fenômenos do consumo (especialmente o consumo de roupas), do luxo ou da moda. Trata-se, portanto, de uma história da cultura material que tem também uma ambição intelectual, que tem, na verdade, a preocupação de não separar esses dois domínios. Para mim, isso é muito necessário. Por trás da indumentária acho que se pode efetivamente encontrar estruturas mentais, mas que não são o produto direto das estruturas sociais. Gostaria que meu trabalho fosse entendido como um esforço de compreensão das diferentes atitudes para com a indumentária, com a aparência; e não como um esforço para demonstrar que as classes populares consumiam mais *robes à la française* do que

---

9 Jack Plumb, Neil McKendrick e John Brewer são especialistas do século XVIII inglês e autores do livro *The Birth of Consumer Society* (1982).

manteaux, como foi o caso de uma historiadora americana que não percebeu nada do que eu quis dizer. Segundo ela, o que constatei não passava de uma transformação semântica porque efetivamente *manteau* é o mesmo que *robe*!

Nesse mesmo livro o senhor defendeu uma ideia bastante ousada quando colocou lado a lado "liberté, égalité et frivolité". Poderia dar uma breve ideia de como a moda no século XVIII, e especialmente a moda feminina, teve um efeito liberador e igualador?

Ao estudar a cultura das aparências tentando recuperar a história das roupas e relacioná-la com mudanças socioculturais, eu queria, na verdade, compreender um funcionamento social geral do consumo, e não somente o consumo feminino. Se quisesse obter sucesso nos Estados Unidos, teria me ligado claramente à história do gênero, à história das mulheres, o que não fiz. Ao contrário disso, deixei tudo meio à francesa, de um modo republicano-universalista, totalmente criticável como uma linguagem politicamente incorreta. Mas estou pronto a admitir que as mulheres foram as pioneiras nesse tipo de consumo no início do século XVIII e continuaram a ser pioneiras no fim do século, impulsionando todo um movimento econômico e toda uma transformação pela aquisição de novos hábitos, transformação essa que se abriu para novos tipos de liberdade. Nos trinta anos que precederam a Revolução Francesa há feministas e toda uma imprensa feminista a estimular novas reivindicações e a instar as mulheres a lerem e a se ligarem à classe culta. Ao lhes propor novas modas e novos objetos, propunham-lhes, ao mesmo tempo, novas leituras e todo um conjunto de novas ideias. Daí, então, essa junção que vejo entre igualdade, fraternidade e frivolidade.

Considerando aquilo que o senhor chama de "revolução nas roupas" foi uma revolução feita especialmente pelas mulheres e com o apoio da imprensa feminina, não diria que, por conseguinte, o papel das mulheres no Iluminismo e na Revolução deve ser reconsiderado?

Sem dúvida, pois seria um modo de verificar a hipótese de que as coisas materiais e as coisas intelectuais são inseparáveis, e que se devem considerar ambas em interação. Seria também uma maneira de compreender as organizações mais antigas. Não podemos imaginar que as mulheres da Revolução Francesa tenham nascido do nada, ou que tenham surgido do peso dos acontecimentos. Elas foram, sem dúvida, o resultado dessa série de mudanças da cultura material e de uma longa transformação das relações materiais no interior da família, como mostrou, por exemplo, Arlette Farge. Estudar o papel das mulheres no Iluminismo é algo muito mais amplo do que estudar o papel das mulheres nos conhecidos salões, o que é muito limitado. E mesmo os estudos sobre esse pequeno círculo de mulheres somente escolhem aquelas *salonieres* com uma certa pretensão intelectual, deixando de lado a maioria delas que, nos salões, só tinham a pretensão de circular o chá e o chocolate.

O senhor editou, com Robert Darnton, um livro intitulado Revolução impressa. A imprensa na França 1775-1800, *em que se argumenta que sem a imprensa os revolucionários poderiam ter tomado a Bastilha, mas não derrubado o Antigo Regime. O que foi mais importante para o solapamento da velha ordem: a "revolução da imprensa" ou a "revolução nas roupas"?*

Para certas coisas foi, seguramente, a imprensa, mas a transformação no consumo de roupas também afetou profundamente outras coisas. Acredito firmemente que, quando levamos em conta essa transformação, nossas perspectivas se ampliam sensivelmente. O trabalho que fiz com Bob Darnton tinha o objetivo de refletir sobre o que tornou possível o grande acesso aos impressos na sociedade francesa. Bob tem, a respeito disso, uma teoria bem precisa. Para ele, foi um tipo específico de literatura – a que ele chama de pornografia política – que está na origem da dessacralização da imagem do poder real. Foi essa literatura a principal responsável, segundo ele, pela transformação das relações da sociedade com a autoridade e, mais especificamente, com a autoridade sagrada do rei. Creio que, como em toda teoria desse gênero, existe um lado de verdade nisso, mas, para mim, assim como para Chartier, o problema é saber como é que isso pôde acontecer, como esses escritos conquistaram o povo e puderam transformar seus sentimentos, suas almas e suas ideias. Em outras palavras, a questão principal, no meu entender, é saber se essa literatura foi eficaz porque encontrou um terreno já pronto para se transformar. A tese de Darnton pode ainda conservar sua força, mas dentro de um quadro mais amplo em que se discute o que tornou possível a apropriação de novas ideias pelas diferentes categorias sociais. É aí que as transformações da cultura material, a "revolução nas roupas" adquirem sua importância. Eu a vejo funcionar como o que chamo de "os fatos do *robe de chambre* de Diderot". Como talvez se lembrem, Diderot muda de *robe de chambre* e, daí em diante, tudo ao redor dele não mais se ajusta. Ele é, então, obrigado a mudar seus móveis, seus livros, suas gravuras, pois nada disso lhe agrada mais, pois caiu em desarmonia. Enfim, tudo tem que ser mudado por causa de seu novo *robe de chambre*. Cabe ao historiador, na minha opinião, tentar entender como surgem as rupturas, as possibilidades de ruptura, enfim, como todo um sistema se transforma pouco a pouco.

Em sua reflexão sobre a imprensa em geral, e sobre a imprensa periódica em particular, o senhor procura mostrar que a imprensa não só registra os acontecimentos, como pode criá-los, ou seja, pode ser um importante ingrediente dos acontecimentos que noticia. Poderia falar um pouco sobre as dificuldades do uso da mídia como fonte histórica?

Na verdade, seria mais honesto dizer que sou mais um historiador do livro e da difusão do livro do que propriamente um historiador da imprensa periódica. Tive, sim, alunos, como Caroline Rimbaud, que desenvolveram trabalhos sobre a imprensa feminista que vinham ao encontro de meu interesse sobre a moda, as roupas e os fenômenos do consumo material. Mas, de um modo geral, a imprensa me interessou porque a vi como um dos meios de transformação, de incitamento à transformação. No entanto, a utilização da imprensa como fonte histórica só aparentemente é algo fácil. Precisamos estar conscientes das ciladas que pode haver e de que é muito complicado compreender o contínuo ajustamento que existe entre as autoridades, os redatores e o público. No caso da imprensa francesa do século XVIII – diferentemente do inglês –, isso ainda se complica mais por conta da censura que havia.

Em 1997 o senhor publicou uma história das coisas banais em que explora a ideia de que houve uma revolução do consumo no século XVIII. O que o motivou a escrever tal livro?

Em parte, queria me distinguir da corrente muito em voga que se preocupa fundamentalmente com a vida cotidiana de uma maneira *événementielle,* pouco analítica, representada pela coleção de estudos históricos que adotou o atraente título de *Vie quotidienne.* Considerei que precisava reativar o espírito dos estudos de Fernand Braudel e a inspiração de Lucien Febvre e de Robert Mandrou (especialmente na sua *Introduction à la France moderne),* a fim de compreender a interação entre o mundo do consumo e dos consumidores, e escrever uma história do consumo que tentasse melhor captar aquela espécie de imbricação temporal que, segundo Braudel, existe entre os fenômenos de longa duração, de curta duração e o acontecimento. Queria, em outras palavras, analisar o lugar do objeto e dos artefatos na civilização ocidental, rompendo com a tradição que, desde Rousseau e Marx, concebe a relação das sociedades com as coisas por meio de uma perspectiva alienante. A história das coisas banais, um aspecto da cultura material, deve levar em conta as interrogações dos antropólogos e suas análises da objetivação-apropriação nas sociedades tradicionais. Ao mesmo tempo, não se pode negligenciar o aspecto cognitivo do processo de consumo. A oferta e a demanda supõem processos de informação, de acesso às escolhas, de recusas etc. Enfim, a história das coisas banais é a história da confrontação que se torna esclarecedora, pois no século XVIII a multiplicação das coisas interroga todo o mundo, toda a sociedade, toda a cultura.

Finalmente, em torno da história do consumo, eu tinha também uma preocupação, por assim dizer, mais teórica de tentar compreender o que torna possível a mudança no domínio material. Os trabalhos de Brewer, Plumb e McKendrick sobre o consumo inglês, que me serviram, evidentemente, de estímulo, mostraram

As muitas faces da história

que a anterioridade inglesa nesse setor se devia a um comércio colonial muito mais intenso do que havia na França. Aqui tivemos uma evolução mais interna, mais complicada. Os fisiocratas, por exemplo, são franceses e não ingleses. Há leitores fisiocratas, mas não teóricos fisiocratas ingleses.

O senhor concorda, então, com a ideia, já defendida no início do século XIX, de que para se entender a França do Iluminismo é primeiramente necessário estudar o pensamento e a cultura ingleses? E, ampliando a questão, é possível, a seu ver, entender a história da França ou de qualquer outro país sem compará-la com outros?

Concordo totalmente que é impossível compreender o que se passa na França e também na Inglaterra sem que se olhe para o que se passa ao seu lado. A dificuldade é que temos histórias nacionalizadas por conta de nossa formação e também por conta da maior facilidade de se trabalhar nos arquivos do próprio país. É por isso que a história comparativa nasceu no domínio da história das ideias. Podemos comparar textos muito mais facilmente, sem nos transferirmos de lugar; podemos ter acesso a toda a produção dos economistas escoceses aqui mesmo em Paris, por exemplo, sem que tenhamos que passar muito tempo no estrangeiro. No caso da França, há uma tradição da história comparativa que dá muito peso à anglomania francesa como um dos fatores de transformação, mas acredito que as coisas sejam bem mais complicadas do que essa explicação sugere. É preciso, no meu entender, estudar as trocas reais que houve no domínio das relações sociais, e não somente as trocas no domínio intelectual. Ainda precisamos saber muito sobre a sociabilidade, sobre quem os visitantes ingleses encontravam quando vinham à França, por exemplo. Sobre isso há ainda muita coisa a ser feita.

E o que acha da comparação do distante, à la Marc Bloch? Pode-se comparar a França, por exemplo, com o Japão, assim como se compara a França com a Inglaterra ou a Alemanha?

Isso me assusta um pouco. Não digo que comparações com a China ou o Japão não sejam instrutivas e interessantes, mas correm o risco de ser artificiais. A questão que se coloca é: será que podemos comparar tudo com tudo? No caso da história da nobreza, que Marc Bloch se propôs a trabalhar comparativamente, havia, por assim dizer, um mesmo modelo que poderia se aplicar tanto à nobreza japonesa quanto à nobreza alemã feudal dos séculos XIII e XIV. Mas confesso que, para uma quantidade de outras coisas, temo que se possa facilmente cair numa comparação artificial. O que estou tentando dizer é que, apesar de me parecer indispensável, a história comparativa apresenta dificuldades de procedimento que me parecem difíceis de se resolver com sabedoria.

Mas lembrando o que Jack Goody argumentou no seu livro The East and the West, *como se pode compreender a especificidade europeia sem sair da Europa?*

Evitando acreditar que temos o único modelo de civilização racional. Goody é primordialmente um antropólogo, e, como tal, acompanha um modelo de comportamento de longa duração, enquanto o historiador especializado num período não vai poder fazer exatamente a mesma coisa. Desenvolver estudos comparativos na Europa é de primordial importância, mas quando vejo a maneira como a European Science Foundation organiza seus programas – patrocinando colóquios e publicações, e não pesquisa –, percebo que não estamos avançando muito nessa direção. Eu entendo que consagrar muito dinheiro para fazer que pessoas se encontrem e discutam estudos que já fizeram não é uma fórmula boa ou produtiva. Seria melhor destinar menos dinheiro para pequenos grupos fazerem o mesmo tipo de pesquisa em dois ou três lugares comparáveis. Caso contrário, continuaremos a ter uma artificialidade constante de comparação. Poderemos saber algo sobre os leitores de 1750 em Göttingen e algo sobre os leitores franceses do mesmo ano, mas não teremos feito estudos da mesma maneira.

O senhor se refere a uma variedade de teóricos como Freud, Elias, Barthes etc. Como os seleciona e os combina?

As muitas faces da história

Não sou freudiano, não obstante saber que não se pode trabalhar sobre roupas sem se fazer um pouco de leitura psicanalítica, o que, no entanto, não é nada fácil. É de chorar quando se notam os absurdos que se fazem nesse domínio, falando de barbaridades como o "fetichismo das roupas" e coisas desse tipo. Já Elias me parece fundamental, e desde 1974 (quando seu livro sobre o processo civilizatório foi traduzido para o francês) recomendo a meus alunos que o leiam, apesar de se ter que estar muito consciente do contexto de suas reflexões. Por exemplo, ele era quase totalmente indiferente ao fenômeno econômico no seu estudo sobre a sociedade da corte. Não se trata de reprová-lo por isso, mas, sim, de estar consciente de que ele tentava explicar tudo pela necessidade política de hierarquização, não vendo as implicações político-econômicas. Quanto à utilização de teorias, não sou daqueles que a todo momento está a dizer coisas como "meu instrumental eu o encontrei em Elias", ou "é com o conceito de distinção que vou explicar o funcionamento da fabricação dos sapatos no bairro do Marais" etc. Todo esse tipo de coisa é meio irritante, a meu ver. Não é porque se cita Bourdieu, De Certeau ou Ricoeur que se vai resolver todos os problemas históricos. Além do mais, por que só citar esses e não outros, como, por exemplo, Simmel,[10] que é tão importante quanto Weber? Simplesmente porque, apesar de sua importância, ninguém o conhecia antes de ser traduzido para o francês.

Quando não nos filiamos a um modelo único e nos pomos a verificar as hipóteses explicativas confrontando-as com a documentação, a realidade, a leitura, e assim por diante, podemos ser qualificados de ecléticos teóricos. Ora, no meu entender, é de todo interesse que o historiador seja mesmo um eclético, o que é muito preferível a continuar dizendo, como se fazia, que a economia dita tudo, ou coisas assim. Não é um fato lamentável não se ter uma explicação global.

---

10 Georg Simmel (1858-1918), sociólogo alemão da mesma geração que Max Weber, autor de *Philosophie des Geldes* (1900).

O que diria do impacto de Foucault sobre os historiadores? Ele tem alguma especial relevância para o seu trabalho?

Cheguei a trabalhar com Foucault durante quinze dias nos arquivos do Arsenal, quando eu fazia uma pequisa para Furet sobre tudo o que concernia à censura. E Foucault estava no mesmo projeto, procurando tudo o que se referia a autores, e não sei bem o que mais. Lembro-me que íamos fumar nossos cigarros juntos nos intervalos, e ele me falava um pouco sobre sua mãe, seu pai, e um dia simplesmente desapareceu. E nunca mais o revi. Naquela época, 1960, ele ainda não era o grande Foucault, o teórico, o filósofo do *As palavras e as coisas*, que seria publicado mais tarde, assim como também seu trabalho mais histórico, *Vigiar e punir: o nascimento da prisão*. Na corporação de historiadores franceses sempre houve uma certa desconfiança para com o filósofo que se torna historiador, o que é algo nefasto, sem dúvida. Teria sido melhor entrar no jogo e dialogar com Foucault, em vez de simplesmente dizer que ele não tinha estudado os documentos. E alguns historiadores, como Michelle Perrot e Arlette Farge, por exemplo, entraram no jogo e se tornaram próximas dele. Comigo não se deu isso, nem sei por quê. Talvez pela realidade cotidiana, pelas coisas banais... E depois, houve aquele fenômeno da vedetização, promovido em parte pela mídia, que fez que ele se tornasse meio inacessível para quem não o conhecera antes muito bem. O sistema francês tem esse não sei quê de irritante, que faz que se exportem para os Estados Unidos nossas vedetes. As vedetes do cinema americano vêm para a França, enquanto nossas vedetes intelectuais vão para os Estados Unidos, onde são idolatradas! Esse é um fenômeno digno de ser estudado: por que pessoas como Barthes, Foucault, Michel Serres e René Girard[11] se transformam numa espécie de gurus nos Estados Unidos. E há questões mais concretas a se pensar, como, por exemplo, o que significa "prática descritiva"? Já li *As palavras e as coisas* várias vezes e sem-

---

11 Michel Serres (1930), filósofo da ciência francês, autor de *Le Passage du Nord-Ouest* (1980); René Girard (1923), pensador francês, mais conhecido por seu livro *A violência e o sagrado* (1974).

pre me pergunto qual é, afinal, o significado disso. O que acontece, então quando são traduzidas expressões como essa para o inglês ou português? Essa idolatria intelectual se explica, talvez, pela necessidade que as pessoas têm de se identificar com referências muito fortes, muito manifestas no espaço público.

Falemos agora sobre sua mudança do porão ao sótão, ou seja, da história social à cultural. O que diria seu mestre Labrousse sobre isso?

Penso que, apesar de escrever história cultural, continuo ainda um historiador social. Digo a Chartier que faço história sociocultural, enquanto ele me diz que faz história cultural-social. Na verdade, a questão é que renunciamos a explicar um nível pelo outro. Acredito que os historiadores possam se distinguir uns dos outros no seguinte: de um lado, há os que dão maior importância ao estudo das representações e da maneira como elas se constroem a partir dos textos e das práticas de difusão dos textos; e, de outro, há os que estudam como os grupos desenvolvem certos tipos de prática, de usos, de leituras, de hábitos de vestir etc. O procedimento, o caminho a ser seguido nesses dois casos, não é, evidentemente, o mesmo, mas o método não deixa de ser bastante equivalente, pois trata-se, em ambos, de um diálogo entre práticas e representações.

Qual o estado dos estudos históricos na França hoje? Diria que a história das mentalidades ainda está em alta?

Quem fez a história das mentalidades primeiro? Só conheço duas pessoas que verdadeiramente disseram que faziam história das mentalidades: Philippe Aries e Michel Vovelle. E foram eles que desenvolveram uma teoria bem distinta sobre esse tipo de história. Se se lê, por exemplo, o verbete de Georges Duby sobre esse tema na enciclopédia da Pleiade, percebe-se que Duby foi um historiador do imaginário, mais particularmente do imaginário político – ele escrevia história das representações coletivas a partir da sociedade medieval –, e não um historiador das mentalidades. Aries fazia, com grande talento, história das mentalidades de longa, muito longa duração, como a história da morte, por exemplo. E Michel Vovelle faz, de modo extremamente imaginativo, história das mentalidades de mais curta duração, muito importante, sem dúvida, mas que deixa em aberto uma série de perguntas sobre o funcionamento social. É por isso que eu prefiro dizer que faço história social da cultura, pois isso simplifica minhas próprias referências. Dito isso, penso que esses tipos de história que marcaram a produção francesa estão em vias de sofrer profundos golpes, pois as condições da produção de história na França estão mudando drasticamente. De um lado, suprimiu-se o doctorat d'État e, de outro, o trabalho em biblioteca está se tornando cada vez mais difícil. Vejam, por exemplo, a verdadeira catástrofe nacional que é a nova Bibliothèque Nationale. É terrível, alarmante mesmo, aquilo a que estamos assistindo! Mais alarmante ainda é o custo da operação, pois para que a biblioteca possa funcionar ela precisa de um orçamento astronômico. Mais de sessenta anos foram perdidos nessa loucura. Vão ser precisos muito tempo e enorme soma de dinheiro para que tudo passe a funcionar dentro de uma certa normalidade. Por volta do ano 2050, talvez, tudo estará perfeito!

Está na hora de surgir uma nova história política, ou acha que esse tipo de história é desnecessário?

Creio que na França sempre se faz um pouco de teatro quando se analisa a historiografia, dizendo, por exemplo, que a "Escola" dos *Annales* não fazia história política. Pois, na verdade, uma das preocupações de Braudel nos primeiros grupos dos *Annales* era ter pessoas que faziam, sim, história política. Marc Bloch não só escrevia história política, como também dava cursos de história política. Atualmente, tanto na École des Hautes Études quanto nas universidades, há pessoas tentando escrever uma outra história política, seguindo o modelo americano de estudar as instituições a partir da história dos rituais ou das festas. Eu mesmo, apesar de não ter escrito história política, orientei trabalhos muito bons nesse campo. Assim, digo com confiança que a história política nunca desapareceu da França. A maioria, é verdade, era escrita segundo critérios bem tradicionais, tratando da história das instituições, das ideias e dos políticos. E mais, diria também que a história política no sentido tradicional jamais desapareceu do ensino francês, o que é até necessário a meu ver. Pois como, por exemplo, podem se formar alunos na história europeia do século XVIII sem que se comece por tratar das instituições políticas como a monarquia francesa, a monarquia parlamentar inglesa, o império etc. O que penso é que não foram escritas boas obras sobre essas coisas, o que seria importante. Tenho certeza de que ainda aparecerão, mas não serei eu a escrevê-las. Já estou, por assim dizer, no crepúsculo... e, além disso, não podemos estar preparados para tudo!

Como compararia o seu trabalho com os de Roger Chartier e Robert Darnton, historiadores da cultura que tratam de tópicos semelhantes aos seus?

Temos muitos problemas em comum: a história do impresso, do espaço público, da república das letras etc. Mas nos distinguimos no modo de tratá-los. Nem sempre fazemos as mesmas escolhas e também diferimos em nossas especializações. Por exemplo, meu livro *La France des Lumieres* – que na França foi um fracasso, mas que foi tão bem recebido nos Estados Unidos a ponto de quase me virar a cabeça, se ela não fosse muito sólida! – foi uma tentativa diferente, uma tentativa global, diria, de responder a questões comuns. Chartier está cada vez mais se voltando unicamente para os textos. Agora, por exemplo, ele está às voltas com Shakespeare, fazendo um trabalho admirável. Sua escolha foi não enfrentar o trabalho em arquivos e dedicar sua pesquisa à história das representações a partir dos usos do livro e da leitura. E nesse trabalho ele é o que já descrevemos antes, um eclético, pois não tem um mestre ou uma teoria a lhe dar as diretrizes. Há, sim, teóricos que adquirem maior ou menor peso no seu sistema explicativo, à medida que desenvolve seu trabalho. Atualmente, por exemplo, Foucault está lhe servindo para ler a evolução da figura do intelectual desde o século XVIII até hoje.

Já Bob não sei no que está trabalhando agora, mas seu interesse nas ciências sociais, especialmente na antropologia, é bem acentuado; na verdade, ele é o produto de uma certa relação da história com a antropologia, especialmente a antropologia de

Clifford Geertz. Pessoalmente, estou convencido do interesse desse relacionamento, mas não vejo muito bem como colocá-lo em prática como historiador. Não podemos fazer exatamente no domínio histórico o que Geertz faz como etnólogo, pois ele pode efetivamente ir ao seu terreno e ver como as coisas se organizam. Sei que Geertz inspira muitos historiadores da micro-história e essa corrente se percebe também nos trabalhos de Bob.

No seu entender, os trabalhos mais inovadores em história são obra de pesquisadores que enfrentam os arquivos munidos previamente de perguntas imaginativas, ou são os arquivos que sugerem as questões?

Em primeiro lugar, gostaria de dizer que não acho que se deva necessariamente opor as pessoas que trabalham nos arquivos às que trabalham com outro tipo de documentação. É uma questão de gosto, que uns gostam e outros não. Há também aqueles que são literalmente alérgicos, que não param de espirrar. E a poeira que pode haver num arquivo de papéis do Parlamento de Paris do século XVIII é inacreditável! Coisas que não foram mexidas em mais de duzentos anos! Mas não se pode esquecer que livros ou imagens, por exemplo, são outras formas de arquivo. E que coisas como monumentos, construções, paisagens ou quaisquer outras podem, de fato, ser fontes significativas. Mas a questão que me colocaram é saber se o terreno sobre o qual o historiador trabalha levanta as questões e as esclarece mais ou menos por si mesmo ou, ao contrário, se cabe fundamentalmente ao historiador aventar hipóteses, propor problemas às fontes e solucioná-los. Vejo a questão da seguinte maneira: a imaginação diante dos arquivos é muito importante, pois é preciso ter faro para lidar com os documentos. Como no caso da gastronomia, a história é também um campo em que se necessita de intuição. O problema, então, é: como desenvolver essa intuição? O único meio é frequentando os arquivos! A questão é mais ou menos como Ginzburg descreveu no seu belo artigo sobre sinais. Como num quebra-cabeça ou jogo de paciência, intuição, faro e pistas entram na tentativa de reconstituição de outras pistas, e assim por diante.

Que conselho daria aos jovens historiadores que estão iniciando a carreira?

Leiam muito, muito mesmo, e de tudo. Literatura, filosofia, literatura científica, se possível; tudo, enfim, que possam imaginar. Estejam atentos a tudo o que se faz na sociedade atual para poderem avaliar a importância de estudar as sociedades do passado de um modo bastante abrangente. E, finalmente, sejam modestos!

Que tipo de contribuição o historiador pode dar ao mundo atual?

Não penso que tenhamos alguma lição a dar e não acredito que esse seja o papel do historiador. Muito dificilmente o historiador tem algum papel na direção política e espiritual da sociedade. Nosso papel, qualquer que seja o tipo de história que façamos, pode simplesmente ser o de fornecer exemplos de reflexão crítica. O que quero dizer é que cabe ao historiador, no meu entender, mostrar que as coisas são sempre muito mais complicadas do que se pensa. O nacionalismo, por exemplo, é inegavelmente uma das coisas mais odiosas que existem. Pois, para quem quiser ler, há muita coisa boa escrita sobre esse fenômeno desde 1871.

O senhor acabou de ser eleito para o prestigioso College de France. Poderia falar um pouco sobre a importância dessa instituição para a cultura francesa, em geral, e para os intelectuais franceses, em particular?

Há uma espécie de mitologia do College de France, porque seguramente aí estiveram figuras notáveis com as quais poucas pessoas podem se identificar. Quando estive na Alemanha há pouco tempo, alguém me disse: "Então, você é o sucessor de Michelet!". Esse comentário me fez ficar vermelho de vergonha. O College realmente reuniu figuras intelectuais importantes dos séculos XIX e XX, como Michelet, Renan[12] e uma quantidade de grandes cientistas. Quando se recruta o Prêmio Nobel de Física

---

12 Ernest Renan (1832-1892), historiador francês da religião, mais conhecido por seu *A vida de Jesus:* origens do cristianismo (1863).

Nuclear, como aconteceu dois anos atrás, a instituição ganha, evidentemente, uma visibilidade muito grande. Mas também fizeram parte de seu quadro indivíduos bem menos conhecidos, que ninguém hoje reconheceria, se fossem mencionados. É, pois, uma instituição bastante complicada, que tem a grande vantagem de dar aos membros que elege grande liberdade e boas condições de trabalho, além de propiciar a manutenção e o desenvolvimento de certas disciplinas que não têm muito apoio nas universidades. Tal é o caso, por exemplo, da paleografia, da assiriologia, da arqueologia mesopotâmica etc.

Quanto ao recrutamento, no caso das ciências o critério é muito claro e preciso, pois são escolhidas pessoas de reconhecida autoridade na comunidade científica internacional. Mas, no campo das ciências humanas, a coisa se complica, pois, o que é, afinal de contas, uma descoberta em história? O que equivale a uma descoberta no campo das ciências humanas? Há, sem dúvida, figuras de grande força inspiradora que contribuíram significativamente para a reflexão filosófica, como Foucault, por exemplo, ou outros como Duby e Le Roy Ladurie, que tiveram um papel significativo na paisagem intelectual. Mas nem todos os recrutados têm a mesma força. Eu, pelo menos, não tenho a pretensão de me identificar com essas estátuas! Entendo minha eleição para o College de France como o reconhecimento do meu papel no desenvolvimento dos trabalhos coletivos que tenho feito ao longo dos anos com os alunos universitários.

Poderia nos dizer alguma coisa sobre seu próximo livro?

Um livro, também coletivo, que vai sair no ano que vem é o que leva o título de *La ville promise,* em que estudo o fenômeno da atração da vida parisiense por diferentes parâmetros: como funcionava, como foi gerada pela polícia, pela população etc. Nele, adoto basicamente a perspectiva de Felicity Heal,[13] uma historiadora inglesa que escreveu um livro muito bonito sobre isso,

---

13 Felicity Heal. *Hospitality in Early Modern England.* Oxford: Clarendon Press, 1990.

tratando do tema no âmbito inglês. Retomo a questão no ponto onde ela parou, ou seja, com o aparecimento do que pode ser chamado de economia da hospitalidade, de economia dos albergues, que em Paris começou no século XVII. Estou também escrevendo outro livro, que vai tratar da cultura equestre na Idade Moderna. Acho que, à medida que envelheço fico mais solitário, pois este é um livro bem menos coletivo do que os outros.

Paris, maio de 1999

Bibliografia selecionada

Le siècle des lumières en province: académies et académiciens provinciaux, 1689-1789. Paris, Den Haag: Mouton, 1978.
Le peuple de Paris. Essai sur la culture populaire au 18e siècle. Paris: Aubier, 1981. (Traduzido para o inglês e italiano).
Journal de ma vie. Edition critique du journal de Jacques-Louis Ménétra, compagnon vitrier au 18e siècle. Paris: Colin, 1982. (Traduzido para o inglês e italiano).
A chacun sa révolution. Réflexions à propos du bicentenaire de la Révolution Francaise. *Études,* v.369, n.3, p.197-210, 1988.
Les républicains de lettres. Gens de culture et lumières au 18e siècle. Paris: Fayard, 1988.
La culture des apparences. Essai sur l'histoire du vêtement aux 17e et 18e siècles. Paris: Fayard, 1989. (Traduzido para o inglês e italiano).
La France des Lumieres. Paris: Fayard, 1993. (Traduzido para o inglês e italiano).
Le précepteur dans la noblesse française, instituteur privilégié ou domestique. Gruenter R, Wolff Metternich B. (Ed.) *Studien zum achtzehnten Jahrhundert.* Hamburg: Felix Meiner Verlag, 1995, p.225-44.
Histoire des choses banales. Naissance de la société de consommation, XVIIIe-XIXe siècles. Paris: Fayard, 1997. (Traduzido para o inglês e português). [Ed. port.: *História das coisas banais.* Lisboa: Teorema, 1998.]

6
Peter Burke

Peter Burke é conhecido como historiador de amplos interesses, que já escreveu, com distintas abordagens, sobre uma imensa variedade de temas: o Renascimento italiano, a cultura popular da Europa moderna, as elites urbanas em Veneza e Amsterdã, a fabricação da imagem de Luís XIV; a história social da linguagem, da arte da conversação, dos sonhos e do carnaval; questões de historiografia, relação entre história e teorias sociais etc. No entanto, apesar das várias modalidades de história que escreve, é como historiador da cultura que ele prefere se descrever. Diferentemente dos especialistas, o historiador da cultura, diz ele, se esforça por "fazer conexões entre o vários domínios de uma dada cultura, relacionando política com arte, ciência, cultura popular etc.". Segundo um recente artigo da *History Today*, é exatamente essa a chave para a compreensão da obra de Peter Burke: "Seu infatigável deleite em procurar ligações... Sua paixão é construir pontes – entre línguas, culturas, períodos, lugares, metodologias, disciplinas – e então atravessá-las, com vistas largas, para ver o que existe do outro lado".

Nascido em Londres em 1937, Peter teve desde muito cedo a experiência da diversidade cultural, pois com pai católico irlandês e mãe judia de origem polonesa e lituana, sua família unia tradições culturais muito diferentes. Tendo vivido toda sua infância e adolescência a um passo de seus avós maternos, cada vez que os visitava equivalia, como relembra, a cruzar autênticas fronteiras culturais. Educado num colégio jesuíta do norte de Londres – que se orgulha de ter tido Alfred Hitchcock[1] como seu antigo aluno –, Peter de lá saiu aos dezoito anos para ingressar na Universidade de Oxford, tendo ganho a concorrida bolsa de estudos do St. John's College. No entanto, antes de prosseguir seus estudos, aguardava-lhe o serviço militar compulsório de dois anos, que pouco tempo depois iria ser extinto na Grã-Bretanha. Foi muito a contragosto, Peter se recorda, que recebeu a notícia de que não iria servir seu tempo na Alemanha, como solicitara (para onde o atraía a oportunidade de aprender alemão e russo), mas sim do outro lado do mundo, em Cingapura, num dos últimos redutos do Império Britânico em processo de acelerada extinção. No entanto, como logo veio a descobrir, essa foi uma experiência imbatível para a carreira que iria começar pouco tempo depois em Oxford.

Terminado o curso de graduação, quando teve como tutor o jovem Keith Thomas, Peter embarcou num programa de doutorado sob a supervisão "bem solta" de Trevor-Roper, recentemente apontado, pela rainha Elizabeth, *regius professor* de história de Oxford. Seu tema inicial, extremamente ambicioso, era as tendências historiográficas europeias ao longo de duzentos anos (1500-1700), e, como ele diz, "só mesmo Trevor-Roper me teria permitido isso!". Antes, no entanto, que completasse essa tese vasta e (como iria depois reconhecer) "provavelmente impossível", um convite irrecusável da Universidade de Sussex – recém-criada pela onda progressista dos anos 60 – fez que ele abandonasse seus estudos formais e engrossasse a fileira de um seleto número de historiadores britânicos que jamais fizeram doutoramento, como Quentin Skinner, Keith Thomas, Christopher Hill, Eric Hobsbawm e alguns outros.

---

1 Sir Alfred Hitchcock (1899-1980), cineasta britânico, internacionalmente conhecido como o mestre do suspense.

Em Sussex, universidade formada com o explícito propósito de "redesenhar o mapa do saber", Peter Burke iria encontrar o ambiente de que necessitava para ensaiar novos caminhos nas suas atividades didáticas e de pesquisa. Sua produção prolífica logo iria se iniciar, versando seus dois primeiros livros sobre o Renascimento italiano, período histórico que inicialmente mais o atraiu. Se nesses primeiros livros seu objeto de estudo era o que convencionalmente se considerava cultura de elite, seu *Cultura popular na idade moderna:* Europa, 1500-1800 (1978) voltou-se para a cultura popular. O próprio título anunciava a originalidade de sua abordagem, ao unir dois termos – *cultura* e *popular* – que eram tidos então como mutuamente excludentes. Aclamado imediatamente como exemplar pela sua abrangência e riqueza de implicações, logo se transformou num clássico do gênero e deu origem a uma longa lista de estudos que o tomaram como modelo. Foi com ele que Peter Burke consolidou sua reputação internacional, e sua tradução em treze línguas parece confirmar o veredicto de Christopher Hill, que o qualificou como um livro obrigatório, que "nos liberta de nossas tradições nacionais e de nossa miopia europeia-ocidental". Seu recente esforço de "descentralizar" o Renascimento e de abordá-lo a partir dos "centros e periferias" – tal como se propõe em *The European Renaissance:* Centres and Peripheries (1998) – parece atestar que a apreciação feita por Hill continua válida para descrever outras obras de Peter Burke.

Há alguns anos, numa resenha do *A fabricação do rei:* a construção da imagem pública de Luís XV, publicada no diário londrino *The Guardian,* Keith Thomas se referiu, com seu característico humor, à época em que foi professor de Peter Burke, em Oxford, no fim dos anos 50. Recém-iniciado na carreira acadêmica, ficava literalmente "aterrorizado" diante do jovem aluno que lhe criava o problema de como preencher o tempo do tutorado. Normalmente, a hora era para ser tranquilamente dividida entre a leitura do ensaio escrito pelo aluno, sobre tema dado previamente, e os comentários críticos do tutor. No caso de Peter, no entanto, conta Thomas, seus "ensaios eram escritos com clareza cristalina e brevidade taciteana. Eles diziam tudo o que devia ser dito sobre o assunto, mas raramente duravam mais do que alguns minutos. O problema do tutor era como esticar o resto da hora".

A descrição do jovem aluno dada pelo jovem Thomas não deixa de ter bastante semelhança com alguns aspectos das apreciações recorrentes que ainda hoje são feitas sobre o estilo da obra do Peter Burke maduro. Quer ela seja vista como sutil, suscinta e ponderada (como a veem seus admiradores), ou lacônica e fria (como a consideram seus críticos), sua obra tem atraído, no entanto, a atenção e o interesse de uma vasta gama de leitores, como atesta o número surpreendente de traduções – 28 línguas até hoje – em que pode ser encontrada, desde croata e bielo-russo até chinês, coreano, albanês e casaque. Ao lado do sociólogo Anthony Giddens, Peter Burke é, reconhecidamente, um dos intelectuais ingleses mais traduzidos da atualidade.

A entrevista com Peter foi feita em moldes semelhantes às demais: em horas e dias marcados, gravadas face a face, procurando minimizar, na medida do possível, as limitações que a proximidade do entrevistado com o entrevistador poderiam implicar. De outro lado, tirando vantagem dessa maior intimidade (que me permitiu "exigir" uma menor concisão!), a conversa também girou sobre noções expostas por alguns entrevistados, fazendo que Peter atuasse um pouco como um comentarista, papel que poderia ter constrangido os demais entrevistados. Assim, além de falar sobre sua trajetória intelectual, seus interesses, seus livros, seus projetos e sua visão da história, Peter refletiu sobre as considerações de Keith Thomas acerca do peso da história para o historiador, sobre a visão bastante negativa que Ginzburg tem de Foucault etc.

Quando escreveu sua autobiografia, Toynbee[2] justificou dizendo que "frequentemente, quando lia historiadores como Tucídides, lamentei não ter um relato de sua vida e formação. Tal relato teria certamente iluminado seus trabalhos para mim". Você con-

---

2 Arnold Toynbee (1889-1975), historiador britânico, mais conhecido pelo seu ambicioso trabalho comparativo *Um estudo da história* (1934-1954).

corda com ele? Se sim, que aspectos de sua vida e formação considera cruciais para o entendimento de suas ideias e interesses?

Como E. H. Carr afirmou vigorosamente em seu livro O *que é história?*, "antes de estudar história, estude o historiador". Li esse livro quando estava começando minha carreira de professor e essa ideia me influenciou muito. Concordo plenamente com Carr que se nada se sabe sobre o propósito do historiador e sobre o ponto de vista com que ele olha para o passado, pode-se facilmente interpretar mal o trabalho de um Tucídides ou de um Ranke,[3] por exemplo, e não se perceber tanto suas fraquezas como suas qualidades.

Quanto à minha vida, talvez devesse começar falando sobre o que não me aconteceu. Não vivi durante períodos de grande crise como guerras ou revoluções (eu era muito pequeno durante a Segunda Guerra Mundial e não entendia o que estava acontecendo); passei quase toda a minha vida em instituições acadêmicas (de 1941 a 1955 e de 1957 até hoje); não sou apolítico – tenho estado em algum ponto da esquerda desde os meus dezoito anos – mas nunca me envolvi profundamente em política; voto regularmente [na Grã-Bretanha o voto não é obrigatório], mas nunca pensei seriamente em me filiar a um partido político; sinto, enfim, que fui extremamente afortunado por ter escapado de tantos conflitos e sofrimentos pelos quais passaram pessoas que nasceram na mesma época que eu, mas reconheço que, para um historiador, tal sorte tem também suas limitações. Se tivesse nascido, digamos, na Polônia, em vez de na Inglaterra, imagino que teria adquirido sensibilidade política muito cedo! Isto é, se tivesse sobrevivido.

Olhando do lado positivo, desde os dezoito anos tenho tido muitas oportunidades de sair de minha ilha e observar e participar da vida de outras culturas, e isso provavelmente me fez menos "insular" ou provinciano em atitudes do que poderia ter sido. Quando estava na escola, entre dez e onze anos, já sabia que queria ser his-

---

3 Leopold von Ranke (1795-1886), prolífico historiador alemão, mais conhecido por sua história dos papas nos séculos XVI e XVII (1834-1837).

toriador, mas também escrevia poemas, pintava (especialmente naturezas-mortas) e fazia croquis de catedrais góticas e casas nobres. Mas, como minha capacidade crítica era bem mais desenvolvida que meus poderes criativos, acabei desistindo dessas atividades. Escrever história cultural é, em certo sentido, uma compensação por não me ter tornado poeta ou artista.

Até que ponto diria que seu interesse por encontros (e desencontros) culturais se deve ao fato de ter nascido numa família de imigrantes e de ter vivido dezoito meses entre os malaios muçulmanos em Cingapura?

Acho que não sou a pessoa mais adequada para responder a isso, pois há muitos aspectos da vida de um indivíduo muito mais visíveis para os de fora. Mas olhando para trás, estou convencido de que as duas experiências que mencionou foram cruciais para mim. Em primeiro lugar, minha família. Sou inglês somente de segunda geração. Meu pai, apesar de ter nascido na Inglaterra, sempre se referia a "os ingleses" como se não pertencesse ao grupo. Eu, no entanto, não me sinto e nunca me senti irlandês, e só estive na Irlanda poucos dias. Também não me sentia ou me sinto judeu, pois fui criado como católico. Acho que acabei por me identificar como um certo tipo de inglês, ou melhor, um europeu.

Quanto ao exército, que servi logo após sair do colegial, ele me educou de vários modos. Primeiro, passei por três meses de "treinamento básico" na Inglaterra – marchando, atirando e aprendendo a ser escriturário. Mas a educação de verdade ocorreu quando eu, um típico jovem de classe média, comecei a conviver com jovens da minha idade da classe operária, que viviam num mundo muito diferente do meu. Após o treinamento fui, então, enviado para Cingapura. Até então só havia estado fora da Inglaterra, com meus pais, algumas poucas semanas em toda minha vida. E, de repente, com dezoito anos me vi despachado para o outro lado do mundo, onde deveria permanecer um ano e meio! Essa foi, sem dúvida, outra experiência marcante. Meu regimento – onde tinha a função de fazer o pagamento de salário – era o que hoje se chamaria de "multicultural". Os soldados, na maioria, eram malaios, mas havia também alguns poucos chineses, indianos e britânicos. Contávamos, pois, com quatro cozinhas, que serviam tipos diferentes de comida. Tive vontade de comer comida malaia e, em teoria, poderia ter mudado de refeitório, mas isso teria significado comer com as mãos (mais exatamente, com a mão direita, pois a esquerda é considerada suja), e essa era uma habilidade que achei que não seria fácil de adquirir.

Outro aspecto dessa experiência foi que eu, que não passava de um inocente jovem recém-saído da escola, me vi no meio de um ambiente em que se esperava que os soldados visitassem prostitutas chinesas (não fui, mais por falta de coragem do que por escrúpulos morais) e em que particularmente os chineses e os indianos estavam envolvidos em todo tipo de falcatrua, como a venda de equipamentos do exército e coisas do gênero. Os oficiais nada sabiam sobre isso, e eu, que via tudo, mantinha minha boca bem fechada!

Cinco anos mais tarde, quando comecei a ler livros de antropologia, percebi que, sem saber, estivera fazendo pesquisa de campo. Eu havia sido espectador e escrevera um diário durante minha estada em Cingapura, que agora está no Imperial War Museum como registro da experiência de um *national serviceman* no fim do Império Britânico e da *Emergency* malaia. Foi fácil ser um espectador, não somente porque estava rodeado de cenas não familiares (como pessoas que lavavam roupa, batendo as peças numa pedra), mas também porque eu não me encaixava em nenhum grupo. Diferentemente da maioria, eu não escolhera estar ali (os britânicos eram, na maioria, soldados de carreira), era um soldado raso, mas branco e relativamente bem-educado, e me percebia e era percebido pelos outros como estando à margem de todos os grupos.

Mais recentemente, comecei a pensar que, na verdade, iniciei essa carreira de espectador e de antropólogo-amador muito antes. De 1940 a 1955, eu vivera (com minha mãe até o fim da guerra e, após 1945, também com meu pai) na casa dos meus avós maternos. O andar térreo era dividido em duas partes, como se fossem dois apartamentos independentes. De um lado do *hall* de entrada, meu avô e minha avó comiam comida judia e falavam um inglês misturado com palavras *yiddish*. Do outro lado do *hall*, "nós" comíamos comida inglesa e falávamos inglês como os ingleses. Quando eu visitava meus avós (nas manhãs dos fins de semana, feriados e férias), cruzar o *hall* era como cruzar fronteiras culturais. Obviamente, eu não pensava sobre isso na época, mas parece evidente que minha consciência de diferenças culturais começou bem cedo.

Falando em fronteiras, seu tutor em Oxford, Keith Thomas, foi um dos pioneiros a cruzar a fronteira entre antropologia e história. Até que ponto seu contato com ele foi decisivo para seu interesse por antropologia?

Como sabe, Keith é muito cauteloso e reservado, como um típico galês, diríamos. Penso que não me interessei por antropologia até começar meu curso de pós-graduação em 1961. Ele era um tutor ainda muito jovem quando eu estive sob sua orientação no St. John's, e também bastante sério, sem quase nenhum traço da ironia pela qual ficou tão conhecido mais tarde. Lembro-me de que quando pedia para escrevermos ensaios em história política – o que ocorria frequentemente, pelas exigências do currículo –, ele esperava que olhássemos a política a partir do ângulo social. Não deixava isso claro de antemão, mas seus comentários sobre nossos ensaios revelavam essa preocupação. Olhando para trás, tenho a impressão de que Keith estava ecoando seu próprio tutor, Christopher Hill. Acho que quando comecei a ensinar também fiz o mesmo, e imitei Keith. As tradições orais são, no meu entender, mais importantes nas universidades do que normalmente se supõe.

Poderia dizer no que, efetivamente, a antropologia o beneficiou? Quais os antropólogos que mais o inspiraram? Acha que a leitura de antropologia é condição necessária para alguém se tornar um bom historiador?

Desde o início dos anos 60, li muita antropologia, incluindo muitos relatos de pesquisa de campo em várias partes do mundo, como África, Índia etc. Apreciei muito essas descrições, em parte por elas próprias, como se fossem livros de viajantes, e em parte porque demonstravam claramente a variedade de modos de vida, costumes, atitudes ou mentalidades humanas. Eu também estava interessado nos conceitos que os antropólogos usavam e nas teorias que testavam, como, por exemplo, a análise estrutural-funcional que era ainda dominante na Grã-Bretanha e nos Estados Unidos naquela época, ou o estruturalismo de Claude Lévi-Strauss, que ainda era relativamente novo.

Sem dúvida, alguns livros eram mais inspiradores do que outros. Como Keith Thomas, eu era e ainda sou um grande admirador de Evans-Pritchard, especialmente de sua descrição das atitudes diante do tempo e do espaço entre os nuers e seu relato do sistema de crenças dos azandes – um relato que, consciente ou inconscientemente, segue o modelo do grande livro de Marc Bloch sobre o toque real, especialmente a sua ideia central de um sistema de crença como impenetrável à contradição. Como Natalie Davis, também me inspirei muito em Mary Douglas, especialmente em seu livro sobre pureza e perigo. De fato, no ano passado organizei uma série de seminários sobre a história da pureza – para o qual Mary Douglas foi convidada –, em que coube a mim falar sobre a ideia de pureza em linguagem. Também fui influenciado pelo trabalho que Jack Goody desenvolveu a partir dos anos 60, como, por exemplo, sobre o que estuda a "amnésia estrutural" das sociedades orais; em outras palavras, o modo com que o passado é lembrado visando servir às necessidades do presente.

Como Bob Darnton – e tantos outros historiadores –, fui também muito marcado por Clifford Geertz, especialmente por seu famoso ensaio sobre a luta de galos em Bali. Eu poderia facilmente ampliar essa lista, adicionando Malinowski, por exemplo, especialmente por sua antropologia econômica e sua ideia de que algumas formas de comércio ocorrem por razões sociais e não econômicas. Ou Marshall Sahlins,[4] especialmente por suas reflexões sobre a relação entre eventos, mudança social e o que ele chama de ordem cultural. Ou Pierre Bourdieu[5] – quer o chame-

---

4 Marshall Sahlins (1930), antropólogo norte-americano, autor de *Ilhas de história* (1985).
5 Pierre Bourdieu (1930), sociólogo francês, autor de *La distinction* (1979), *Homo Academicus* (1984) etc.

mos de antropólogo ou sociólogo –, pela sua análise relativamente distanciada de sua própria sociedade, capacidade que é provavelmente o resultado da experiência de campo que teve na Argélia, antes de escrever sobre a França.

Respondendo à última parte de sua pergunta, não diria que a leitura de antropologia seja indispensável para o historiador. Ele, sem dúvida, pode aprender com ela, mas dependendo do estilo de história que escreve, sua importância pode ser mais ou menos marginal. De qualquer modo, tendo a recomendar a meus alunos a leitura de antropologia a fim de que percebam a diferença entre o estilo da história (que não quero que percam) e o estilo da antropologia, com o qual acredito que possam aprender algo. Mas não cito nenhum nome em particular. Tento lhes sugerir um estudo antropológico que trate de um tema próximo ao que eles estão tratando historicamente, a fim de estimulá-los a fazer comparações e contrastes. Apesar de toda a admiração que tenho por Evans-Pritchard e outros, acho que o que pode ser chamado de "antropologia do dia a dia" é o que é mais útil aos historiadores – incluindo, evidentemente, as controvérsias, pois não há mais consenso na tribo dos antropólogos do que nas culturas particulares que eles estudam. Em outras palavras, quero dizer que a prática normal dos antropólogos, ou melhor, o estilo coletivo da disciplina pode ensinar algo aos historiadores; e não necessariamente somente as obras-primas dos grandes nomes da área.

Seu tutor, K. Thomas, disse que optou pela história porque um professor assim lhe disse para fazer, e que se tornou historiador do início da Idade Moderna porque isso era o que o seu mentor, Christopher Hill, era. O que, no seu entender, o seduziu primeiramente pelo Renascimento?

Já disse que quando menino tentei pintar e adorava visitar a National Gallery e outros museus de Londres, e também – como Quentin Skinner – as casas-grandes da nobreza. Eu achava a pintura uma atividade muito mais interessante para se estudar do que a política. Assim, cheguei a pensar brevemente em me tornar historiador da arte, mas logo pensei – acertada ou erradamente – que os historiadores da arte eram essencialmente interessados na técnica, o que para mim era menos interessante e muito limitado. Quando já estudante em Oxford, havia uma "disciplina especial" chamada "Renascimento Italiano" – a mesma desde 1900 até hoje, algo bem revelador do conservadorismo dessa universidade com uma lista de "livros obrigatórios" que incluíam *Le vite dei Pittori* de Vasari,[6] assim como *O príncipe* de Maquiavel. Resolvi que essa era a disciplina para mim. Assim, comecei a estudar italiano (mais precisamente, a me ensinar, comprando duas cópias de Maquiavel, uma em italiano e outra em inglês, e lendo uma sentença por vez, primeiro em minha língua e depois em italiano) e em 1958 fui para a Itália pela primeira vez, tendo o *college* pago minhas despesas. Adorei, à primeira vista, o país, as pessoas, as praças, as ruas e os cafés. Talvez eu já estivesse preparado para essa experiência porque, quando tinha sete anos, havia um mapa da Itália na parede ao lado de minha cama onde eu acompanhava os passos de meu pai na Itália (em Bari, Caserta, Cagliari etc.), onde ele desempenhava as funções de oficial do Serviço de Inteligência Britânico. Também me recordo que o primeiro estrangeiro que conheci foi um coronel italiano que meu pai trouxe para a Inglaterra para ser interrogado. Lembro-me de estar sentado ao lado dele no ônibus mostrando-lhe meu livro de ilustrações e de achá-lo *simpatico*. É estranho pensar que meu pai jamais voltou à Itália após 1945, enquanto eu nunca parei de ir, quase todos os anos, desde 1958. De qualquer modo, o Renascimento e minha descoberta pessoal da Itália estão muito ligados para mim. Um gole de *strega* (o meu drinque favorito então, mas muito doce para mim agora) poderia reviver todo tipo de memórias como a *madeleine* de Proust! E a Itália não é um mau lugar para se começar a estudar história cultural!

Seu livro mais recente sobre o Renascimento europeu se propõe a "descentralizar" o Renascimento. O que exatamente quis dizer com isso?

---

6 Giorgio Vasari (1511-1574) artista e escritor italiano. Seu *Le vite dei pittori* foi publicado em 1550.

O Renascimento é visto tradicionalmente como parte de uma Grande Narrativa do desenvolvimento da civilização ocidental, desde os gregos e romanos da Antiguidade, passando pelo cristianismo, Renascença, Reforma, revolução científica, Iluminismo, e assim por diante; em outras palavras, como parte do surgimento da modernidade. A história é frequentemente contada de tal modo que se assume a superioridade do Ocidente sobre o resto do mundo. Eu, como outros historiadores, me empenhei em liberar a história de um movimento cultural (o movimento de reviver a arte e o saber clássicos) dos pressupostos de superioridade, não só do Ocidente, como da modernidade.

Não assumo a superioridade da arte do Renascimento em relação à arte medieval, mas as vejo simplesmente como diferentes. Do mesmo modo, não acho útil considerar a cultura do Renascimento como "moderna", se com isso queremos dizer "moderna", ou seja, semelhante a nós. Era "pós-medieval", se se quiser; definida em contraste com a "Idade Média", conceito que foi inventado pelos estudiosos renascentistas, para que, assim, eles pudessem se definir contra ele.

Quanto ao Ocidente, o revivescimento europeu da Antiguidade clássica não ocorreu num vácuo: dependeu de outros renascimentos clássicos no Bizâncio e no Islã. E renascimentos clássicos pertencem ainda a um grupo mais amplo de renascimentos culturais em outras partes do mundo, como a China, por exemplo. Eu também dei um espaço nesse estudo às mulheres e às pessoas comuns. E não fiz isso para ser "politicamente correto", mas porque a participação desses grupos no movimento – participação mais ou menos ignorada por muito tempo – tem sido demonstrada por pesquisas mais recentes. É verdade que as mulheres e as pessoas comuns participaram do Renascimento mais como consumidoras do que como produtoras, mas a distinção entre produção e consumo de livros, como se sabe, é muito menos rígida hoje, com o crescente interesse sobre a recepção criativa.

De qualquer modo, os historiadores são tradutores entre o passado e o presente, e nesse livro eu tentava fazer o Renascimento inteligível aos leitores do início do século XXI. Já está sendo traduzido em quatro línguas – francês, alemão, italiano e espanhol –, mas espero que também seja lido no Japão, no Brasil e em outras partes. Quando o escrevia, sempre tive em mente um público mundial.

Seu livro Cultura popular na idade moderna, *de todos talvez o mais audacioso, cobriu um espaço geográfico imenso, ao longo de três séculos, e se baseou em documentação escrita em quinze línguas. Muito cedo se tornou um clássico no assunto, foi traduzido em treze línguas, deu origem a uma longa lista de seguidores e atraiu rasgados elogios tanto de historiadores de esquerda como de direita. O que o levou a esse empreendimento tão ambicioso?*

Minha primeira ideia foi escrever algo bem mais limitado. Havia acabado de escrever um livro sobre a cultura no Renascimento italiano e, no decorrer do trabalho, eu me perguntava como seria a cultura de todo o resto, a cultura da maioria. Mas quando comecei a estudar o assunto percebi que "Itália" não era a unidade correta de pesquisa, pois era ou muito ampla ou muito limitada. Em vez de se pensarem primordialmente como italianas, as pessoas eram muito conscientes de pertencer a uma cultura regional, como as da Toscana ou Lombardia. Por outro lado, se se investigavam as práticas, valores ou os heróis que encarnavam aqueles valores, verificava-se que eles podiam ser encontrados – com variações, é claro – em toda a Europa. Acho que, quando escrevi este livro, tinha Braudel como meu interlocutor imaginário, pois foi pensando nele que escolhi a opção "global". Assim que terminei o livro, em 1977, encontrei-me com Braudel e lhe contei que acabara de escrever sobre a Europa desde Gutenberg até a Revolução Francesa, e ele parece ter gostado muito da ideia.

Um dos fetichismos que a chamada "Nova História" se propôs combater foi o dos fatos. Poderíamos dizer que hoje em dia tal batalha já foi ganha e o que precisa ser agora combatido é aquilo que poderíamos denominar "fetichismo da interpretação" histórica?

A meu ver, tanto em historiografia como em história vemos o que é algumas vezes chamado de "contemporaneidade do não contemporâneo". Considere os jovens de dezoito anos que entram em Cambridge para estudar história: alguns soam como Geoffrey Elton, que dizia "dê-me só os fatos", enquanto outros soam pós-modernos. A diferença provavelmente depende da idade dos professores que tiveram. Afinal de contas, a carreira de professor dura mais de quarenta anos e não importa quanto os professores tentem se manter atualizados, eles provavelmente não reveem pressupostos fundamentais sobre "fato" e "teoria". Assim, a batalha que você mencionou pode não ter sido ganha completamente, em especial na Inglaterra, já que os americanos (tanto do norte como do sul) parecem mais voláteis e prontos a seguir a moda intelectual mais recente. Os ingleses, ao contrário daqueles, se mostram muito mais resistentes a mudanças. Lembro-me de uma conversa que tive com Carlo Ginzburg sobre a Nova História, na qual ele dizia que precisava argumentar contra ela porque seus alunos californianos a aceitavam sem crítica; enquanto eu lhe dizia que eu tinha que apoiá-la fortemente porque meus alunos ingleses ainda não levavam o movimento a sério!

Mas acho que a experiência histórica sugere que, frequentemente, nos conflitos intelectuais uma fraqueza é usualmente supercorrigida; em outras palavras, substituída pela fraqueza oposta. Primeiro o pêndulo balança para um lado, e depois para o outro. Primeiro, o argumento de que a história escrita é simplesmente uma questão de se redescobrir os fatos; e depois, a contraargumentação de que a história escrita é simplesmente uma questão de construção.

Concorda que o pós-modernismo (pelo menos na sua versão mais extrema) é um dos maiores responsáveis pelo ceticismo quanto à possibilidade de se chegar a uma verdade? Poderia falar sobre o que vê como o lado positivo e o negativo do pós-modernismo?

Isso é difícil! Preciso de um tempo para juntar minhas ideias... Devo começar distinguindo pós-modernismo de pós-modernidade. Por "pós-modernismo" entendo um movimento intelectual ou um conjunto de movimentos relativamente conscientes liderados por arquitetos, escritores e, é claro, filósofos como Foucault e Derrida, nos quais o ceticismo que mencionou está presente: ceticismo numa forma nietzschiana, ou neonietzschiana ou talvez pós-nietzschiana. Por "pós-modernidade" entendo algo muito mais difícil de definir, pois existe mais como pressupostos ou "mentalidade" do que como um pensamento totalmente articulado. Esses pressupostos podem ter sido influenciados, direta ou indiretamente, pelos filósofos; ou os filósofos podem estar refletindo, ou melhor, articulando os pressupostos; ou as duas coisas.

Para ser mais específico sobre a mentalidade pós-moderna, eu a descreveria como a consciência da multiplicidade dos pontos de vista e da dificuldade de determinar o que aconteceu no presente ou no passado. Também um sentido de fraqueza, de fluidez ou de fragilidade das estruturas (classes sociais, nações etc.) que substituíram os pressupostos contrários de uma ou mais gerações anteriores, que acreditavam que essas estruturas eram uma espécie de firme rocha social. Em outras palavras, uma reação não somente contra a objetividade ou o mito da objetividade, mas também contra o determinismo social, quer marxista ou não; reação que se tornou visível em 1968 (estou pensando tanto em Praga quanto em Paris). Daí a linguagem atual da "invenção", "imaginação", e assim por diante; daí também os títulos de livros como *Imagined Communities*, *The Invention of Argentina* etc.

Frank Ankersmit,[7] como sabe, falou dos trabalhos de Carlo Ginzburg e Natalie Davis como pós-modernistas, o que ambos negaram veementemente. Mas o trabalho deles pode ser visto como "pós-moderno". Os autores devem saber se são ou não pós-modernistas, mas os de fora são capazes de dizer se *O queijo e os vermes* ou *Martin Guerre* são ou não pós-modernos. Na ênfase que dão à liberdade de ação das pessoas comuns, esses dois livros são, efetivamente, dos anos 1970 e 1980, ou seja, são parte de uma tendência ampla.

---

7 Frank Ankersmit (1945), filósofo da história holandês, autor de *History and Tropology* (1994).

Sobre os aspectos positivos e negativos, no caso da pós-modernidade penso que as reações tanto contra o determinismo quanto contra o mito da objetividade foram necessárias e valiosas. Tome o caso da escrita da história. Historiadores, quer marxistas, braudelianos ou discípulos da história quantitativa ("cliométricos", como costumávamos dizer) eram muito resistentes aos eventos e às ações das pessoas comuns, e muito confiantes na capacidade que tinham de ver tudo com clareza, do alto. Agora tal confiança se foi, e os historiadores são mais humildes, o que é bom, e menos reducionistas, o que também é bom. Mas alguns foram para os extremos opostos, substituindo a fé nos fatos pelo ceticismo, e o determinismo por uma crença romântica de que podemos moldar nossos destinos.

Nunca fui propriamente marxista, não gosto de me filiar a partidos ou movimentos, mas admiro Marx e penso que o velho homem teve *insights* que agora estão sendo esquecidos, como se o colapso do Muro de Berlim tivesse tornado sua ideia de classe social irrelevante. Marx tinha um sentido agudo das limitações da ação humana. Ele pode ter exagerado, mas as pessoas agora estão exagerando na outra direção. É mais ou menos a mesma história do conhecimento histórico. O que é muito facilmente aceito por uma geração é muito facilmente repudiado pela próxima. O que é crucial, no meu entender, é fazer distinções, discriminar entre as afirmações relativamente fidedignas e as relativamente inconfiáveis. Essa foi a solução proposta por Locke e outros durante a crise do conhecimento histórico no fim do século XVII, quando os céticos já estavam dizendo que não se podia conhecer o passado. A propósito, estou escrevendo um ensaio comparando e contrastando as duas "crises da consciência histórica" – a que ocorreu por volta de 1690 e a que está ocorrendo desde 1990. Nesses, como em outros casos, acho que os historiadores podem aprender algo importante estudando o passado de sua própria disciplina.

A noção de relativismo cultural atrai defesas e ataques apaixonados em muitos campos, incluindo o histórico. Você é um relativista?

As muitas faces da história

Tenho certeza de que é necessário se distinguir tipos de relativismo, duro *versus* suave, e talvez também relativismo cultural *versus* relativismo individualista. Um relativista duro eu definiria como alguém que assume que todas as culturas são iguais, uma tão boa quanto qualquer outra. Minha posição é mais cética. Assim como Skinner e outros, eu me declaro um relativista suave. Não acho que possamos efetivamente saber se as culturas são iguais ou não, mas por isso mesmo é mais prudente proceder como se toda cultura tivesse algo a ensinar às outras!

Em outras palavras, tento extrair consequências do fato de que, quando se comparam e contrastam diferentes culturas, não há nenhum ponto a partir do qual possamos vê-las, a não ser de uma outra cultura, a nossa própria. A partir dessa posição, me parece que algumas culturas são mais fortes em alguns domínios, e outras em outros. Mas me esforço por não levar essas aparências muito a sério. A questão é que, não importa quanto tentemos ser olímpicos ou olhar o mundo a partir do ponto de vista da humanidade em geral, devemos reconhecer que isso, no limite, é uma presunção ou, na melhor das hipóteses, uma aspiração.

Apesar de o fetichismo dos fatos ser, aparentemente, coisa do passado, considerando a importância que costuma ser dada à pesquisa em arquivo como condição para uma interpretação bem fundamentada, não acha que ele foi substituído por um certo "fetichismo dos arquivos"?

Acho que esses dois tipos de fetichismo têm coexistido por muito tempo, desde a época de Ranke, no início do século XIX, se não antes. Realmente, existe a ideia de que um historiador que trabalha em bibliotecas em vez de trabalhar em arquivos não é um historiador "verdadeiro". Como no caso do trabalho de campo em antropologia, um período nos arquivos tornou-se um rito de passagem para a profissão. No entanto, a relevância dos arquivos depende do que se está estudando. Muito da evidência para as respostas a certos tipos de questões históricas, tal como "quais eram os objetivos da guerra para Hitler?", tem que ser encontrada nos arquivos; mas a evidência para se responder a outros tipos de questão, como "qual era a intenção de Maquiavel ao escrever *O príncipe?*" pode ser encontrada em bibliotecas. Trabalhar em arquivos pode ser, sem dúvida, uma experiência fascinante, algo diferente de outros tipos de pesquisa. Permite que se estabeleça uma relação mais íntima com o passado, ou ao menos uma sensação de maior parentesco com o passado, como a experiência de ler cartas que não foram dirigidas a nós, com traços da areia usada para secar a tinta que se mantém intacta no envelope após quatrocentos anos! Mas o arquivo não é uma panaceia universal. A escrita da história depende da evidência, mas a evidência pode ter muitas formas.

Keith Thomas nos diz que "o mais escrupuloso dos historiadores está sempre construindo mitos, quer queira ou não". Concorda que a objetividade é uma quimera e que todo o esforço de imparcialidade e distanciamento não torna o historiador mais objetivo?

Não estou certo de que o que estamos discutindo deva ser posto em termos de "objetividade". Sei que esse tem sido o caso desde o início do século, quando os historiadores gostavam de se comparar aos cientistas. Pessoalmente, eu preferiria falar em "equidade" ou "distanciamento", porque essas são palavras que descrevem humanos reagindo aos humanos. Alguns historiadores são mais imparciais do que outros e tentam compreender todos, em vez de dividir o mundo em heróis e vilões.

Isso me leva a "mito", um termo difícil de definir. Por "mito" eu entendo uma história com uma moral, uma história seguindo uma trama estereotipada (como o exemplo da história como tragédia ou comédia dado por Hayden White), uma história com heróis e vilões, ou uma história sobre o passado que é usada para legitimar certas instituições do presente. Alguns historiadores produzem mitos desse tipo, enquanto outros tentam "desmitificar" o passado no sentido de expor histórias mais antigas como mitos. No entanto, seria muito simplista operar com uma dicotomia entre história e mito, e seria muito fácil dizer que o que *eu* escrevo é história enquanto o que *outros* historiadores escrevem é mito. Diria, ao contrário, que a fronteira entre história e mito é difícil de definir e que a distinção é relativa. Ninguém escapa totalmente do mito e, consciente ou inconscientemente, todos nós queremos heróis e vilões, bem como histórias sobre o triunfo do bem sobre o mal. Mas algumas histórias estão mais livres de mitos do que outras.

Mas o que Keith Thomas quis dizer é que não há como nos libertarmos dos mitos mais sutis, dos jargões e concepções de nossa cultura que subjazem como pressupostos a tudo o que escrevemos sobre o passado. "É essa a razão", diz ele, "pela qual quando qualquer um de nós abre um livro de história escrito em 1840 ou 1740 ele nos salta aos olhos."

Keith está totalmente correto sobre o modo como qualquer artefato feito por uma geração cheira a mentalidade dessa geração, quer esse artefato seja um texto histórico, um romance, uma pintura ou uma casa. É impossível evitar esse cheiro e talvez nem devêssemos tentar. Afinal de contas, para que servem os historiadores? Para mim, existem para interpretar o passado para o presente. São um tipo de intérpretes, de tradutores, de tradutores culturais, como você mesma já argumentou em seu livro sobre recepção e circulação de ideias. Como outros tradutores, eles enfrentam o dilema entre ser fiéis ao texto, ao passado e, ao mesmo tempo, inteligíveis ao leitor do presente. O que pode ser descrito como uma "tradução livre" do passado se aproxima do que Keith chama de "mito". E desde que o presente está sempre mudando, a história escrita – como uma tradução – pode se tornar mais ou menos obsoleta e desatualizada. Mas só mais ou menos, pois é sempre possível apreciar os ensaios de Montaigne na tradução inglesa do século XVI. Nós ainda podemos aprender muito com grandes historiadores, como Burckhardt sobre o Renascimento, por exemplo, apesar de seu livro ter cheiro de 1860. Ou ainda com Charles Firth sobre a Guerra Civil Inglesa, como o próprio Keith disse na sua entrevista!

Isso também pode ser relacionado com as dificuldades dos efetivos encontros entre diferentes culturas. Umberto Eco, por exemplo, se refere ao 'poder dos livros de fundo" que cada um sempre carrega consigo e que faz que se veja o desconhecido à luz do conhecido (até mesmo espíritos brilhantes como Leibniz[8] e Kircher,[9] como ele afirma, não compreenderam os chineses por causa dos seus "livros de fundo"). Haveria, no seu entender, algum modo de se enfrentar essa dificuldade com algum grau de sucesso?

Ainda estamos falando sobre o que eu gosto de chamar de "distância cultural", quer essa se refira a espaço ou a tempo. O problema central, a meu ver, é que não podemos entender nem nossa própria cultura ou outra sem um sistema de conceitos mais ou menos coerente. Quando me referi ao historiador como um tradutor, pensava nele como descrevendo o passado (incluindo seus conceitos) por meio de conceitos do presente. Como outras formas de tradução, esse empreendimento não é fácil e requer *finesse*. Há "falsos amigos", analogias atraentes que também enganam. Na época de Leibniz e Kircher, por exemplo, algumas pessoas assumiam que os conceitos chineses de *yin* e *yang* equivaliam ao conceitos de Aristóteles – ainda familiares no Ocidente no século XVII – de matéria e forma. Mas esses conceitos não são nada equivalentes.

Quanto à solução que você pede, não sei se a *finesse* pode ser ensinada. Pode-se, ao menos, tentar ser consciente do problema. Podemos tentar não assumir que analogias aparentes sejam exatamente equivalentes; não cair no erro de pensar que a palavra "mágica", por exemplo – tão central no livro de Keith Thomas – possa ter exatamente o mesmo significado, usos e associações no século XVII e hoje em dia.

Sendo um representante da chamada "Nova História" e um dos líderes da nova história cultural, diria que os "novos historiadores" são necessariamente os melhores?

---

8 Gottfried Wilhelm Leibniz (1646-1716), filósofo alemão de interesses amplos, da filosofia chinesa à filosofia de John Locke.
9 Athanasius Kircher (c.1602-1680), erudito jesuíta alemão, considerado um dos pais da egiptologia.

As muitas faces da história

Definitivamente não. Para ser um bom historiador, o que se precisa ter é, acima de tudo, imaginação, perspicácia e uma sensibilidade para descobrir questões relevantes e os lugares certos para encontrar respostas a elas. Um historiador pode ter todas essas qualidades e, ainda assim, preferir trabalhar num campo tradicional – como a história política *stricto sensu* – e de um modo tradicional, ou seja, escrevendo narrativas de eventos. Como não sou um especialista em música, a analogia que vou fazer pode não ser muito boa, mas creio que Bach era um compositor muito mais tradicional do que seu contemporâneo Telemann, o que não o impediu de ser um compositor muito melhor e maior. Você pode estar se perguntando por que eu nada disse sobre originalidade. Para ser um bom historiador é necessário, evidentemente, ser original, mas essa originalidade pode ser, digamos, "local" – levantando questões sobre a política externa de Gladstone, por exemplo, ou dando novas respostas para antigas questões.

Não quero, com essa resposta, dizer que não valorizo as novas abordagens que, seguramente, enriquecem a escrita da história. Todos nós devemos muito a Braudel, a Bloch, a Burckhardt, a Ranke (também ele foi um grande inovador!), a Gibbon, a Guicciardini e a outros historiadores que ampliaram as escolhas disponíveis para seus sucessores. A última geração tem sido uma época de multiplicação de novas abordagens, um período fascinante – e também confuso – para se praticar a história. Fico feliz em estar produzindo nessa época e poder participar de um movimento coletivo de experimentação e renovação. Acredito que as novas abordagens eram necessárias e, num certo sentido, respondiam às exigências de nossa era, bem como acredito que elas irão, a longo prazo, enriquecer a prática da história, como as inovações de Gibbon ou Ranke no passado. Mas é perfeitamente possível ser um entusiasta da Nova História e, ao mesmo tempo, um historiador medíocre, assim como é possível ser um Bach da profissão histórica, usando uma abordagem tradicional de um modo maravilhoso!

Bertrand Russell[10] disse certa vez que "Oxford e Cambridge são as últimas ilhas medievais – muito bem para pessoas de primeira classe; mas sua segurança é prejudicial para as pessoas de segunda classe, pois as tornam insulares e gagás. Eis por que a vida acadêmica inglesa é criativa para alguns e estéril para muitos". Considerando que a maior parte de sua vida acadêmica foi passada nessas duas instituições, e tendo observado tantos outros que passaram toda a vida adulta nesses centros de excelência, que comentários faria às ideias de Russell?

Não sei se Russell tem razão sobre a sobrevivência da Idade Média, mas o ponto interessante me parece outro, ou seja, o da concentração de talento acadêmico em duas pequenas cidades gerando, em consequência, a sensação – da qual me recordo muito bem quando era estudante em Oxford – de que se está vivendo no centro do universo cultural. Acontece que a crença de que se vive no centro do universo é sinal virtualmente infalível de provincianismo, ou insularidade, para usar a palavra de Russell. E, mais ainda, isso afeta até mesmo as pessoas de primeira classe. Convenhamos que essa não é uma doença unicamente inglesa – os franceses também sofrem dela. Mas, de fato, não é tão mau ser centrado em Paris como ser centrado em Oxford ou Cambridge, pois Paris, afinal de contas, é uma cidade grande com muito mais a oferecer do que a Sorbonne e o College de France!

Em outros sentidos, no entanto, Cambridge é um ambiente maravilhoso. Estou pensando especialmente não só nas condições materiais da produção intelectual, mas também na oportunidade de se encontrar pessoas de diferentes disciplinas nos seus vários *colleges* e de trocar ideias. Mas, mesmo assim, o perigo de provincianismo permanece sério. O único remédio é ir embora, temporária ou permanentemente. Eu passei dezesseis anos, de 1962 a 1978, ensinando na então recém-fundada Universidade de Sussex e, desde então, visitas frequentes a outros países têm evitado que eu me torne muito insular – ou será que isso é somente ilusão minha?

---

10 Bertrand Russell (1872-1970), filósofo inglês, autor de *Principles of Mathematics* (1903).

As muitas faces da história

Você é conhecido como autor que escreve numa linguagem simples e acessível a um público leigo, e o fato de já ter sido traduzido em 28 línguas é testemunho de que sua obra suscita interesse em muitos pontos do mundo. A recepção de sua obra por distantes leitores de bielo-russo, casaque, lituano, chinês, albanês etc. é algo que, de algum modo, o intriga e desconcerta pelas múltiplas possibilidades de apropriação possíveis? Em outras palavras, o modo como, por exemplo, o chinês lê o seu livro sobre a construção da imagem de Luís XIV o interessa e preocupa?

Como historiador da recepção cultural, fico fascinado com a recepção – ou recepções, no plural – de meu trabalho. Fico realmente fascinado, imaginando se o leitor chinês do meu livro sobre a fabricação da imagem de Luís XIV o relaciona com Mao Tsé-tung; e talvez essa obra tenha sido mesmo traduzida por ter sido vista como uma contribuição ao processo de "desmaoificação", na mesma linha da "desestalinização, ou do que chamei, no caso de Luís XIV, de "deluisificação". Enfim, tal uso criativo de meu trabalho não me preocupa em nada.

O que me perturba e desconcerta é ler interpretações de meu trabalho em resenhas, em que me atribuem ideias que não tenho e visões que não são minhas. Se isso pode acontecer até dentro de minha própria cultura, na Inglaterra, o que então não poderá ocorrer em outras partes? E agora, que fui traduzido em muito mais línguas do que posso ler, fica ainda mais impossível de ter uma ideia de como os casaques ou georgianos me interpretaram.

Você foi formado na tradição empirista britânica, mas é considerado por seus colegas britânicos (não necessariamente pelos franceses) como um historiador que se destaca por suas preocupações teóricas. A que atribui essa sua característica distintiva? Até que ponto haveria uma tensão entre suas preocupações empíricas e teóricas?

Os franceses têm uma frase muito boa: *"On est toujours le néopolitain de quelqu'un"*. Nesse sentido, tudo é relativo. Ser britânico e historiador significa ter engolido uma dupla dose de empirismo, o local e o profissional! Por algum motivo, eu me tornei menos empirista do que muitos de meus colegas, o que os faz pensar que eu não tenho os pés no chão. Talvez isso tenha começado com minhas leituras de filosofia – minha escola católica nos encorajava a ler Santo Tomás de Aquino numa época em que muitas escolas não encorajavam a leitura de nenhuma filosofia. Descobri a filosofia linguística de Alfred Ayer[11] e de Gilbert Ryle[12] na ocasião em que prestava exames para Oxford, e Wittgenstein[13] no curso de graduação. Foi a partir daí que me dirigi para a sociologia e para a antropologia.

Não vejo, em princípio, nenhum conflito entre as abordagens teóricas e empíricas. Tome o caso de Max Weber, por exemplo. Ele lia muito história comparativa e construiu suas teorias sobre essa base. Toda teoria precisa ser uma teoria de algo, o que torna a informação essencial. Inversamente, como Karl Popper[14] e outros mostraram, de modo contrário ao que podem pensar os empiristas extremos, é difícil, se não impossível, para os cientistas, fazer observações sem que tenham ao menos uma teoria provisória (ou hipótese, ou modelo) para testar (estou acrescentando mais esses termos de "hipótese" e "modelo" porque não me agrada a dicotomia entre fato e teoria, já que há todo um tipo de nuança a se acrescentar).

Do mesmo modo, não se pode trabalhar proveitosamente num arquivo se não se estiver procurando algo. Se há cem quilômetros de documentos no Archivio di Stato em Veneza, por que ler alguns e não outros? Assim, "fatos" e "teorias" são interdepen-

---

11 Alfred Ayer (1910-1989), filósofo inglês, autor de *Linguagem, verdade e lógica* (1936).
12 Gilbert Ryle (1900-1976), filósofo inglês, autor de *The Concept of Mind* (1949).
13 Ludwig Wittgenstein (1889-1951), filósofo austríaco, muito influente na Inglaterra desde os anos 30, para onde se mudou em 1929. Suas obras mais conhecidas são: *Tractatus logico-philosophicus* (1921) e *Investigações filosóficas* (1952).
14 Karl Popper (1902-1994), filósofo austríaco, crítico do positivismo lógico, que se radicou na Inglaterra em 1945. Dentre outros, escreveu *A lógica da pesquisa científica* (1935), *A sociedade aberta e seus inimigos* (1945), e *A miséria do historicismo* (1957).

dentes. Mesmo os historiadores que se consideram puros empiristas, na prática, fazem perguntas e investigam problemas. Precisamos misturar fato e teoria para fazer um coquetel. Mas restam problemas, tais como: qual teoria devemos escolher e com base em quê? Qual a dose de teoria que deve entrar no coquetel? Nisso há muito espaço para tensão.

Você quer dizer que o historiador tem que, em algum momento, escolher uma teoria? Ele não poderia fazer um coquetel de várias teorias para misturar com os fatos levantados?

Concordo plenamente, pois penso que misturar coquetéis teóricos é exatamente o que tenho feito durante quase toda a minha carreira, já que nunca fui marxista, weberiano, durkheimiano ou estruturalista. Evidentemente, não se pode misturar qualquer coisa com qualquer coisa. Algumas ideias simplesmente não são consistentes com outras. Mas essa é a única restrição, a meu ver, para a construção de um modelo ou uma teoria a ser testada por uma dada situação histórica. Os puristas, marxistas dogmáticos, por exemplo, denunciam os fazedores de coquetel (como Carlo Ginzburg, Keith Thomas, Natalie Davis e eu) como ecléticos. É irônico, não é? Porque Marx era, ele próprio, um eclético nesse sentido. Ele construiu sua teoria com os elementos de Hegel, Adam Smith e outros, do mesmo modo que Norbert Elias construiu sua teoria do processo civilizatório com fragmentos de Freud e Weber. Mas eles foram cuidadosos, tentando manter coerência e consistência, pelo menos na maior parte do tempo.

Referindo-se ao que chamou de "tola idolatria" de que Foucault é alvo, Ginzburg não só criticou os seus cegos seguidores como também questionou o que chamou de "retórica vazia" de Foucault. O que, no seu entender, há de mito e de realidade em Foucault?

A meu ver, o valor de Foucault para os historiadores – deixando de lado suas possíveis realizações como filósofo – é essencialmente negativo. Ele forneceu críticas importantes à sabedoria convencional, à ideia, por exemplo, de que o surgimento dos asilos para os insanos ou de um novo tipo de prisão foi o resultado do progresso no sentido humanitário. Do lado positivo, ele reconceituou debates sobre o poder e o conhecimento, o que também é muito importante. Mas a interpretação que deu para o surgimento de asilos, prisões, fábricas, novo tipo de escola etc. é, ela própria, passível de crítica. Seus argumentos sofrem pelo fato de ele não querer fazer séria pesquisa histórica, para não mencionar sua tendência a generalizar sobre a Europa a partir da experiência francesa, uma tendência que, obviamente, não é restrita a Foucault. Para ser mais exato, os livros em que lidou com práticas sociais, como *História da loucura* e *Vigiar e punir*, sofreram dessas limitações; já *As palavras e as coisas* não. Outras pessoas têm feito a pesquisa que ele não fez e têm tido que qualificar as conclusões originais de Foucault. Esse exemplo serve para ilustrar o ponto que discutíamos antes, sobre a relevância dos arquivos para a história; pois, no meu entender, o único modo de Foucault poder encontrar respostas às perguntas que se propunha naquelas obras teria sido trabalhar nos arquivos.

Mas concorda que Foucault é superestimado e que, em grande parte, ele não passa de uma "nota de rodapé" a Nietzsche,[15] como disse Ginzburg?

Tenho certeza de que Foucault é superestimado em muitos lugares, que há um culto de suas ideias em várias regiões, apesar de esse não ser tanto o caso inglês. E concordo que ele deve muito a Nietzsche, incluindo o conceito de "genealogia", tão proeminente em seu trabalho histórico. Nas futuras histórias da filosofia é bem provável que ele seja colocado num capítulo sobre os seguidores de Nietzsche. No entanto, acho que ele é mais do que uma nota de rodapé a Nietzsche, assim como penso (contrariamente a Whitehead)[16] que a filosofia ocidental é mais do que uma

---

15 Friedrich Nietzsche (1844-1900) filósofo alemão, autor de *Assim falou Zaratustra* (1883-1885).
16 Alfred Whitehead (1861-1947), filósofo-matemático inglês, colaborador de Bertrand Russell no *Principia Mathematica* (1910-1913). Dentre seus trabalhos mais populares estão *Adventures of Ideas* (1933) e *Modes of Thought* (1938).

série de notas de rodapé a Platão! No seu trabalho sobre clínicas, asilos, prisões e outras instituições, Foucault adotou o que pode ser chamado de abordagem nietzschiana, mas foi mais do que um mero discípulo. Fez suas próprias críticas precisas e concretas à história tradicional do asilo, por exemplo. Na série de livros sobre a sexualidade que escreveu nos seus últimos anos – seu trabalho mais rico e perceptivo, a meu ver –, Foucault se revela no ápice de sua originalidade.

O sinólogo francês Marcel Granet afirmou que "la méthode c'est la route apres qu'on l'a parcourue". Essa asserção parece, no mínimo, levantar dúvidas sobre as prescrições a priori e aludir à inutilidade da recomendação de que se deve abordar os arquivos com perguntas relevantes, hipóteses significativas etc. Nessa mesma linha, Ginzburg referiu-se à natureza casual de suas descobertas e ao fato de muitas vezes achar uma resposta para a qual tem que inventar uma pergunta. Gostaria de fazer algum comentário sobre isso?

Não acredito que haja "um" método histórico quanto a um procedimento a seguir em todos os casos. Nesse sentido, concordaria com Granet. Na prática, como ele diz, nós somente descobrimos nosso método ao longo da pesquisa, em vez de começarmos com ele do início; mas isso não significa que não haja método ou critério para se escolher um caminho em vez de outro. Também concordo com Ginzburg sobre a importância da serendípide, ou do acaso, especialmente quando se trabalha em arquivos. Mas, às vezes, o que parece acaso pode não ser realmente acidental. Acho que os bons historiadores – assim como os bons caçadores, para retomar a famosa metáfora de Carlo – desenvolvem uma sensibilidade inconsciente que lhes diz para que direção olhar.

Mas também acredito que há certos métodos – métodos no plural – que vale a pena seguir quando se está tentando escrever alguns tipos de história. Quando eu estava trabalhando, por exemplo, sobre a história das elites em dois livros sucessivos, escolhi seguir o método de "prosopografia" ou "biografia coletiva" de algumas centenas de pessoas – um método que havia sido usado por alguns historiadores da Roma antiga e, na Inglaterra, por Lewis Namier[17] e Lawrence Stone, quando escreveram sobre a classe dirigente inglesa. A prosopografia tem, sem dúvida, seus perigos, e a discussão desses perigos faz parte do debate sobre métodos. Mas não fazer prosopografia é ainda mais perigoso, pois significa generalizar sobre um grupo sem ter tentado estudar todos os seus membros individualmente.

Da mesma forma, penso que Quentin Skinner formulou um bom método para enfrentar alguns problemas da história intelectual. *Um* método, e não o método, pois há também muito valor em se abordar o mesmo material seguindo o método da *histoire des mentalités,* no estilo dos historiadores que seguem Bloch e Febvre, ou o da *Begrifftgeschichte* praticada por Reinhart Koselleck[18] e seus discípulos.

Você já se referiu com otimismo a "mais uns poucos passos dados para a frente" em direção à "histoire total" sonhada e advogada por Braudel. O que diria, então, aos que se queixam da fragmentação crescente da história e do fato de sua expansão em amplitude, interesse e abordagem não ter sido acompanhado por uma mais ampla e profunda compreensão do passado? Até que ponto concorda que a fragmentação existe e é um mal, e que a interdisciplinariedade e o diálogo dos historiadores é muito mais um ideal do que uma realidade?

Sim, acredito na ideia de Braudel da "história total", como uma tentativa de ver os problemas particulares, os grupos, os lugares ou os períodos como parte de um todo maior. De qualquer modo, reconheço que, lamentavelmente, existe uma fragmentação dos estudos históricos, como a fragmentação do conhecimento em geral. Coletivamente, os seres humanos sabem mais e mais.

---

17 Lewis Namier (nome adotado por Ludwik Niemirowski, 1888-1960), historiador da Inglaterra do século XVIII, nascido na Polônia e naturalizado inglês. Sua obra mais importante é *The Structure of Politics at the Accession of George II* (1929).

18 Reinhart Koselleck (1923), historiador alemão, autor de *Vergangene Zukunft* (1979), entre outros.

Individualmente, é cada vez mais difícil de se ver a conexão entre o "campo" de cada um (uma metáfora reveladora para descrever a propriedade intelectual) e o resto. A tendência nessa direção é, no entanto, já bem antiga.

Também devo admitir, com pesar, que o desenvolvimento da chamada Nova História, um movimento no qual participei com entusiasmo desde os anos 60, tornou as coisas piores. O preço de se estender o campo da história para incluir todo mundo e todos os tipos de atividade humana – que certamente significou um enriquecimento – foi uma fragmentação crescente. O surgimento do interesse dos europeus pela história do resto do mundo – um interesse que recebi com entusiasmo – multiplicou os tipos de história disponíveis, o que também encorajou, novamente, maior fragmentação.

Tenho tentado praticar uma abordagem interdisciplinar (concentrando-me nas conexões entre o estudo de história, sociologia, literatura e antropologia), desde que fui, em 1962, para a então nova Universidade de Sussex. Combinar disciplinas é um remédio para a fragmentação, e é sempre fascinante observar como os alunos – que são intelectualmente mais flexíveis do que os professores mais velhos – aprendem rapidamente a praticar essa abordagem. Mas o remédio é sempre parcial. O que se vê hoje mais claramente do que há trinta anos é o surgimento de grupos diferentes de historiadores com ligações com outras disciplinas específicas – filosofia, no caso dos historiadores intelectuais; sociologia, no caso dos historiadores sociais; antropologia, no caso de alguns historiadores culturais. Cada grupo fala mais e mais com pessoas da outra disciplina, mas fala cada vez menos com outros tipos de historiadores!

No entanto, apesar de tudo isso, permaneço otimista. Acredito que mostrar as conexões entre as regiões e entre disciplinas intelectuais é um modo de combater a fragmentação. Os defensores da especialização, que acreditam estar estudando a história em profundidade, denunciam a abordagem global como superficial. Entretanto, é possível combinar amplitude com profundidade, mostrando, por exemplo, as ligações entre o local e o global.

A abordagem comparativa parece ser um tema delicado para ser discutido com os historiadores, exatamente porque, apesar de ser pregada insistentemente desde Bloch, é muito pouco praticada. Quase nenhum historiador atual ousa negar os benefícios que essa abordagem pode trazer para o estudo do passado, mas, ao mesmo tempo, quando questionados sobre seu trabalho específico, tendem a se mostrar incomodados com as imensas dificuldades dessa empreitada. Poucos são os que, como Jack Goody, realmente utilizam essa abordagem e a defendem como a única forma de contra-atacar os males do etnocentrismo e das representações deturpadas do "outro". Qual sua visão sobre essa situação?

Há pouco estava falando sobre o problema de se colocar a própria pesquisa ou especialidade num todo mais amplo. A comparação é a tentativa sistemática de se fazer isso. É, sem dúvida, um remédio contra o provincianismo dos especialistas, bem como contra o etnocentrismo que Jack Goody acertadamente critica. Os historiadores gostam de dizer que estão voltados para o particular, deixando as generalizações para os sociólogos, economistas e outros. Muitos deles parecem, portanto, não perceber que não se pode dizer o que é específico de um lugar, período ou grupo social sem compará-lo e contrastá-lo com outros! Mas fazer isso significa ler muito fora de seu próprio "campo", e muitas pessoas são tímidas ou muito preguiçosas para isso.

A história comparativa tem sido, há bastante tempo, quase que uma obsessão minha. Cheguei a editar uma série de volumes em história comparativa – um dos volumes eu mesmo escrevi, *Veneza e Amsterdã* – mas a série terminou nos anos 70 porque era difícil encontrar autores. *Veneza e Amsterdã* é um estudo que faz o que Marc Bloch chamou de "comparações entre vizinhos". Um desafio ainda maior é o das comparações distantes, nas quais Jack Goody se concentra. Tanto os perigos quanto as recompensas são, nesse caso, maiores. Os perigos são maiores porque se leva muito tempo para começar a entender outra cultura, e, como não se pode, em geral, passar a vida nisso, o perigo da superficialidade é sério. No entanto, sempre se pode mostrar o trabalho para especialistas antes de publicá-lo e, no meu caso, eu aprendi muito consultando historiadores da China e do Japão. As recompensas, por outro lado, são maiores porque a comparação é o modo de nós nos aproximarmos da "história total".

Nas últimas gerações, alguns poucos estudiosos têm praticado história comparativa em larga escala. Estou pensando no *Democracy and Dictatorship* de Barrington Moore,[19] por exemplo, ou nos dois volumes nos quais Perry Anderson[20] escreveu a história europeia dentro de um quadro comparativo, ou mesmo no estudo comparativo do nacionalismo de seu irmão, Ben,[21] *Imagined Communities*. Minhas próprias ambições têm sido bem mais limitadas. Tendo a focalizar um lugar e período específicos, mas tento também colocar o problema central num quadro mais amplo. Meu estudo sobre cultura e sociedade na Renascença italiana terminou com duas comparações, uma próxima com a Holanda e outra distante com o Japão. *A fabricação do rei* fez comparações e contrastes com a fabricação de dirigentes de outros períodos, desde Augustus até Mussolini e Margaret Thatcher.

Interrogados sobre o conselho que dariam aos jovens historiadores, Carlo Ginzburg recomendou (com muita cautela) a leitura de romances como um bom modo de estimular a "imaginação moral"; R. Darnton recomendou que trabalhassem como repórteres de assassinatos e assaltos à mão armada para aprender a respeitar a "exatidão dos fatos" e combater a ideia de que "tudo é discurso"; Quentin Skinner recomendou a leitura de intelectuais como Geertz e Foucault, que são "bons filósofos de suas práticas"; K. Thomas recomendou a "leitura de grande espectro de temas e disciplinas porque a história é o que os historiadores trazem para

---

19 Barrington Moore (1913), teórico político norte-americano, autor de *As origens sociais da ditadura e da democracia:* senhores e camponeses na construção do mundo moderno (1966).
20 Perry Anderson (1938), marxista inglês, um dos fundadores da New Left e autor de *Passagens da Antiguidade ao feudalismo* e *Linhagens do Estado absolutista* (1974).
21 Benedict Anderson, cientista social, autor de *Language and Power - Exploring Political Cultures in Indonesia* (1990). Seu *Imagined Communities* foi publicado em 1983.

ela". *Considerando que é leitor diário de romances de várias épocas e nacionalidades, concordaria mais com o conselho de Ginzburg, ou teria algum outro?*

Na verdade, concordo com todos os quatro conselhos, e eu mesmo tento seguir três deles (nunca fui repórter), mas gostaria de começar acrescentando algo. Para mim, o estudo do passado é inseparável da sua cultura material. Meu entusiasmo pela história medieval quando criança foi, em grande parte, o resultado de ter visto muitos objetos desse período, especialmente catedrais góticas, manuscritos ilustrados, mobília exposta no Victoria and Albert Museum e as armaduras e armas exibidas na Torre de Londres e em outros museus. Ver esses objetos representa, no meu entender, um enorme estímulo para a imaginação histórica.

Retornando à sua pergunta sobre os romances, eu os leio por eles próprios, desinteressadamente, mas não consigo desligar o meu lado de historiador quando tenho um romance em mãos ou quando viajo. Assim, me vejo frequentemente rabiscando na guarda do livro referências à arte da narrativa e à cultura do período em que o romance foi escrito. Rabisco mais quando leio romances históricos, ao menos aqueles romances que não são só pitorescos e encenados em lugares exóticos, mas que tratam do processo histórico, como *Guerra e paz*, de Tolstoi, *Waverley*, de Scott, *Os noivos. história milanesa do século XVII*, de Manzoni, e assim por diante.

Diria que os críticos de seus trabalhos são os seus principais interlocutores? Qual o papel que eles exerceram no desenvolvimento de suas ideias?

Nunca estive envolvido muito em controvérsias históricas, do modo como grandes historiadores britânicos – como Hill, Thompson, Stone etc. – estiveram. Quando alguém faz objeções à minha visão da história italiana – o que acontece de tempos em tempos –, sempre me parece que a objeção é o resultado de um desentendimento, que é, enfim, uma crítica a algo que eu não disse.

Não quero dizer que estou sempre certo! Mas, como você sugeriu antes, prefiro posições moderadas a interpretações radicais. Eu poderia ter provocado controvérsia e chamado mais atenção para meus livros se fizesse afirmações extremadas, mas isso não me vem naturalmente. De fato, caso fizesse isso, eu estaria sendo intelectualmente desonesto.

O que tem acontecido mais frequentemente, e que é muito mais irritante, é ver minha abordagem (história comparativa, digamos, ou história da cultura popular) ser descartada por alguém que afirma não ver nenhum sentido nisso, ou que se contenta de rotulá-la como "da moda", e nada mais. Acolho com prazer uma discussão séria sobre as vantagens ou desvantagens das diferentes abordagens, mas me ressinto quando vejo meu trabalho ser rejeitado sem nenhuma argumentação.

Aprendi muito com algumas resenhas de meus livros, mas nem sempre em questões de detalhe. Aprendi ainda mais com pessoas que leram meu trabalho ainda em manuscrito ou que fizeram perguntas perspicazes e intrigantes quando apresentei *papers* em seminários (às vezes ainda estou tentando responder a elas semanas mais tarde...). E, acima de tudo, aprendi com historiadores e outros pensadores cujos trabalhos se tornaram, de algum modo, modelos para os meus. Braudel, especialmente por seu ideal de *histoire totale;* Max Weber, por sua história comparativa em escala mundial; Jacob Burckhardt e Johan Huizinga, por mostrarem como a história cultural pode ser escrita, e também muitos historiadores entrevistados neste livro, pelas conversas instigantes que duram, intermitentemente, há décadas.

Todos esses nomes mencionados seriam, então, seus mentores, seus heróis e aqueles com quem sempre imagina discutindo seus trabalhos?

Certo. Keith Thomas é meu mentor, já que ele ainda escreve recomendações para mim, e é difícil para qualquer um se livrar de uma relação tutorial mesmo após quarenta anos! Christopher Hill, Lawrence Stone e Eric Hobsbawm também me foram muito inspiradores, especialmente quando era estudante ou jovem professor, nos anos 60. Não posso deixar de citar o saudoso Raphael Samuel, o fundador do History Workshop, que foi, para mim, um "camarada" (para usar sua expressão favorita) ou mesmo uma espécie de irmão mais velho, especialmente nos anos 60 e 70. Com todos eles tenho tanto discussões reais como imaginárias.

Já Braudel, Weber, Burckhardt e Huizinga são certamente meus heróis, ao lado de Montaigne, Tchekhov[22] e outros. (Adoraria escrever história no estilo de Tchekhov, trágico e humorístico ao mesmo tempo, mas não sei como fazê-lo!) Mas as pessoas que sempre imagino nos meus ombros lendo o que escrevo e fazendo objeções são mais ou menos as mesmas variadas pessoas a quem envio meus trabalhos pedindo uma apreciação; são, realmente, muitos em número, e de várias disciplinas, os colegas que leem e discutem o que escrevo.

Considerando, com Bacon, que há somente alguns poucos livros a serem mastigados e digeridos, quais os livros que recomendaria como leitura essencial para a formação de um historiador?

Não gosto da ideia de leitura compulsória porque é contraprodutiva. Durante um tempo eu não gostava dos romances de Charles Dickens porque tive que ler *Bleak House* na escola! De qualquer modo, sou um pluralista historiográfico, penso que há muitos bons caminhos para se escrever história, incluindo estilos de história econômica e política, que eu próprio não pratico. Mas tenho, sim, minhas preferências, que recomendo com insistência aos meus estudantes: Os *reis taumaturgos* de Bloch, por exemplo; O *mediterrâneo* de Braudel, apesar de seu tamanho; Burckhardt e Huizinga, como já mencionei antes; os estudos sobre a China de Jonathan Spence; os ensaios de Namier sobre a Inglaterra do século XVIII. Todos esses são livros para serem digeridos, mas não necessariamente (para variar a metáfora) para serem tomados como receitas infalíveis para o seu próprio trabalho.

O que é importante, no meu entender, para a formação de um historiador, é ele ou ela estar consciente da variedade das his-

---

22 Anton Tchekhov (1860-1904), teatrólogo e contista russo, autor das peças *O jardim das cerejeiras* e *As três irmãs,* entre muitas outras.

tórias possíveis, dos modelos disponíveis a serem seguidos, rejeitados, adotados etc., de tal modo que cada um escolha a abordagem que se adapta à sua personalidade e também ao seu tópico; e, também, se possível, o historiador deve estar disposto a fazer ligações entre o seu próprio tópico e outros, evitando, com isso, o perigo de fragmentação que discutíamos antes.

Você já se confessou admirador do modo apaixonado com que Ginzburg escreve história. Em contrapartida, comentaristas e críticos de sua obra se referem frequentemente ao seu modo moderado (tanto em palavras como em emoções) de escrever sobre o passado e à distância com que aborda as questões. Seria possível dizer se sua opção por textos sintéticos e extremamente equilibrados se deve, fundamentalmente, a traços culturais britânicos, ou são fruto de decisão consciente tomada em razão de princípios?

Penso que o estilo de história que cada um escreve pode ser explicado, em parte, pela cultura a que pertence. Mas somente em parte. Edward Thompson, que escrevia com tanta paixão, e Eric Hobsbawm, que escreve com notável neutralidade – como se estivesse acima de tudo – vieram da mesma cultura, e, mais ainda, da mesma subcultura do marxismo inglês! Personalidade e cultura são relevantes aqui. E também o tipo de história que as pessoas escrevem. A análise econômica é usualmente mais serena do que a narrativa política, por exemplo. No meu caso, acho que sou uma espécie de espectador por temperamento, como já sugeri quando falei de Cingapura; e também tendo a ver os conflitos a partir de vários pontos de vista. Não diria que todo mundo deveria escrever história do meu modo, mas acho que o que poderia se chamar de história desinteressada, especialmente a história que tenta mostrar a multiplicidade de pontos de vista do passado, tem uma função muito importante. Muitas pessoas tomam posições políticas sem terem, antes, considerado as alternativas cuidadosamente.

Sua obra abarca não só uma grande variedade de temas como também de abordagens, pois já escreveu história intelectual

(The Renaissance Sense of the Past), história sociocultural (Culture and Society in Renaissance Italy), história político-social e comparativa (Veneza e Amsterdã), história cultural vista de baixo (Cultura popular na idade moderna), história político-cultural (A fabricação do rei) etc. No entanto, parece que não se seduziu muito pela história das mulheres nem pela mais moderna versão da história do gênero. Por quê?

Eu me interessava pelo papel das mulheres quando, nos anos 60, estava escrevendo meu livro sobre a cultura e sociedade no Renascimento e tentava entender por que os famosos artistas e escritores vinham de alguns grupos sociais e não de outros. Nos anos 80, quando estava estudando os censos de Florença e Veneza, notei as ocupações em que as mulheres apareciam, inclusive a de marinheiro *(Isabella marinera,* por exemplo), e isso me levou a escrever algumas páginas sobre o trabalho das mulheres, que publiquei no meu *Historical Anthropology.* Também no meu livro sobre a recepção de O *Cortesão* de Castiglione, coloquei bastante ênfase nas leitoras. Mais recentemente, no *European Renaissance,* falei sobre as mulheres como patronas da arte, música e literatura. Mas é verdade que nunca devotei todo um estudo à história das mulheres. Durante algum tempo não pensei nisso, e mais tarde virou moda; e gosto de lançar modas em vez de segui-las! Minha relutância em escrever história das mulheres talvez também se deva à política do movimento feminista na Inglaterra. Apesar de haver uma associação da história vista de baixo com a história das mulheres no grupo da History Workshop, no qual participei desde o início, tive a impressão de que as mulheres não queriam homens escrevendo sobre mulheres.

Você admitiu certa vez que cada novo livro seu é, em parte, uma tentativa de compensar o que falta nos anteriores. Diria, então, que seu projeto atual sobre a história social do conhecimento se explica nesses moldes?

Como mencionei antes, a noção braudeliana de história total tem sido uma inspiração permanente, ou mesmo obsessiva para mim. Como não posso atingir esse ideal num só projeto, gosto de explorar o que pode ser chamado de "variedades de experiências históricas" em vários projetos. Assim, porque meu livro sobre o Renascimento se baseara em fontes impressas, o seguinte, sobre Veneza e Amsterdã foi baseado em arquivos. Após ter, em dois livros consecutivos, me concentrado no estudo das elites, escrevi um sobre cultura popular. Do mesmo modo, após alguns trabalhos que diziam relativamente pouco sobre política, meu projeto sobre Luís XIV procurava relacionar política e cultura, e assim por diante. Meu projeto atual sobre a história social do conhecimento inaugura uma nova direção em meus estudos, mas também ecoa, em certo sentido, temas tratados em muitos de meus antigos trabalhos. É sobre história social da cultura, como o meu *Culture and Society in Renaissance Italy* (1972); lida com "conhecimentos", no plural, e com suas interações, como *Cultura popular na idade moderna* (1978); como *History and Social Theory* (1992) faz uso sistemático da teoria social: de Mannheim,[23] sobre conhecimento e sociedade; de Foucault, sobre conhecimento e poder; da nova "antropologia do conhecimento", e assim por diante. Haverá também alguns estudos de caso de conhecimento histórico entre os séculos XVI e XVIII, tema sobre o qual tenho escrito vários artigos, incluindo um sobre "A história social da história social".

Como um dos pioneiros da "história vista de baixo", concorda com a visão de Ginzburg de que a batalha já foi ganha e que essa história corre o perigo de ser transformada num slogan?

Não concordo inteiramente com Carlo. Todo movimento gera *slogans* que o caricaturizam, mas esse não é um argumento para se deixar o movimento. Quanto à ideia de ganhar a batalha, diria que a tendência de escrever a história vista de baixo é muito mais forte em alguns países, na história de alguns períodos e em alguns domínios da história do que em outros. A história da ciência, por exemplo, ou a história do conhecimento começou só recentemente a ser explorada desse modo. Mas como no caso da mu-

---

23 Karl Mannheim (1893-1947), sociólogo húngaro, autor de *Essays on the Sociology of Knowledge* (1956).

dança da história das mulheres para história do gênero, penso que a abordagem mais útil agora é aquela que se concentra nas interações entre "o de baixo" e "o de cima". Por exemplo, no trabalho que estou desenvolvendo sobre a história social do conhecimento, estou tentando explorar as interações entre os diferentes "conhecimentos", no plural – os dos artesãos e camponeses, assim como os dos padres e professores.

Darnton deparou com o que chama de "sonho de todo historiador"; ou seja, um tesouro de manuscritos intocados nos arquivos da maior editora suíça do século XVIII; o mesmo aconteceu com Thomas ao descobrir as notas de pacientes de um astrólogo não tocadas desde o século XVII. Alguma coisa semelhante aconteceu com você?

O mais próximo disso que aconteceu comigo foi em Roma, em 1982. Estava trabalhando no Archivio di Stato e comecei a ler os casos trazidos diante do Tribunal do governador de Roma. Tinha desenvolvido, um pouco antes, grande interesse pela história social da linguagem e havia no catálogo daquele arquivo mais ou menos uma centena de casos de insultos ocorridos no fim do século XVI e início do XVII. Como é o caso de muitos arquivos italianos, os pesquisadores só podem requerer três volumes *(buste)* por dia. Com só um caso de insulto em cada volume, eu frequentemente terminava de examinar minha cota diária na hora do almoço. Podia, então, escolher passar a tarde fora do Archivio – o que fiz algumas vezes – ou lá permanecer, folheando os três volumes, o que chegou a me revelar, às vezes, vinte outros casos de assassinato, fraude e outros crimes. O interrogatório era muito parecido com o dos inquisidores, o que dava a sensação de se estar ouvindo as pessoas comuns falando. Ficava claro, por exemplo, quando algumas delas estavam apavoradas (havia instrumentos de tortura na sala do interrogatório) e tentavam imaginar qual era a resposta que se esperava delas, que tipo de resposta iria apaziguar o investigador e permitir que elas voltassem para casa. Outros, especialmente os vizinhos do acusado, pareciam gostar do papel de testemunhas, e começavam quase sempre com a frase ritual, "Eu cuido só da minha vida"; mas, a partir daí, revelavam todo tipo de detalhes íntimos da vida das pessoas que observavam das janelas e ouviam através das paredes. Cheguei a pensar em ampliar minha pesquisa para abranger a história da cidade. Havia ao todo trezentos volumes e eu podia passar dois ou três meses por ano em Roma e recolher gradualmente todos os casos para compor, a partir das ruas, todo o quadro de uma cidade grande. Em certo sentido, esse era um projeto muito sedutor, mas, por outro lado, era pouco aventuroso. A existência desse material já era conhecida, apesar de a maioria dos estudiosos tender a trabalhar só com um tipo de caso, como eu trabalhava com os insultos. Centenas de historiadores sociais, incluindo historiadores urbanos, estudam registros judiciários desse modo. Mas gosto de variar, escrevendo tipos diferentes de história, como você já notou, e também procurando ter uma visão de conjunto, o que muitos de meus colegas não fazem. Foi por isso, enfim, que acabei deixando Roma para trás.

Você escreveu um livro sobre a Escola dos Annales *na qualidade de observador e de participante. Poderia explicitar no que se aproxima e no que se distancia dela?*

Minha descoberta dos *Annales*, quando ainda estudava em Oxford, por volta dos anos 60, foi uma revelação. Eu me identifiquei com os heróis do movimento e sua luta contra a dominação de uma história mais tradicional, identificação que foi ajudada pelo fato de que o tipo de história contra a qual Bloch e Febvre se rebelaram ainda ser a história dominante em Oxford. Pensei vagamente em estudar com Braudel em Paris, mas a vida que levava em Oxford também me cativava, e desisti da ideia. O ideal que desenvolvi, entretanto, foi de escrever história ao modo dos *Annales*, mais ou menos sozinho. Tentei fazer isso num livro que escrevi nos anos 60 sobre o Renascimento italiano, um tópico que ainda não havia atraído os historiadores dos *Annales*. Nesse livro, tentei combinar *histoire sérielle* com a abordagem alemã de história cultural associada a Burckhardt, Aby Warburg[24] e Erwin Panofsky.[25]

Assim, pode-se dizer que eu era um simpatizante, mas não um membro do grupo dos *Annales*, e sem a mínima vontade de tomar parte nos conflitos de seu sistema de patronagem. Há décadas me encontro com membros importantes do grupo, com quem tenho relações amistosas, mas não somos muito próximos.

Sinto que sou visto como alguém de fora. Na verdade, sinto o mesmo em relação à cultura francesa em geral. Aprendi francês quando tinha nove anos e leio livros em francês desde então, mas seguramente não sou francês em cultura. Se pudesse mudar de cultura, acho que preferiria me tornar italiano.

A história das mentalidades, que foi uma das mais bem-sucedidas inovações historiográficas das últimas décadas, tem sido frequentemente atacada por aqueles que consideram a própria noção de mentalidade enganosa como instrumento de análise histórica. Jack Goody, por exemplo, diz que há uma certa "preguiça intelectual" na utilização dessa noção nas interpretações históricas. Qual é sua posição nesse debate?

Preguiça intelectual, a meu ver, é endêmica, pois nos afeta o tempo todo, quaisquer que sejam os conceitos que usemos. A partir do momento em que começamos a tomar um dado conceito como certo, em vez de usá-lo entre aspas, ou seja, reconhecendo suas limitações, estamos sofrendo de preguiça intelectual. Isso sempre pode acontecer e aconteceu, de fato, no caso da "mentalidade". É fácil coisificar esse conceito, falar como se mentalidades "realmente" existissem, no mesmo sentido de que pedras, árvores ou pessoas existem. Jack Goody está, pois, totalmente certo em reclamar, assim como Geoffrey Lloyd também tem razão em falar

---

24 Aby Warburg (1866-1929), historiador da Renascença, fundador do Warburg Institute (Hamburgo, agora em Londres).

25 Erwin Panofsky (1892-1968), historiador da arte alemão que imigrou para os Estados Unidos, autor de *Arquitetura gótica e escolástica:* sobre a analogia entre arte, filosofia e teologia na Idade Média (1951) e *O significado nas artes visuais* (1955).

sobre a necessidade de "desmitificar as mentalidades", para usar o título de um excelente livro que ele escreveu recentemente.

Há também um outro contexto para a crítica de Jack, que é o estereótipo ocidental sobre a mentalidade "oriental", um grande obstáculo à compreensão de outras culturas. Podemos aqui retomar a questão sobre a diferença humana a que Keith Thomas se referiu em sua entrevista. Devemos considerar o passado como se fosse um país estrangeiro, ou não? Ou, recuando para a questão que está por trás desta, quão diferentes somos dos estrangeiros? Se assumirmos que eles são exatamente como nós, cometemos erros no nível concreto e prático. Mas se assumirmos que eles são muito diferentes de nós, cometemos igualmente grandes erros. É mais ou menos como o problema dos físicos, se bem compreendo, com seus conceitos de ondas e partículas. Eles devem tentar compreender a natureza da luz, por exemplo, usando simultaneamente dois conceitos incompatíveis. Do mesmo modo, temos que olhar as outras culturas como se fossem compostas de pessoas que são ao mesmo tempo iguais a nós e diferentes de nós em seu modo de pensar.

Retomando o conceito de mentalidade, precisamos ter um modo de falar sobre os pressupostos humanos, sobre o que as pessoas assumem inconscientemente num dado tempo e lugar, bem como sobre as ideias que elas conscientemente têm. Ora, se nos desvencilharmos dessa expressão, teremos que cunhar outra para ocupar o mesmo espaço. Não haverá nunca um termo "certo", pois todos os conceitos podem ser mal empregados. Não sei se Jack concordaria comigo, mas, no meu entender, a preguiça está em nós e não nos conceitos. Assim, penso que termos como "mentalidade" e "modo de pensar" ainda são úteis, tão úteis como eram nos séculos XVII e XVIII quando pessoas como Locke[26] e Montesquieu[27] começaram a usá-los. Mas desde que, como no

---

26 John Locke (1632-1704), um dos fundadores da filosofia empiricista inglesa, autor do *Ensaio acerca do entendimento humano* (1690).
27 Charles Louis de Secondat, baron de Montesquieu (1689-1755), filósofo e jurista francês, autor do influente *Do espírito das leis* (1748).

caso de outros conceitos, tentemos não nos esquecer de colocá--los entre aspas!

De todos os seus livros traduzidos para o português, o livro sobre os Annales *– A Escola dos Annales – é o que mais se vende no Brasil, ao passo que na Inglaterra é talvez o menos vendido. Como estudioso da história da recepção, o que diria que isso revela das duas sociedades?*

Deve haver uma explicação cultural para isso. Se tivesse me perguntado nos anos 1960, quando estava tentando convencer os editores daqui a traduzir Braudel e Febvre, qual a razão de os historiadores ingleses não se interessarem pela Escola dos *Annales*, eu teria dito que os ingleses são mais voltados para a história das instituições. Mais tarde, no entanto, eles se voltaram para a história social e, agora – finalmente –, alguns estão até mesmo interessados na história das mentalidades. Mas eles ainda não querem ler sobre os *Annales*! Assim, diria que temos que voltar para o problema de uma cultura empiricista, que considera que a filosofia da história e mesmo a historiografia não são nada mais do que passatempo e digressão da história "verdadeira". Uma anedota pode ilustrar isso. Há alguns anos, fui convidado a ser o representante britânico da International Commission for the Study of Historiography. Após ter aceitado o convite, recebi um questionário da Alemanha Oriental. Primeira pergunta: "Quantas revistas de história da historiografia são publicadas nesse país?". Resposta: "Nenhuma". Segunda pergunta: "Quantas cadeiras de história da historiografia foram criadas no país?". Resposta: "Nenhuma". E assim por diante. Tive que juntar uma nota dizendo que realmente tentara responder às questões, mas que a Grã-Bretanha não tinha, de fato, tais revistas ou cátedras.

Bem, essa é a metade da questão. Quanto ao Brasil, é tentador para mim, como historiador, ligar o interesse pelos *Annales* com o interesse pela França e a paixão por coisas francesas, tão forte entre as elites do século passado. E também com o respeito que se percebe no Brasil por ideias estrangeiras e pelos modos estrangeiros de fazer as coisas, atitude completamente oposta à britânica. De qualquer modo, há lá muitos cursos de historiografia e de método histórico, o que não ocorre, de modo algum, na Inglaterra! A meu ver, há muito pouco interesse por método na Inglaterra e interesse demasiado no Brasil. O problema com a falta de interesse britânico é que isso inibe a autocrítica. O problema brasileiro é o oposto – uma preocupação excessiva com Método, com M maiúsculo, o que leva a teses de doutorado que são, muitas vezes, só um longo prólogo sem dados, ou com poucos dados; enfim, com pouca pesquisa para sustentar as generalizações.

Para os países que se acham na periferia ou semiperiferia da vida intelectual do mundo das letras, parece que o centro não se interessa devidamente pelo que é produzido fora dele. Pensando no Brasil, por exemplo, podemos citar intelectuais de envergadura, como Gilberto Freyre e Florestan Fernandes que, apesar das inovações que produziram desde a década de 1930, permanecem mais ou menos desconhecidos nos centros intelectuais. Você tem se mostrado muito sensível a essa situação e sua obra se destaca pelo esforço de trazer para o centro ideias produzidas na 'periferia" e por incentivar o tráfego de ideias nas duas direções. Concorda que essa situação de relativa indiferença para com o "outro" mais ou menos periférico repercute no mundo não acadêmico e constitui, portanto, um obstáculo à compreensão intercultural? O que, no seu entender, poderia ser feito para se combater essa situação?

Infelizmente, parece ser verdade que o lugar de onde se fala é tão importante quanto o que se fala. Braudel apontou isso muito bem quando, certa vez, expressou sua admiração pelo historiador polonês Witold Kula. Ele disse – não sei quão sinceramente – que Kula era mais inteligente do que ele, mas que ele, Braudel, tinha "um alto-falante francês", o que o tornava mais fácil de ser ouvido! Em termos individuais, é possível fazer um esforço de aprender mais línguas, de procurar ideias interessantes e divulgá-las para o mundo, quando as encontrar. Eu, por exemplo, tenho tentado fazer que as pessoas descubram a importância de Freyre, de Kula, do sociólogo cubano Fernando Ortiz e outros. Evidentemente, traduções também poderiam ajudar. No entanto, um problema em larga escala exige ações em larga escala. Como sabe, os convênios acadêmicos, a falada "troca" acadêmica, significa, em geral, que pessoas jovens da periferia passam alguns anos no centro, enquanto pessoas mais velhas do centro passam um ou dois dias na periferia. Se números substanciais de jovens da França ou dos Estados Unidos, por exemplo, passassem um ano no Cairo, digamos, ou em Lima, para aprender a língua e descobrir a cultura local, então a situação poderia mudar.

"Para que serve a história?" Marc Bloch escreveu todo um livro tentando responder a essa relevante questão proposta, com toda a sua simplicidade, por uma criança, pois, como ele disse, essa é uma pergunta que põe em questão a própria "legitimidade da história". Poderia dar uma ideia de como enfrentaria essa questão?

Se quer uma resposta curta para essa questão imensa, eu simplesmente diria que a utilidade do estudo do passado é ajudar a nos orientar no mundo em que vivemos. Uma resposta mais longa envolveria fazer distinções entre usos, mais ou menos práticos, da história e também entre passados, mais ou menos remotos.

Considerando que o mundo está em mudança permanente, é impossível entendê-lo sem tentar localizar o que está acontecendo dentro de tendências mais amplas através do tempo, quer sejam tendências econômicas, culturais ou outras. Isso é o que essencialmente justifica o estudo do passado mais recente. Mas o passado recente também não é compreensível em si mesmo. Às vezes penso que a história deveria ser ensinada retrospectivamente, isto é, começando com os eventos correntes e voltando para trás para ver o que gerou esses acontecimentos. Para se entender o que está ocorrendo hoje, talvez tenhamos que recuar uma geração, até os anos 60. E para entender esses anos, devemos recuar uma geração, e assim por diante. Quando, então, devemos parar?

Outro uso da história é falar às pessoas sobre suas raízes, sobre as culturas das quais elas e suas famílias vieram. Numa época em que mais e mais pessoas se sentem desenraizadas num mundo que está mudando mais e mais rapidamente, e quando muitas pessoas foram fisicamente desenraizadas, às vezes violentamente, como é o caso dos albaneses de Kosovo, essa função psicológica do estudo do passado torna-se extremamente importante. É o que explica o crescente interesse pela história local nos últimos anos.

Mas estudar somente o próprio passado pode ser perigoso, pois encoraja a insularidade e um sentido de superioridade sobre os outros, como é o caso dos Bálcãs. Assim, é crucial combinar o estudo de "nós" com o estudo dos "outros", mais ou menos remotos. Eu, às vezes, penso sobre que tipo de história deveria ser ensinado nas escolas para educar os cidadãos do mundo do século XXI. Há muito a ser dito sobre as vantagens de se começar com delineamentos da história do mundo, em parte como um quadro para estudos específicos e, em parte, como um modo de entender outras culturas hoje. Os não muçulmanos, por exemplo, precisam saber algo sobre a cultura do Islã.

Mas considerando a deplorável realidade do que vem acontecendo no Leste europeu, não diria que haveria mais possibilidade de paz e harmonia se os vários grupos, em vez de conhecerem suas próprias raízes, as desconhecessem? Se em vez da memória se cultivasse o esquecimento?

Tenho muita simpatia por essa ideia. Fui, certa vez, convidado para uma conferência na Irlanda do Norte, quando o conflito aberto entre católicos e protestantes era ainda relativamente recente. Fiquei impressionado com o número de grafites políticos nas paredes de Belfast, e especialmente pela mensagem recorrente: "Lembrem 1690!" 1690 é a data da Batalha de Boyne na qual o rei protestante Guilherme III estabeleceu controle sobre a Irlanda. E me lembro de ficar tentado a pegar um pedaço de carvão e escrever: "Esqueçam 1690!"

Mas a questão não é tão simples. Talvez você devesse ter feito essa pergunta a Jack Goody, pois ele escreveu sobre a "amnésia estrutural". Será que ele diria que nosso problema é que a escrita preserva o passado? Mas não será o caso de que as criancinhas, que ainda não sabem ler, aprendem com seus pais a odiar os protestantes ou muçulmanos, que elas já bem cedo são "socializadas" para o conflito?

O que fazer, então? Eu provavelmente vou soar mais como um psicanalista amador do que um historiador, mas quero sugerir que as memórias profundas (incluindo as memórias coletivas e históricas em algumas culturas) simplesmente não são esquecidas; querendo ou não, não se consegue apagá-las; assim, a única esperança é torná-las conscientes, discutindo-as nas escolas, por exemplo, de tal modo que as crianças tenham a chance de compreender o ponto de vista do outro lado e possam dar um passo adiante em direção ao abandono da ideia de "lados". Posso parecer muito otimista, mas estou pensando no exemplo da Espanha, que foi arrasada e dividida pela Guerra Civil nos anos 30. Pois bem, hoje os espanhóis parecem ter deixado quase tudo isso para trás. Pode até ser que a memória dos horrores da guerra ainda esteja encorajando os políticos a obedecer às regras do sistema democrático!

Cambridge, maio-junho de 1999

Bibliografia selecionada

Culture and Society in Renaissance Italy. London: Batsford, 1972. (Traduzido para o alemão, espanhol, francês, holandês, húngaro, italiano, japonês, polonês, tcheco).

Venice and Amsterdam: a Study of Seventeenth-Century Elites. London: Temple Smith, 1974. (Traduzido para o italiano, holandês, francês, alemão, português, espanhol). [Ed. bras.: *Veneza e Amsterdã*. Um estudo das elites do século XVII. São Paulo: Companhia das Letras, 1991.]

Popular Culture in Early Modern Europe. London: Temple Smith, 1978. (Traduzido para o albanês, alemão, croata, holandês, húngaro, italiano, japonês, português, espanhol, sueco, polonês, estônio, búlgaro). [Ed. bras. *Cultura popular na idade moderna*. Europa, 1500-1800. São Paulo: Companhia das Letras, 1995.]

Historical Anthropology of Early Modern Italy. Essays on Perception and Communication. Cambridge: Cambridge University Press, 1987. (Traduzido para o alemão, holandês, italiano).

The French Historical Revolution: the Annales School, 1929-1989. Cambridge: Polity Press, 1990. (Traduzido para o chinês, alemão, italiano, japonês, português, esloveno, espanhol, sueco). [Ed. bras.: *A Escola dos* Annales (1929-1989). A Revolução Francesa da historiografia. São Paulo: Editora UNESP, 1991.]

The Fabrication of Louis XIV. New Haven, London: Yale University Press, 1992. (Traduzido para o holandês, alemão, italiano, português, francês, espanhol, sueco, chinês). [Ed. bras.: *A fabricação do rei:* a construção da imagem pública de Luís XIV. Rio de Janeiro: Jorge Zahar, 1994.]

History and Social Theory. Cambridge: Polity Press, 1992. (Traduzido para o turco, coreano, italiano).

The Art of Conversation. Cambridge: polity Press, 1993. (Traduzido para o alemão, italiano, português, espanhol, sueco). [Ed. bras.: *A arte da conversação.* São Paulo: Editora UNESP, 1995.]

Varieties of Cultural History. Cambridge: Polity Press, 1997. (Traduzido para o alemão, espanhol, italiano).

The European Renaissance – Centres and Peripheries. Oxford: Blackwell, 1998. (Traduzido para o alemão, italiano).

7
Robert Darnton[1]

Robert Darnton (1939), historiador norte-americano que ocupa a cátedra Shelby Cullom Davis de história da prestigiada Universidade de Princeton, em Nova Jersey, é um dos mais importantes estudiosos da França no mundo de língua inglesa e um dos líderes da história do livro e das práticas de leitura. O caminho muito próprio e original que Darnton inaugurou no estudo da França se situa entre os dois principais caminhos trilhados por outros eminentes historiadores contemporâneos. De um lado, há os historiadores políticos e sociais, como Richard Cobb[2] e seus discípulos, que se interessam especialmente pelas instituições e classes sociais da França do Antigo Regime e deixam de lado os livros e as ideias. De outro, há os chamados historiadores intelectuais do pensamento

---

1 Uma versão resumida desta entrevista foi publicada no "Caderno de Sábado", *Jornal da Tarde*, em 3 de agosto de 1996.
2 Richard Cobb (1917-1996), historiador da Revolução Francesa, autor de *The French Revolution:* Voices from a Momentous Epoch, 1789-1795 (1988), The Police and the People: French Popular Protest, 1789-1820 (1970), entre outros.

europeu, como Peter Gay,³ John Pocock⁴ e Quentin Skinner, que se interessam fundamentalmente por livros e ideias dos grandes pensadores como Montesquieu, Rousseau e Maquiavel e deixam de lado as chamadas "obras menores" e mais populares da época.

Distanciando-se de ambos os grupos, Darnton combina seus interesses de uma maneira bastante distinta e desenvolve o que chama de história social das ideias, nisso se aproximando de historiadores franceses como Daniel Roche e Roger Chartier que, como ele, estudam o que denominam *pratiques culturelles* ou *l'histoire des mentalités collectives*. Seu primeiro livro, O *lado oculto da revolução:* mesmerismo e o final do final do iluminismo na França (1968), já investigava um tema relegado pelos historiadores como indigno da atenção desde o fim do século XVIII, ou seja, a sedução que certas ideias médicas exerceram sobre o povo francês. Com *O iluminismo como negócio:* história da publicação da "Enciclopédia", 1775-1800 (1979) e outros estudos posteriores, como *Boemia literária e revolução:* o submundo das letras no Antigo Regime (1982) e *Best-sellers proibidos da França pré-revolucionária* (1995), Darnton se voltou para a história da publicação e da leitura, aproximando-se do Antigo Regime por meio de seu sistema de censura (incluindo o antissistema de evasão da censura), da sua indústria editorial, e demonstrando as ligações entre pornografia, filosofia e política na França da segunda metade do século XVIII. O primeiro deles, que estudou a história da publicação da chamada "Bíblia" do Iluminismo, a *Enciclopédia* ou Dicionário raciocinado das ciências, das artes e dos ofícios, de Diderot e D'Alembert, representou um verdadeiro marco na história do Século das Luzes. A *Enciclopédia*

---

3 Peter Gay (1923), historiador nascido na Alemanha, que imigrou para os Estados Unidos nos anos 30. Escreve sobre os séculos XVIII, XIX e XX, tendo publicado, dentre outros, *Voltaire's Politics*. the Poet as Realist (1959), A Bridge of Criticism: Dialogues Among Lucian, Eramus, and Voltaire on the Enlightenment (1970), *Freud:* uma vida para o nosso tempo (1988).

4 John Pocock (1924), historiador intelectual neozelandês, autor de *The Ancient Constitution and the Feudal Law:* a Study of English Historical thought in the Seventeenth Century (1957), *Virtue, Commerce and History:* Essays on Political thought and History (1985) etc.

era um livro com ideias subversivas que pretendia, como afirmou Diderot, "mudar o modo de pensar dos homens comuns". Diferentemente de outros estudiosos que se dedicaram a analisar as ideias radicais dessa famosa obra, Darnton concentrou sua atenção na história da produção da *Enciclopédia* pós-Diderot e na difusão das ideias aí contidas, por meio das edições baratas e de grande tiragem dessa obra. Com arguto espírito detetivesco, ele conseguiu revelar o intrincado processo pelo qual o Iluminismo, até então acessível a um público restrito, se disseminou em larga escala na década que antecedeu a Revolução Francesa.

Os estudos publicados posteriormente sobre os *best-sellers* e a literatura clandestina do Antigo Regime revelam que o interesse de Darnton vai muito além das grandes obras do Iluminismo para abarcar também as chamadas "obras menores", consideradas, muitas vezes, erradamente como inexpressivas. Vistas como de pouco valor segundo os critérios de hoje, mas não necessariamente do passado, Darnton acredita que elas podem, muito mais do que obras mestras de autores eminentes, expressar a mentalidade de uma época e influir sobre ela. Na verdade, pode-se dizer que muito do esforço de Darnton ao escrever a história do livro do século XVIII, desde sua grande *Enciclopédia* até os seus muitos livros pornográficos, tem sido, exatamente, para discutir o papel que o impresso desempenhou na Revolução de 1789.

Historiador de muitos interesses, exímio na difícil arte de escrever em profundidade e num estilo claro, coloquial e concreto, Darnton tem contribuído significativamente não só para a história do livro, mas também para outros campos da história cultural. *O grande massacre dos gatos e outros episódios da história cultural francesa* (1984) ilustra bem a variada gama de seus interesses e a clareza e o brilhantismo com que lida com temas tão diversos como o mundo mental dos camponeses e dos artesãos revoltosos de Paris, dos famosos enciclopedistas, de um inspetor de polícia parisiense, de um burguês de Montpellier etc. Esse livro, que de todos é possivelmente o mais conhecido e controverso, é também aquele em que mais claramente se percebe a grande influência que Clifford Geertz exerceu sobre sua obra. Na verdade, *O grande massacre* foi um dos mais fecundos e pioneiros resultados do seminário que, durante anos, Darnton realizou com Geertz em Princeton. No modo como aborda os vários temas do livro, fica evidente que, apesar da impossibilidade de entrevistar nossos antepassados, como faz o antropólogo, Darnton acredita que muito de seu universo mental pode ser recuperado se fizermos as perguntas adequadas aos documentos de que dispomos e se partirmos da ideia de que o passado pode nos ser tão estrangeiro quanto nos são os javaneses, os balineses ou os marroquinos.

Autor de uma dezena de livros, traduzidos em mais de doze línguas, e atual presidente da importante American Historical Association, Darnton fez há alguns anos um acordo com a Univerdade de Princeton (onde ensina desde 1968) que lhe permite usufruir de condições de trabalho invejáveis: ensina um semestre do ano em Princeton e no outro se recolhe ao All Souls College da Universidade de Oxford, onde ocupa o posto criado para Arnaldo Momigliano,[5] um dos mais eminentes historiadores da Antiguidade deste século. Num ambiente extremamente requintado e livre de qualquer incumbência, Darnton tem tempo integral para se dedicar exclusivamente ao seu próprio trabalho. É lá que, sempre acompanhado de Susan – sua colega de graduação em Harvard com quem se casou em 1963 –, tem passado o primeiro semestre dos últimos anos. E foi em seu apartamento situado na pitoresca vila de Iffley, perto de Oxford, que Darnton nos recebeu com extrema simpatia e humor para falar sobre seus livros, suas ideias, seus projetos, sua trajetória intelectual, seus interesses, sua família etc.

Seu pai foi jornalista do The New York Times *e o senhor também começou lá uma promissora carreira, que depois abandonou para se tornar professor universitário. Mas, num certo sentido, parece que permaneceu atraído pelo jornalismo com seu interesse pelo que é chamado, muitas vezes, de "obras menores". O senhor diria que sua obra de historiador foi, em algum grau, determinada por essa sua primeira carreira?*

---

5 Arnaldo Momigliano (1908-1987), historiador italiano do mundo clássico, refugiado na Inglaterra nos anos 30. Autor de *The Development of Greek Biography* (1971), *Claudius the Emperor and his Achievement* (1961) e outros.

As muitas faces da história

Bem, seguramente deixou marcas, mas o tipo exato dessas marcas pode ser difícil de explicar ou até mesmo de eu próprio entender. Parte disso pode ser psicológico e emocional, porque meu pai foi morto na guerra e se esperava que eu continuasse o que ele havia deixado, ou seja, que eu entrasse para o *The New York Times* e me tornasse um repórter. Para mim, ser um repórter – não um editor ou um colunista, mas um simples repórter – era ser um homem honesto e disposto a gastar a sola do sapato para observar os acontecimentos ao vivo. A imagem que eu tinha de repórter era bastante romântica – alguém de capa de chuva, chapéu e cigarro na boca vendo os eventos enquanto aconteciam –, e era o que eu sentia que deveria fazer na vida. Todos na minha família efetivamente fizeram isso: meu pai, minha mãe, meu irmão e eu trabalhamos para o *The New York Times*. Minha mãe chegou a ser a editora feminina do jornal. Meu primeiro "artigo" apareceu quando eu tinha quatro anos de idade. Obviamente eu não sabia escrever, mas alguém anotou minha fala de criança e transformou-a em um artigo. Era como se eu estivesse predestinado a ser repórter! E quando deixei o *New York Times* foi um momento muito traumático em minha vida. Tornei-me também a ovelha negra da família, pois iria me transformar nessa coisa meio "vergonhosa": um professor universitário!

Bem, por que, então, deixei a profissão para a qual parecia predestinado? Deixei simplesmente porque adoro história, adoro escrever história. O trabalho é duro, escrever é sempre algo doloroso, mas é uma vocação profundamente gratificante. Há, no entanto, uma conexão entre o jornalismo que eu fiz e a história que escrevo. Em primeiro lugar, como você lembrou, eu estudo a história do jornalismo, dos jornais, dos repórteres etc. Em segundo lugar, durante o tempo em que trabalhei para o *The New York Times*, e mesmo antes, durante o período em que fui repórter de um pequeno (e muito ruim O jornal de Newark, minhas especialidades eram crime e assalto. Meu treino como jornalista foi adquirido em delegacias de polícia: primeiro em Newark, cidade violenta de Nova Jersey, e, depois, em delegacias de várias partes de Nova York, como Manhattan, Queens e Brooklyn. Durante todo meu tempo de colégio e universidade trabalhava em tempo parcial como repórter. Nessa época escrevi dúzias e dúzias de histórias de crime. E mesmo quando fui para a Inglaterra para fazer o doutorado, continuei a carreira jornalística cobrindo Oxford para o *The New York Times* e sendo seu correspondente em Londres durante as férias de verão. E, como ao terminar meu PhD estava resolvido a não ser professor universitário, voltei para Nova York e imediatamente comecei a trabalhar em tempo integral no *The New York Times*. E, novamente, voltei a cobrir estupro, assassinato e assalto à mão armada. Tive, pois, uma boa oportunidade para aprender a escrever rapidamente, com clareza (espero), e a respeitar meu leitor, não usando jargões, mas tentando escrever de um modo vívido e direto. Ainda acredito nisso, e penso que foi assim que Voltaire escreveu, apesar de ele nunca ter coberto crime para o *The New York Times*!

Esse é um ponto importante, pois acho que todo historiador deveria trabalhar algum tempo em algum jornal cobrindo estupro, assassinato e assalto à mão armada. E isso porque se tem que conferir os fatos. Sei que podemos falar muito sofisticadamente sobre os fatos, mas se tem também que saber soletrar perfeitamente o nome da pessoa assassinada, saber que idade ela tinha, qual seu endereço correto etc. Você não pode, de modo algum, errar, e deve ser capaz de provar tudo o que escreve no jornal; caso contrário, poderá ser processado. E, certamente, seu editor ficará furioso se você não tiver toda a informação. Portanto, pesquisa sólida e respeito por exatidão são coisas cruciais. No entanto, muitos estudantes de pós-graduação pensam que em história tudo é discurso e construção pós-moderna do "outro". Não estou dizendo que essas sejam ideias tolas, mas penso que é preciso desenvolver o lado artesanal da pesquisa histórica. Esta é a base de tudo. Em meu caso, acho que se tornou também uma fascinação pela opinião pública e pela mídia. Muito do meu trabalho tem sido não sobre filósofos e ideias rarefeitas, mas sobre o modo como as ideias penetram na sociedade. Não estou particularmente interessado em saber como os sistemas filosóficos são passados de um filósofo para outro. O que acho especialmente interessante é descobrir como as pessoas comuns entendem o mundo e desenvolvem estratégias para lidar com as dificuldades que as cercam. Para mim, as pessoas comuns não são intelectuais, mas são, sem dúvida, inteligentes. Por que então não fazer uma história intelectual dos não intelectuais? E essa noção vem, acredito, de minha experiência como repórter, entrevistando pessoas, cobrindo histórias e, ao fazer isso, me perguntando: o que é, afinal, contar uma história? Pois penso que o que se lê nos jornais são histórias; não o que aconteceu, mas uma história sobre o que aconteceu. E esse aspecto narrativo da reportagem – tão importante para a história da comunicação, da mídia – é algo que, até onde sei, ainda não foi adequadamente estudado. Esse é um dos pontos em que tenho trabalhado.

Um terceiro e último ponto em que minha experiência de repórter foi importante tem a ver com a minha familiaridade com a polícia. Fiquei tanto tempo cobrindo crimes que me senti atraído, quase sem perceber, pelos arquivos de polícia. Passei anos e anos nos arquivos da polícia que vigiava o mundo das letras na França do século XVIII, e encontrei relatórios extremamente ricos para a história da literatura e das ideias: relatórios policiais sobre figuras como Rousseau, Diderot e Voltaire, sobre fofocas em cafés etc. Isso não significa que eu acredite em tudo o que leio nos arquivos policiais. Exatamente o contrário. Tendo conhecido os policiais, sei que devo desconfiar deles. Mas também acho que se pode explorar ao máximo as informações que os arquivos fornecem a fim de se ampliar o entendimento do mundo das letras, do mundo dos livros e do mundo da diversão do século XVIII.

Meu livro sobre a *Enciclopédia* é, acredito, bem revelador das marcas deixadas por minha experiência de repórter policial. É uma história policial escondida num relato mais acadêmico sobre o modo como o livro era produzido e difundido. Não vou dar os detalhes dessa história de detetive, mas quem quer que a leia poderá descobrir o que aconteceu. De todos esses modos, portanto, acho que minha experiência como repórter policial foi importante para o meu papel de historiador.

O senhor então abandonou o jornalismo porque, como diz, "adora a história". Mas o que, no seu entender, foi determinante para o desenvolvimento dessa "paixão"? Foi, por acaso, algum encontro com um autor ou a leitura de um livro?

Talvez "adorar" não seja a melhor palavra para descrever o que sinto em relação à história, mas há, definitivamente, algo de profundamente satisfatório para mim no estudo do passado, que não sei bem o que é. E esse algo inexprimível sinto especialmente quando trabalho nos arquivos. À medida que os delineamentos de uma vida vão emergindo dos manuscritos e vejo a história se revelando de um documento ao outro, sinto a sensação de estar entrando em contato com a condição humana tal como era experimentada por alguém de um outro mundo, que viveu séculos de distância do meu. Sei que devo soar como um romântico, pois posso me enganar e tudo não passar de uma ilusão. Mas, no fundo, acredito que os arquivos, em toda a sua concretude, provêm um corretivo para as interpretações românticas e mantêm o historiador honesto. Diferentemente dos filósofos e literatos, nós, historiadores, devemos dispor de evidências para sustentar nossos argumentos, e não podemos simplesmente extraí-las de nossa cabeça. Nós as extraímos, sim, das caixas dos arquivos. Compreendo, evidentemente, que outras disciplinas têm o seu próprio rigor e que os historiadores também dão asas à imaginação. Não me considero um positivista e reconheço os aspectos arbitrários e literários na escrita da história. Mas à medida que fico mais velho, tenho menos paciência com a sofisticada desaprovação dos fatos. Dizer que nós não podemos ter um conhecimento direto do passado não significa dizer que qualquer versão do passado seja válida ou que uma versão não possa ser melhor do que outra. Podemos entrar imaginativamente em outras vidas, perambular por outros mundos, fazer contato com outras esferas da experiência, e fazer tudo isso com rigor e não com fantasias ou ficções.

Mas voltando à minha prévia carreira no jornalismo, diria que ainda sinto muito respeito pelos repórteres de jornal. Eles também têm que ser fiéis aos fatos e organizá-los numa narrativa convincente. Quando, no entanto, retornei aos Estados Unidos após completar meu doutoramento em Oxford, não sentia mais a mesma satisfação que antes em correr atrás de "histórias" para o jornal. Ficava "plantado" horas a fio nos distritos policiais, e para matar as horas, entre os assassinatos e os assaltos à mão armada li *A cultura do Renascimento na Itália*, de Burckhardt. E, como sabia que não podia ler tal coisa abertamente na frente de outros repórteres, escondia o Burckhardt dentro de um número da *Playboy*! Seguramente ainda acho que esse é o melhor livro de história que já li.

A maior parte do seu trabalho é sobre a França do século XVIII. Como surgiu esse interesse?

Não sei... É estranho que um americano do fim do século XX seja obcecado pela França do século XVIII. Todavia, a França desse período é uma área maravilhosa para se estudar problemas de interesse geral, até mesmo para pessoas que não têm o menor interesse pelo Antigo Regime e pela Revolução Francesa. Penso, pois, que meu interesse não surgiu apenas ou principalmente pela França em si. É, sim, um interesse relacionado com o desejo de entender, de um lado, a conexão entre ideias e revolução e, de outro, o modo como a mídia funciona. A França não só tem uma historiografia riquíssima – de tal modo que se pode partir do trabalho de historiadores maravilhosos que vieram antes –, mas também tem arquivos fabulosos, especialmente arquivos policiais. Lembremos que a França foi o primeiro estado policial. Obviamente, naquela época polícia significava algo diferente de hoje. Era qualquer coisa como administração racional. O fato é que havia agentes policiais em todo lugar preocupados com a opinião pública. Encontrei os arquivos de policiais-espião sobre mais ou menos quarenta cafés em 1720. Graças a esse material, quase que se podem ouvir conversas e cochichos relatados por esse estado policial que queria se manter informado sobre a opinião pública. A riqueza desses arquivos para os problemas e preocupações que temos hoje, como ideologia e movimento político, é tamanha que, uma vez entrando-se aí, não se consegue mais sair. É, pois, verdade que minha base é a França do século XVIII, mas, de fato, tenho, a partir dela, trabalhado em outras áreas. O livro que estou escrevendo agora é um estudo sobre a censura, começando com a França do Antigo Regime, mas se expandindo para a Índia britânica do século XIX e a Alemanha Oriental de nosso século. A ideia é, pois, pegar um tema que originalmente encontrei ao estudar a França sob o Antigo Regime e ver como ele aparece em contextos históricos completamente diferentes.

Esse estudo sobre a censura de três lugares e épocas diferentes seria, pois, um trabalho comparativo em grande escala, o que é muito pregado desde Marc Bloch, mas pouco praticado. Poderia discorrer um pouco sobre o valor e as dificuldades da história comparativa?

Como ainda não escrevi essa planejada história comparativa da censura, não posso pronunciar-me sobre as dificuldades e vantagens de se pular no espaço e no tempo. Já completei, entretanto, muita pesquisa e publiquei um estudo preliminar num volume para a Anistia International. Assim, vou arriscar alguns comentários. Em primeiro lugar, confirmo que a história comparativa é mais falada do que realmente escrita. Quando se trata de escrevê-la, pode-se ficar paralisado diante das complexidades. No meu caso, tendo passado muito tempo na companhia de certos antropólogos, me converti para a ideia de que os sistemas culturais são particulares. Cada um tem um idioma próprio, ao lado de todos os tipos de dialetos confusos e de deslocamentos, o que torna difícil se generalizar sobre a cultura em si mesma. Como, então, pode um historiador chegar a conclusões viáveis ao cruzar de uma cultura para outra? Não tenho nenhuma solução geral para esse problema, mas penso que achei um procedimento de trabalho para o caso específico de comparação entre censuras. Não trato a censura como uma coisa em si mesma, que possa ser rastreada por meio de algum sistema, como se fosse uma substância radioativa na corrente sanguínea. Ao contrário, tento definir as características distintivas da literatura como um sistema cultural em cada um dos três casos, e então procuro descobrir os modos específicos com que o Estado tentou colocá-los sob controle. O resultado não serão variações de um tema único, tal como repressão, mas, sim, um estudo das diferentes formas de os censores realizarem seus trabalhos e entenderem o que estavam fazendo. Seu entendimento variava enormemente de caso para caso. Na França do século XVIII, eles pensavam que estavam administrando o selo de aprovação real. Na Índia do século XIX, eles pensavam que estavam estabelecendo uma variação liberal do imperialismo. E na Alemanha Oriental do século XX, eles pensavam que estavam envolvidos numa espécie de engenharia social. Evidentemente, seus testemunhos devem ser medidos e contrastados com outros tipos de evidência. Mas, para dar sentido a tudo isso, acho crucial entendermos cada sistema literário nos seus próprios termos e a partir do ponto de vista dos participantes, e não aplicar a eles uma medida externa comum, do tipo favorecido pelos economistas.

Um historiador do Antigo Regime não tem, normalmente, a chance de observar a queda de um "Ancien Regime", como o senhor teve assistindo à queda do Muro de Berlim em 1989. Diria que essa experiência única teve o poder de afetar, de algum modo, sua percepção do Antigo Regime francês?

A experiência de observar o colapso da República Democrática Alemã (RDA) em 1989 mudou realmente minha visão da queda do Antigo Regime na França duzentos anos antes – outro exemplo aqui de história comparativa. Retrospectivamente, o império soviético agora parece tão instável que ficamos assombrados que tenha se mantido coeso por mais de meio século; e estou certo de que futuros historiadores encontrarão mais argumentos para a superdeterminação quando analisarem sua queda. No entanto, quando vagava no meio dos eventos, eu me impressionei com a contingência, com as consequências imprevistas e a capacidade humana para a má gerência. Agora, quando dou aulas sobre 1789, dedico mais tempo a mostrar como os eventos se ligavam em padrões imprevisíveis e como as pessoas no poder precipitaram suas próprias ruínas por erros crassos. Outro ingrediente de 1989 que me impressionou especialmente foi o poder da opinião pública, se arriscando e se impondo mesmo diante do armamento moderno. Apesar de não ter participado das demonstrações de Leipzig e Berlim em 9 de outubro e 4 de novembro, participei de muitas outras posteriormente e me impressionei com todos os sinais externos de oposição ao regime: cartazes, pôsteres, grafites, *slogans* e conversas. Mas o que mais me assombrou foi a percepção daquilo que estava no ar, ou seja, a rebelião de uma população inteira contra o regime. Sentia-se que os indivíduos não contavam e que todo mundo se dissolvia e se deixava absorver num sentido coletivo do "nós" contra "eles". Acredito que o governo francês foi isolado do mesmo modo durante a assim chamada "pré-revolução" de 1787-1788. Ali também a percepção contemporânea dos eventos se tornou um ingrediente dos próprios eventos, e o sentimento de solidariedade – la *Nation* como *Wir sind das Volk* – se mostrou crucial. Tendo o sistema entrado em colapso, é claro que se abriram falhas e o processo revolucionário adquiriu um novo ímpeto. Eu havia desenvolvido esse argumento tempos atrás, na minha tese em Oxford, onde atacava a interpretação convencional de uma *"révolte nobiliaire"* como o fator precipitador na destruição do Antigo Regime. Mas a experiência de rua que presenciei durante a queda da RDA fez que eu me dispusesse a ser ainda mais ousado na minha argumentação em defesa da importância da percepção coletiva e da opinião pública.

Muitas vezes, no decorrer de seu trabalho, o senhor se refere à sorte que teve ao deparar um dia com "o sonho de todo historiador", ou seja, um tesouro de documentos esperando ser descobertos. No seu caso, a realização desse sonho foi achar, em 1965, um imenso tesouro de papéis até então intocados nos arquivos da mais importante editora suíça do século XVIII, a Société Typographique de Neuchâtel. Como tantas vezes confessou, muito de seu trabalho resultou dessa fonte excepcionalmente rica. Foi esse arquivo, por exemplo, que lhe permitiu escrever, dentre tantos outros estudos, a fascinante história da Enciclopédia. Pergunto-lhe se alguma vez se permitiu especular sobre a possibilidade de não ter jamais encontrado esse "sonho de todo historiador". Qual teria sido seu destino? Qual, enfim, o papel da Société no Robert Darnton de hoje?

Bem... é difícil especular sobre não eventos! E certamente é verdade que muito do meu trabalho acadêmico tem sido uma resposta ao convívio com esse arquivo incrivelmente rico e jamais antes lido: cinquenta mil cartas, livros de contabilidade e outros tipos de documentos, em condição impecável, à espera de um leitor. Toda a minha visão do passado foi, sem dúvida, influenciada pela imersão total nesses manuscritos. Bem, se isso não tivesse acontecido, eu não tenho certeza de que direção minha vida teria tomado. Já havia publicado um livro antes dessa descoberta, *O lado oculto da revolução,* que era uma história da ciência popular em que eu tentava fazer, sem saber, uma espécie de *"histoire des mentalités"*. Àquela altura, ainda não sabia nada do que já estava sendo desenvolvido sobre esse tipo de história em Paris. Mas como nesse livro eu tentava descobrir como as pessoas viam o mundo, usei essa estranha voga de ciência popular – magnetismo animal ou mesmerismo – como um exemplo da visão de mundo que se estava difundindo amplamente na França pré-revolucionária e se mesclando com um tipo de radicalismo político. Assim, é provável que eu tivesse desenvolvido mais trabalhos nessa linha de história das mentalidades. De fato, *O grande massacre dos gatos* segue, em grande parte, essa rota, pouco tendo a ver com a história do livro e os manuscritos de Neuchâtel. Assim, sem os manuscritos da Société eu não me teria tornado um historiador do livro. Isto me parece claro. Talvez também me tivesse tornado outro tipo, totalmente distinto, de historiador; mais interessado, por exemplo, pela história da América do que pela história da França. Não sei, é difícil dizer. Sempre sonhei em escrever sobre o mundo dos repórteres de jornais nova-iorquinos dos anos 20 e 30. Talvez um dia ainda chegue a realizar isso.

Como foi que descobriu esse arquivo fabuloso?

Em 1963, quando estava trabalhando em meu doutorado em Oxford, vi uma nota de rodapé num livro suíço que sugeria que talvez houvesse no arquivo de Neuchâtel alguma carta original de um francês chamado Jacques Pierre Brissot. Um dos franceses fascinados pela América e pela Revolução Americana, Brissot havia fundado, com outros americanófilos, um clube (a Sociedade

Galo-Americana), seguia Jefferson[6] por toda Paris e se tornou, mais tarde, um importante revolucionário. Eu estava, portanto, tentando seguir a pista de Brissot, e essa nota sugeria que talvez houvesse algumas cartas dele nessa pequenina cidade suíça de Neuchâtel. Assim, escrevi para a biblioteca de lá pensando que, afinal, a tentativa não custaria mais do que um selo. Na carta eu perguntava: "Será concebível que vocês tenham algumas cartas de Jacques Pierre Brissot?". O diretor da biblioteca me respondeu dizendo: "Sim, temos 194 cartas de Brissot e eis aqui a fotocópia de uma delas". E essa era a cópia de uma carta que Brissot escrevera ao seu editor (que publicara muitos de seus livros enquanto estivera na prisão) logo após sair da Bastilha, e onde ele contava a história de sua vida, tentando justificar por que não tinha como pagar o que lhe devia. Obviamente, fiquei assombrado com isso e decidi que, tão logo tivesse uma oportunidade, iria a Neuchâtel para ler todas essas cartas de Brissot. Já de volta a Nova York, a Universidade de Harvard me ofereceu um posto de pesquisador que me permitia não fazer nada mais durante três anos a não ser pesquisa. Foi aí, então, que me demiti do *The New York Times* e fui para Neuchâtel onde encontrei, de fato, não só as 194 cartas de Brissot, mas também cinquenta mil (!) cartas de centenas de pessoas, sobre as quais eu nada sabia, que tinham alguma relação com o mundo do livro: pessoas como impressores, produtores de papel, contrabandistas, livreiros, editores, produtores de tinta, tipógrafos, banqueiros, autores, enfim, tudo o que se possa imaginar! E mais, todos esses milhares de cartas estavam em condição impecável e lindamente catalogados por um químico aposentado que dedicara os últimos anos de sua vida a fazer um primoroso trabalho de organizar todas elas! Minha primeira reação foi decidir que eu devia escrever a biografia de Brissot, o que realmente fiz. Escrevi quinhentas páginas do primeiro rascunho de um livro

---

6 Thomas Jefferson (1743-1826), estadista e terceiro presidente dos Estados Unidos (1801-1809); esteve em Paris durante o ano de 1785.

que jamais publiquei e que está engavetado em Princeton. Suspendi esse projeto porque, de repente, pensei que mais importante do que Brissot era o *livro,* ou seja, que era mais importante escrever a biografia de um livro do que a biografia de um homem. E isso é o que é o meu estudo sobre a *Enciclopédia*, pois, no decorrer de minhas leituras em Neuchâtel, deparei com muitos manuscritos relacionados com a história secreta de sua produção. Inicialmente, me interessei por isso porque me parecia muito curioso, mas logo tudo se transformou para mim numa fascinante história de detetive, envolvendo crime verdadeiro e grandes falcatruas – era como se voltasse às minhas reportagens de crime. Foi então que parei e pensei comigo mesmo: "Veja bem, a *Enciclopédia* de Diderot e D'Alembert é o livro mais importante do século XVIII; eu gostaria de escrever a biografia de um livro e não de uma pessoa, e tentar explicar como os livros 'aconteciam': como eram produzidos, difundidos e até mesmo lidos, na medida em que isso for possível. E, no meio dessa história, gostaria de contar uma história de detetive".

Qual a sua ligação com a Escola dos Annales*? Em que medida o senhor se identifica com a chamada Nova História?*

Bem, a Escola dos *Annales* assumiu para si a denominação Nova História; ela se identifica com a Nova História, e fico feliz de ser identificado como seu companheiro de viagem. Muitos de meus amigos veem da Escola dos *Annales* e têm escrito o que se chama de Nova História. Acho, no entanto, que como um não francês, como americano, não posso me identificar totalmente com os *Annales*. Fiz minha pós-graduação em Oxford e devo confessar que provavelmente fiquei infectado pelo empirismo britânico; com isso quero dizer que fui encorajado a fazer pesquisas em arquivos e a respeitar o que os britânicos chamam de fatos. Ora, sei que os fatos não existem realmente, que eles são construídos etc. e tal, mas, não obstante isso, há muito a ser dito sobre o lado artesanal da pesquisa histórica, a ida aos arquivos, a descoberta de coisas novas e o esforço de dar sentido a elas. Isso é, em certo sentido, diferente do que se faz na Escola dos *Annales*, que começa com grandes conceitos, tais como estrutura e conjuntura. Assim era, ao menos, como eles começavam. Agora sei que há mais interesse em história antropológica. Compartilho desse interesse e diria que me sinto, sim, próximo à Escola dos *Annales* e, se preferir, à nova história; mas essa proximidade não significa que eu deixe de lado a perspectiva mais anglo-americana.

Quais os principais autores e livros que influenciaram sua história intelectual?

É difícil dizer! Tenho meus heróis, como os historiadores em geral os têm. Se eu tivesse que escolher os heróis dentre os historiadores, colocaria em primeiro lugar, certamente, Burckhardt, e talvez Huizinga. Os dois escreveram quase que sobre o mesmo assunto, cada um com uma abordagem que poderia ser chamada de antropológica, mas de tal modo que ambos estão como que atolados em seus objetos de estudo, como se os tivessem entranhados na pele. Ou seja, eles combinaram erudição com brilho conceitual. Mas, para qualquer um que, como eu, trabalha com a história francesa, nosso deus é, obviamente, Marc Bloch; em parte por razões políticas e por sua coragem de lutar contra o fascismo, mas também porque ele foi um historiador brilhante e original, melhor ainda, em minha opinião, do que seu colega Lucien Febvre. Seu livro Os *reis taumaturgos*, de 1924, parece, talvez, hoje, mais original do que há dez anos. Enfim, esses são os meus heróis. Não há nada de original na minha escolha. Também tenho estado muito próximo de Cliford Geertz, pois há mais de 25 anos desenvolvemos um seminário em Princeton em conjunto. Diria, assim, que dentre os cientistas sociais, sua influência sobre mim é das mais fortes.

O senhor já se descreveu não como um simples historiador das ideias, mas sim como um historiador social das ideias, uma expressão de que Karl Marx iria gostar. No seu entender, Marx ainda tem algo de importante a ensinar aos historiadores?

Há tantos Karl Marx, e ele escreveu sobre tantos assuntos que afirmar que não se pode aprender nada com ele seria o máximo da pretensão e arrogância. Admito, entretanto, que não o releio constantemente nem procuro em sua obra uma chave para resolver algum problema. Do meu ponto de vista, talvez inadequado, o materialismo dialético tem pouco a oferecer hoje em dia. É uma filosofia geral da história que não se sustenta, ao menos na minha forma de ler o passado. Mas os trabalhos mais políticos e polêmicos de Marx ainda nos proveem com *insights*, muitos dos quais surpreendentes e mesmo não marxistas em suas implicações. O Marx que me é mais significativo hoje em dia é, sem dúvida, o Marx de *As lutas de classes na França*.

Como o senhor compararia seu trabalho com o de Roger Chartier, outro historiador do livro bastante conhecido do público brasileiro?

As pessoas em geral me perguntam por que estou tendo uma verdadeira guerra com Roger Chartier. Na verdade, não somos, em absoluto, inimigos, mas sim amigos íntimos. De fora, pode mesmo parecer que estamos travando uma batalha contínua. Cada um de nós resenha o livro do outro, e gostamos, diria, de discordar um do outro. Mas as críticas recíprocas são pouco relevantes quando comparadas com as áreas nas quais concordamos. Assim, acho que estamos desenvolvendo um trabalho sadio de colaboração, em que há acordo sobre pontos fundamentais, como os seguintes: queremos entender o poder da imprensa e da palavra impressa, ou melhor, de qualquer palavra, incluindo a cantada e a falada; mas basicamente queremos compreender o poder do livro impresso na história. E isso significa incorporar o livro num tipo muito amplo de história cultural e social, em vez de simplesmente tratá-lo como objeto de erudição, tal como fazem os bibliógrafos que, por exemplo, identificam filigranas e procuram determinar se tal ou qual linotipista imprimiu o *Antônio e Cleópatra* para Shakespeare. Esses tipos de questões triviais têm fascinado os historiadores do livro por muito tempo, mas Roger e eu estamos interessados em mudar a abordagem e estudar a história do livro a partir de uma perspectiva muito mais ampla, discutindo a questão crucial de saber como a imprensa entrou na vida diária das pessoas comuns. Em quê, no entanto, discordamos? Roger é, na verdade, mais brilhante do que eu. Ele simplesmente solta faíscas de inteligência em cada frase e tem ideias maravilhosas que parecem sair de uma arma de fogo. Eu, ao contrário, tendo a ser mais lento e até mesmo fleumático, ou seja, entro nos arquivos e sujo minhas mãos fazendo pesquisa. Roger detesta os arquivos, jamais faz pesquisas... mas ele não precisa, pois tem tantas ideias! Às vezes sinto que ele pega a minha pesquisa, junta suas ideias e aparece com uma variação muito original do material que eu levantei! Acho que tudo isso é divertido para todo o mundo: para ele, para mim e para os leitores, porque eles podem, se tiverem interesse, seguir uma contínua dialética.

Ler Chartier é superagradável, pois há nele uma densidade de pensamentos originais que raramente se encontra em historiadores. O que acho que lhe falta é pesquisa original em grande escala. Mas o caso é que esse não é o seu estilo; eu o considero um ensaísta e... por que não? Este é também um tipo excelente de historiador. Meu estilo, no entanto, é bastante diferente. Quero explorar material novo de modo mais sistemático. Isso deve ser parte daquele empirismo britânico que já mencionei: a noção de que, em parte, o trabalho do historiador é muito modesto, humilde, artesanal, e significa sair em campo com a disposição de arregaçar as mangas e cavoucar os arquivos. Ora, isso é também uma questão de gosto. Adoro fazer isso porque jamais sei o que vou encontrar quando abro um novo dossiê e começo a ler cartas, livros de contabilidade ou qualquer outra coisa. Intelectualmente falando, tal estilo também é bastante estimulante, apesar de o meu modo de descrevê-lo poder soar como se o historiador estivesse simplesmente cavando um buraco. É estimulante porque você vai para um arquivo com certos conceitos, padrões e hipóteses; então você tem, por assim dizer, um quadro do que pensa que foi o passado. E aí pode acontecer de encontrar uma carta estranha que não corresponde, de forma alguma, ao quadro que você trouxe. O que acontece, então, é uma contínua dialética: de um lado, suas suposições e seu modo de visualizar um campo e, de outro, a matéria-prima que você descobriu e que frequentemente não se encaixa no quadro prévio; então o quadro tem que mudar, e você vai de um lado para o outro entre a pesquisa empírica específica e o quadro conceitual mais geral.

A história da difusão da Enciclopédia *revela que, após ter sido considerado um livro perigoso, que pôs Diderot na cadeia e ameaçou com a excomunhão os católicos que o possuíssem, se tornou, para usar sua expressão, "um livro ilegal legalizado". Como o senhor mostrou muito vívida e convincentemente, o livro que fora visto como parte de uma conspiração para destruir a religião e minar o Estado, alguns anos mais tarde se tornou um* best-seller *apoiado pelo mesmo Antigo Regime que antes o havia banido. Foi esse um caso excepcional do Iluminismo, ou isso era algo corriqueiro numa época rica em ambiguidades e paradoxos?*

Seguramente concordo que aquela era uma época rica em ambiguidades e paradoxos, mas talvez você esteja enfatizando em demasia o caráter legal desse livro. Era, na verdade, um livro ilegal quase legal, o que é difícil de explicar, pois hoje as coisas são ou legais ou ilegais. Ora, a história das mentalidades, como entendeu a Escola dos *Annales,* nos diz que nossas categorias talvez não coincidam com categorias de outros períodos da história. De fato, no século XVIII não havia uma linha divisória muito clara entre o legal e o ilegal, especialmente no mundo dos livros. Havia, por exemplo, categorias como permissão tácita, simples tolerância e tantas outras, o que permitia que alguns livros não fossem legais, mas que também não fossem bem ilegais. Nesse caso, a polícia fingia não ver quando eles estavam sendo vendidos. Mas se ofendessem alguém, especialmente alguém do poder, eles poderiam ser confiscados. Porém, mesmo nesse caso, a polícia frequentemente informava o livreiro algumas horas antes do confisco. Ou seja, o Antigo Regime paradoxalmente se comportava muitas vezes como um cúmplice de seus críticos. Um exemplo marcante encontramos na figura de Malesherbes, que, como "Directeur de la Librairie", era a autoridade responsável pelo comércio de livros entre 1750 e 1763. Ora, como ele acreditava na liberdade de imprensa e nas vantagens de um debate aberto sobre questões significativas, protegeu secretamente a *Enciclopédia* e até mesmo escondeu cópias da primeira edição dessa obra em sua própria casa quando os bispos e o conselho real a condenaram, em 1759. A ajuda de Malesherbes foi fundamental para a publicação dessa vasta obra, que se tornou uma espécie de Bíblia do Iluminismo. No entanto, sua difusão inicial foi muito restrita e pouquíssimas cópias foram vendidas dentro da própria França. A maioria delas foi comprada por príncipes e aristocratas estrangeiros, que queriam ter esse livro fabuloso em suas bibliotecas. A parte mais interessante da história desse livro acontece, portanto, mais tarde, quando ele é reduzido em tamanho, impresso em grande quantidade e provoca uma verdadeira guerra entre os vários impressores que competem por um crescente mercado. É só então que ele atinge um público mais amplo. E é nesse estágio da história – nos anos 70 e 80 do século XVIII – que a autorização do Estado para a publicação e ampla difusão da *Enciclopédia* é ainda mais reveladora daquela cumplicidade do Antigo Regime a que me referi. É, pois, justo dizer que, apesar de a *Enciclopédia* ser oficialmente um livro banido, o Estado permitiu que ele atingisse um grande público, um público que queria ler, ou ao menos possuir, a famosa Bíblia do Iluminismo. E, mais ainda, o Estado ajudou o editor francês Panckoucke não só a publicar a *Enciclopédia* fora da França, mas também a travar uma verdadeira batalha comercial com os competidores estrangeiros, cada um querendo produzir uma edição mais barata e menor da obra que estava em grande demanda em toda a Europa. Quanto à excepcionalidade, diria que esse caso não é tão excepcional como se poderia imaginar; assim como a *Enciclopédia,* outros livros foram também tolerados por caírem nessa intrigante categoria de livros quase legais.

Até que ponto esse seu estudo pioneiro sobre a Enciclopédia *seria diferente se o senhor o escrevesse hoje, vinte anos mais tarde?*

Esse é um livro muito longo, com mais de seiscentas páginas, mas acho que não o faria mais curto, apesar de concordar, em princípio, com o argumento de que qualquer livro pode ser aprimorado se for encurtado. Acho que a única coisa que alteraria hoje é o espaço concedido ao próprio texto. Originalmente tentei maximizar os aspectos que considerava mais originais, e na época em que escrevi nada havia sido publicado sobre o modo como os editores operavam nos bastidores do mundo dos livros; enfim, pouco ou nada havia sobre o Iluminismo como um fenômeno social e econômico. Hoje, todavia, me deteria mais no texto da *Enciclopédia,* mostrando, por exemplo, como as diferentes edições fizeram mudanças significativas na própria obra, e também trataria um pouco dos leitores desse texto, pois tenho agora alguma informação sobre eles. Enfim, acho que escreveria um livro mais literário, mais voltado para a crítica literária, e menos econômico. Mas, fora isso, acho que o manteria basicamente como é.

O senhor disse que seu livro O iluminismo como negócio, *publicado em 1979, seria o primeiro estágio de um projeto de estudo sobre o livro como força na Europa do século XVIII. Está adiantado esse projeto?*

O segundo estágio, já publiquei em 1995, *Best-sellers proibidos da França pré-revolucionária,* em que tentei isolar os livros que realmente eram proibidos e considerados perigosos – por atacarem abertamente o rei, por pregarem o ateísmo ou por serem pornográficos – de livros como a *Enciclopédia,* que eram considerados moderadamente iluministas e que, portanto, caíam na categoria de livros quase legais. Sim, pois havia livros que atacavam ao mesmo tempo a religião, a monarquia e a moralidade pública; e são esses exatamente de que mais gosto. Tal era o caso, por exemplo, de *La vie privée de Louis XV,* que é tudo isso: sedicioso, irreligioso e quase pornográfico. E esses eram realmente os *best-sellers* da época, o que pude comprovar com estatística, fazendo uma espécie de pesquisa de mercado. O maravilhoso desse campo é que se pode, de fato, seguir os diferentes aspectos do comércio dos livros, tanto dos perfeitamente legais quanto dos quase legais e dos perfeitamente ilegais. Minha intenção nesse estágio foi, pois, recriar toda a cultura literária da época e descobrir quais os livros que realmente alcançaram os leitores e qual era a verdadeira demanda literária. Como vê, trata-se de algo que envolve sujar as mãos nos arquivos para provar o caso com a maior evidência possível. Há, além dessas, muitas outras questões mais difíceis de serem abordadas, como saber, por exemplo, como as pessoas liam esses livros, que sentido davam a eles e como essa leitura influenciava essa coisa misteriosa chamada opinião pública. E ainda se pode ir mais adiante, procurando saber como a opinião pública influenciava os eventos e até que ponto os eventos a expressavam. É nesse sentido que digo que a história do livro pode abordar grandes questões clássicas, tais como: Por que a França teve uma revolução em 1789? Qual é a relação entre o Iluminismo e a Revolução? O que é opinião pública? E é realmente fascinante perceber como o desenvolvimento de um novo campo de estudos pode alterar problemas básicos. Sei que questões como essas são muito amplas e que a história do livro não apresentará uma resposta final e simples a elas, pois chegar, a partir do livro, a 1789 e ao colapso do Antigo Regime é algo muito problemático. Mas, seguramente, o história do livro feita com muita pesquisa e muitos detalhes pode nos dar uma compreensão mais rica da explosão da Revolução.

O terceiro estágio será um estudo interno das editoras analisando como os editores tomavam decisões, como pensavam, como faziam pesquisa de mercado, o que parece um anacronismo, mas não é, pois realmente nessa época já se fazia pesquisa séria quanto a isso. Como exemplo, posso dizer que os editores enviavam homens que percorriam a cavalo toda a França durante nove meses, que esses emissários iam literalmente a toda livraria do sul e do centro do país para fazer contato com os livreiros e descobrir o que as pessoas estavam lendo e qual era, portanto, a demanda literária que havia. E há muitos outros aspectos interessantes, como, por exemplo, a questão do transporte dos livros e da indústria de contrabando. É muito divertido entender exatamente como o contrabando funcionava e como os contrabandistas encaravam seu trabalho. Eles não se chamavam, por exemplo, de contrabandistas, mas sim de seguradores, assim como a indústria de contrabando era chamada de indústria de seguros. Tudo isso é muito fascinante, e quero, pois, escrever um terceiro livro tratando do modo como a indústria editorial operava. Já escrevi alguns ensaios esparsos sobre isso, mas ainda resta escrever um livro que apresente uma visão geral do assunto. Essa será a terceira e última parte dessa série de estudos.

Uma visão difundida por muitos estudiosos do Iluminismo é que esse foi um período envolvido num grande empreendimento educacional, ou seja, uma era em que os vários membros da República das Letras (incluindo jornalistas, filófosos, romancistas etc.) se devotaram à tarefa de educar o público. Seu trabalho sobre a Enciclopédia *mostra esse livro central do Iluminismo como parte de um grande investimento econômico, mais devotado à obtenção de lucro e de poder do que à difusão da ilustração. Até que ponto esse envolvimento com guerra comercial, ações, lucros, lobbying, contratos, alianças, rivalidades, briga, intriga e corrupção diminui o brilho de uma era que tão orgulhosamente se intitulava de "Século das Luzes"? Será que essa ligação do Iluminismo com dinheiro e negócio pode ser vista como uma das sombras desse período, ou diria que tal visão é ingênua e romântica, parte, portanto, do mito do Iluminismo?*

Há, de fato, um mito do Iluminismo, e os *philosophes* criaram esse mito. Eles se apresentavam como guerreiros lutando desinteressadamente pela causa da humanidade. E acredito que haja muito de verdade nesse mito. Certamente alguém como Voltaire acreditava na campanha para arrasar com *l'infâme*, que significava basicamente a Igreja Católica. Voltaire nunca ganhou dinheiro com seus livros; não estava interessado no lucro de suas vendas porque havia ganhado dinheiro de outro modo. Ele até mesmo colaborava com editores que pirateavam seus livros, já que esse era um modo de difundir mais luzes! Assim, é perfeitamente verdadeiro dizer que no cerne do Iluminismo havia uma devoção efetiva e profunda a uma causa. Homens como Rousseau, Diderot e Voltaire eram devotados à causa da liberação da humanidade: da liberação do preconceito, do controle da Igreja e até mesmo da repressão do Estado.

Todavia, os intelectuais têm que comer, e, às vezes, os iluministas tinham família para sustentar. Não quero denegrir esse empenho genuinamente idealista, pois o Iluminismo é a época em que esse animal que chamamos de intelectual surgiu. O intelectual como um tipo social é alguém engajado, comprometido com uma causa. No entanto, até eles têm que sobreviver. O que acontece, então, se não tiverem como pagar as contas? Nem todos os *philosophes* seguiam o antigo preceito que lhes recomendava o celibato. Quando eram aristocratas, não havia problema porque tinham uma renda garantida; mas Rousseau, por exemplo, era filho de um relojoeiro, e Diderot, de um cuteleiro. Não deveriam ter se casado, mas o fizeram. Se havia, pois, família a sustentar, intelectuais como eles tinham que ganhar dinheiro e, para isso, se dispunham a escrever qualquer coisa. Um dos assuntos que me fascinam é o do *hack-writer*, o indivíduo que é forçado a escrever para sobreviver. O que estou querendo dizer é que, ao lado do idealismo, havia uma realidade social e econômica na qual os escritores tinham que viver.

E, se pensarmos nos editores, devemos lembrar que editar é um negócio e que é errado supor que os editores publicavam livros em nome da verdade e da beleza. Alguns editores, é claro, tinham valores, acreditavam na verdade e na beleza, e eram pessoas eminentes. Mas tinham que fazer seu negócio dar lucro, caso contrário podiam se arruinar. E no século XVIII, em caso de falência, perdia-se tudo: a casa, todos os bens e até a liberdade, já que havia prisão por dívida. Era um tipo de capitalismo muito bruto e cruel. Aqueles que ganhavam, frequentemente ganhavam muitíssimo. Os editores não são cavalheiros, mas sim homens de negócios; e os editores desse livro famoso, a *Enciclopédia,* eram pessoas que basicamente queriam ganhar dinheiro. Fui muito criticado por ter dado uma visão muito econômica e brutal do Iluminismo e do comércio de livros; no entanto, li tantas cartas de pessoas envolvidas nesse comércio dizendo que "o dinheiro é a mola-mestra de tudo", que estou convencido de que eram pessoas decentes mas fundamentalmente interessadas no lucro; e vivendo, devemos lembrar, numa época de capitalismo selvagem. Sim, era, pois, um negócio em que o interesse econômico predominava; mas o que estavam vendendo, no caso da *Enciclopédia,* era um livro que, de fato, representava a essência do Iluminismo: era radical em muitos aspectos e com inúmeras passagens chocantes e ousadas por todo o texto, escondidas quer nas entrelinhas quer no sistema de referências cruzadas que adotavam. Um dos meus exemplos favoritos dessa estratégia é o que se encontra no volume 1, no verbete que trata do canibalismo *("anthropophagie"* em francês). Após uma clara descrição do canibalismo, há, no final, uma única referência: "veja eucaristia". E no volume da letra E, após uma descrição perfeitamente católico-ortodoxa da comunhão, há uma recomendação final ao leitor: "veja canibalismo". Ora, isso era algo extremamente ousado e irreligioso, e bem representativo do livro radical que esses editores estavam vendendo.

O que acho, pois, fascinante é a combinação da visão de mundo moderna, racional e ilustrada com esse outro tipo de modernismo que é o capitalismo cru, com as pessoas querendo unicamente ter lucro. Para se compreender o século XVIII e o Iluminismo precisamos, portanto, das duas coisas: de um lado, entender os textos lendo-os cuidadosamente, não esquecendo de buscar o que está nas entrelinhas, e, de outro, compreender os interesses econômicos e sociais que os rodeavam. Se se puderem juntar esses dois aspectos, então pode-se criar o que chamo de história social das ideias, pois nela as ideias não são tratadas como se vivessem na estratosfera, destacadas da realidade social. A vantagem desse tipo de história, no meu entender, é que pode provocar mudanças na história em geral e não só na história do Iluminismo, na medida em que mostra como as ideias se tornam parte do mundo diário, incluindo o mundo dos interesses econômicos.

Em uma das suas mais felizes e vívidas observações sobre a tarefa do historiador, o senhor lembrou que para "captar o outro", para se penetrar numa cultura estranha à nossa, deve-se começar pelos documentos que nos parecem mais opacos. Uma piada, um provérbio, um ritual ou qualquer coisa do passado que nos pareça ininteligível é exatamente o que pode nos permitir compreender o outro em sua especificidade. O seu fascinante estudo O grande massacre dos gatos *tentou precisamente entender o que haveria de tão engraçado naquele massacre de gatos, a ponto de um evento – para nós tão repulsivo – ser considerado a experiência mais hilariante vivida por um grupo de artesãos parisienses do século XVIII. Pois bem, na França do século XVIII, como o senhor bem mostrou no seu* A revolução impressa, *era regra juntar livros filosóficos e pornográficos numa mesma categoria. Seria essa mistura mais uma daquelas piadas sem graça que nos escapa e desconcerta, mas que pode nos revelar em profundidade a mentalidade daquela época, caso percebamos que "graça" tem?*

Sim, sem dúvida. Meu ponto era exatamente mostrar isso porque eu achei a expressão "livros filosóficos" usada em todo lugar nos documentos sobre a literatura proibida. Expressão, diga-se de passagem, usada não só pelos livreiros e editores, mas também pela polícia e pelos autores. Era, pois, uma espécie de código. Mas a que se referia? Acontece que nossas categorias não coincidem, de modo algum, com as categorias usadas pelas pessoas do século XVIII. O que separamos, como pornografia e filosofia, eles achavam que devia estar fundido. Há algo, por exemplo, sobre o sexo que parece promover o pensamento. Escrevi um pequeno ensaio sobre pornografia que começa dizendo: Claude Lévi-Strauss diz que a maioria das pessoas não pensa com conceitos abstratos, mas sim com coisas. Elas manipulam objetos, os colocam juntos, um em relação com o outro, de forma semelhante ao modo como um trabalhador manual opera quando conserta uma mesa. Isso significa pensar com o concreto, e para a maioria das pessoas o pensar é algo que Lévi-Strauss chama de *"la science du concret"*. Ora, acho que, do mesmo modo, as pessoas do século XVIII pensavam com o sexo; consideravam que ele, de fato, as ajudava a pensar. Muitos desses textos começavam com histórias cabeludas e episódios eróticos para depois usá-los para refletir sobre a natureza do prazer, a natureza do amor, do poder e, especialmente, sobre a natureza do homem e da mulher. Em um dos *best-sellers* do século XVIII, um livro chamado *Teresa filósofa,* pode-se ler verdadeira pornografia, isto é, muitas descrições picantes do ato sexual, mas tão logo Teresa e o amante têm orgasmo e estão recuperando a energia para a próxima rodada de prazer, eles conversam sobre metafísica. Sim, metafísica para valer! De fato, consegui identificar certas passagens do texto, que foram extraídas de tratados filosóficos mais antigos. O que se vê, então, é uma mistura de elementos que para nós são completamente incompatíveis. Sim, sua pergunta vai direto ao ponto. Realmente achei estranho que as palavras "livros filosóficos" fossem usadas para se referir à pornografia. Mas quando li essa pornografia descobri que, surpreendentemente, havia muita metafísica e até política ali misturada. Isso me parece bastante instrutivo sobre a diferença do século XVIII – ou até mesmo de outros séculos passados – em relação a nós. As pessoas simplesmente não dividiam o mundo do mesmo modo que o fazemos. E a vantagem da história do livro – do tipo que se baseia em pesquisa verdadeira – é que se pode recuperar o modo como elas organizavam a realidade, o modo como entendiam o mundo. Assim, de fato, a interpenetração de filosofia, pornografia, política e irreligião era tão natural para as pessoas do século XVIII quanto a matança de gatos era engraçada para os artesãos.

Em geral, suas obras não discutem o significado do Iluminismo para o sexo feminino. Seu estudo sobre Teresa filósofa, *o best-seller em que a principal personagem é uma mulher, poderia ser considerado sua primeira incursão no campo da história da mulher?*

Acho que isso é bem verdade; nunca me preocupei muito com a história da mulher. E essa é uma falha do meu trabalho. Em certo sentido, eu tentei remediar isso nessa discussão do livro *Teresa filósofa*. Não somente ele contém metafísica, mas eu o interpreto como um tipo de manifesto em prol da liberação das mulheres. A ideia que aí aparece é que as mulheres têm direito ao prazer, e prazer nos seus próprios termos – não como algo simplesmente ditado a elas pelos homens ou pela ordem social. E, além disso, elas deveriam ter controle sobre seu corpo. É um texto muito radical, não somente por suas ideias ateístas, como por suas ideias sobre a mulher. A heroína, Teresa, é uma filósofa que não quer nem se casar nem ter filhos. Recusa, pois, os papéis de esposa e mãe, o que significa atacar as condições fundamentais da mulher no Antigo Regime. Acima de tudo, o que ela quer é buscar, a seu modo, a felicidade. Sem dúvida, isso era uma ideia tremendamente radical e impossível de ser posta em prática pela grande maioria das mulheres no século XVIII. Para mim, pois, trabalhar com um texto que tratava dessas questões foi um modo de tentar pensar sobre as condições das mulheres no passado.

O livro The Darnton Debate *tem provocado uma discussão acalorada entre os historiadores do Iluminismo. Qual a sua reação diante dessa coleção de ensaios críticos à sua obra? O senhor acha que eles ajudaram ou prejudicaram a compreensão da relação entre o Iluminismo e a Revolução Francesa?*

Certamente fiquei envaidecido quando soube que a Voltaire Foundation achara interessante publicar um volume sobre o meu trabalho, mas devo confessar que estremeci quando li alguns dos ensaios. Acho que certos colaboradores não me entenderam, o que é uma experiência ao mesmo tempo chocante e positiva para alguém que, como eu, tenta escrever uma história da leitura. Entretanto, seus ataques, ao lado do esforço que fiz de me defender, devem ter esclarecido certos mal-entendidos. Contrariamente ao que alguns de meus críticos sustentam, nunca me propus a produzir uma história do Iluminismo, e muito menos a menosprezar as ideias dos *philosophes* ou ideias em geral. O que pretendi foi produzir uma história social das ideias, ou seja, entender o modo como as ideias circulavam e "tomavam" a sociedade do Antigo Regime. Esse empreendimento me levou a muitos caminhos diferentes em minha pesquisa: ao estudo das atitudes e ao sistema de valores (primeiramente numa versão da *histoire des mentalités* francesa, e mais tarde como um esforço de combinar história e antropologia); ao estudo dos escritores e à emergência do intelectual como um fenômeno histórico (sendo o tema central, nesse caso, a vida na Grub Street e o policiamento da literatura); ao estudo da publicação e do comércio livreiro (como já lhe disse, estou preparando agora o último volume de uma trilogia baseada nos documentos da Société Typographique de Neuchâtel e de arquivos semelhantes em Paris); e, finalmente, ao estudo da opinião pública (meu trabalho mais recente trata das notícias e da mídia de uma Paris pré-revolucionária). Em minha contribuição ao *The Darnton Debate*, tentei explicar que esses projetos de pesquisa são distintos uns dos outros e como eles se relacionam entre si. Procurei mostrar que queria, ao longo de meus estudos, refutar o argumento simplista que trata os livros como recipientes autoevidentes de significado e encontrar linhas de causalidade que vão diretamente da venda dos livros à leitura dos textos, à formação da opinião pública e, finalmente, ao engajamento revolucionário na forma de ação. Tendo reconhecido todas essas dificuldades, não recuo, entretanto, da minha convicção de que precisamos encontrar certas informações básicas por meio de um trabalho contínuo nos arquivos. Continuo a achar importante saber o que os franceses liam e como os livros chegavam às suas mãos. Acredito que seja possível imaginarmos certas questões históricas que podem ser respondidas – não definitivamente, talvez, mas de um modo que se aproxima da "verdade", com um *v* minúsculo. "Verdade" é uma palavra que deixa os historiadores desconfortáveis, como se implicasse um compromisso com o positivismo ou com alguma forma de metafísica. Eu, todavia, creio que podemos atingir alguma compreensão significativa da condição humana no passado. Tendo já cumprido meu tempo com teóricos – especialmente Clifford Geertz, Pierre Bourdieu e Michel Foucault –, não minimizaria, de modo algum, as questões teóricas envolvidas nesse tipo de trabalho. Entretanto, também enfatizaria seu aspecto artesanal – a tentativa de seguir pistas por meio de documentos e de construir uma história de modo a trazer as pessoas de volta à vida. Há todo um mundo a ser explorado nos arquivos, e o acho infinitamente fascinante.

O senhor confessou que, ao organizar com Daniel Roche a obra coletiva sobre a imprensa francesa do fim do século XVIII, A revolução impressa, uma das suas principais ambições era não tanto celebrar os princípios de 1789, mas sim reavaliar o poder da imprensa e contribuir para a discussão do papel da mídia na vida pública de ontem e de hoje. Qual é, pois, no seu entender, o papel da imprensa escrita numa era de múltiplos meios de comunicação?

Bem, uma das coisas mais tristes nesse campo é o declínio não tanto do livro, mas do jornal. Tenho sido convidado para tantas e tantas conferências sobre a morte do livro, o fim da literatura etc., que me faz acreditar que o livro está muitíssimo vivo. Por sua vez, o jornal está mesmo morrendo pela ação da televisão. Certa ocasião, como já disse, comecei a brincar com a ideia de estudar os jornais nova-iorquinos dos anos 20. Havia nessa época 27 jornais diários na cidade de Nova York, em inglês, sem mencionar outros tantos em várias línguas. Ora, isso é incrível! Hoje há somente dois ou três diários em Nova York! É, pois, uma tremenda mudança. E, se é verdade, como se diz, que a maioria dos cidadãos dos Estados Unidos assiste à televisão durante cinco ou seis horas por dia, então realmente vivemos num mundo que foi transformado por esse novo meio de comunicação. Assim, se eu quisesse tentar entender a imprensa como força no mundo moderno, teria que olhar sistematicamente para os vários meios de comunicação, em especial para a televisão, pois considero que o seu impacto foi imenso e transformou o modo como pensamos sobre o mundo. Pessoas semianalfabetas, nas mais remotas partes dos Estados Unidos, por exemplo, seguem eventos na Ásia, na Europa, e até mesmo sabem onde ficam os outros países! Isso era, sem dúvida, inconcebível há vinte, trinta ou quarenta anos. Com isso o jornal não é mais hoje o que era antes. Isso não significa, no entanto, que não seja importante, mas o é de um modo diferente. Pessoas-chave do mundo das revistas, por exemplo, leem os jornais, e pessoas-chave da televisão também os leem; depois, então, aplicam o que leram em seus programas de televisão, em suas revistas etc. Ocorre, pois, que por um processo indireto os jornais lidos por poucas pessoas podem exercer ainda influência considerável. Parece-me que para entender o modo como a mídia opera na cultura de hoje é necessário olhar para todo o seu amplo espectro e também entender como nosso sistema cultural permanece unido e às vezes se desintegra. Tal estudo, no entanto, foge à minha capacidade, pois nunca trabalhei com questões contemporâneas. Mas voltando ao século XVIII, também acho que devo ampliar meu campo de observação e olhar para os outros meios de comunicação além da imprensa. Daí meus planos de estudar agora canções, grafites, imagens e especialmente rumores, os chamados "barulhos públicos" na Paris da época. Tudo isso fará parte de um livro a ser escrito daqui a muitos anos, que tratará de todo o "pacote" da mídia parisiense e do modo como ela interceptava e transmitia mensagens. Quero, pois, começar com a história da comunicação, com um esforço sistemático de reconstruir os sistemas de comunicação do Antigo Regime e, daí, partir para o segundo estágio, que será um estudo profundo sobre o modo como a mídia interpretou a crise política na França às vésperas da Revolução. Minha ideia é ler ao mesmo tempo os eventos e os comentários que estes suscitavam, e reunir isso num livro geral que tenha como objetivo entender o grande evento fundador da história moderna: a Revolução Francesa. É claro que tal obra não explicará toda a natureza da Revolução, mas penso que pode nos ajudar a entender como o Antigo Regime se desintegrou e como se formou a energia revolucionária que seria desprendida em 1789. Em outras palavras, com essa nova abordagem estarei saindo da história do livro, num sentido mais estreito, e desenvolvendo a história mais ampla da comunicação.

Addison, ensaísta inglês tão prezado pelos iluministas franceses, disse no primeiro número do periódico Spectator *(1711) que os leitores são extremamente curiosos sobre a vida do autor do livro que leem. Não somente esse conhecimento aumenta o prazer da leitura, como é extremamente útil para o entendimento da obra do autor. Seguindo o conselho de Addison, mentor de tantos intelectuais de seu período, não gostaria de satisfazer a curiosidade do público brasileiro e lhe dizer algo sobre o homem que existe por trás do historiador Robert Darnton?*

Acho que seria justo me descrever como um homem bastante caseiro. Tenho três filhos, de 22, 26 e 29 anos, que já terminaram seus estudos e são praticamente independentes. Meu grande interesse e preocupação é agora com o lugar que eles vão ocupar no mundo dos adultos. Dá um pouco de medo, mas é também muito bom observá-los tentando achar seus caminhos em circunstâncias bastante difíceis, e procurar ajudá-los nisso. É claro que eles têm muitas vantagens, pois nunca tiveram que se preocupar com o pão de cada dia e receberam, penso eu, uma boa educação. Não estou, pois, preocupado com a questão profissional, mas sim com a possibilidade de obterem alguma satisfação na vida, vivendo inteiramente em seus próprios termos e não nos meus. Tudo isso pode soar muito abstrato, mas é minha preocupação principal.

Quanto a mim, devo dizer que tenho uma vida, por assim dizer, bastante internacional. Estou vivendo parte do ano nos Estados Unidos e parte na Inglaterra, o que é algo bastante fora do comum. Tenho também muita relação com a França e, em menor grau, com a Alemanha. Tento, no entanto, não viajar muito e ficar pulando de um aeroporto para outro, pois não acho isso muito satisfatório. Quero conversar com as pessoas, ficar num lugar tempo bastante para fazer contatos e, obviamente, pesquisar e escrever. Mas acho possível combinar isso com viagens. Em outras palavras, a vida intelectual, em meu caso, assim como em tantos outros casos, se tornou um empreendimento internacional, de tal modo que não nos identificamos unicamente com um país, o país-natal. Odeio o nacionalismo e acredito na ideia da República das Letras, uma república sem polícia e sem fronteiras, onde todo mundo pode dizer o que quiser, numa espécie de debate aberto. Assim, o fato de eu ser considerado companheiro de debate pelos franceses, alemães e ingleses, e não simplesmente catalogado como americano (estou consciente do grande antiamericanismo que existe no mundo), me dá um sentimento de grande liberação. O que mais posso dizer? A vida universitária americana é muito diferente da vida universitária europeia ou, acredito, latino-americana. Vivemos no *campus* universitário que é, muitas vezes, um oásis no meio de um deserto cultural. Esse oásis é muito rico: tem museus de arte, teatro profissional ou amador, mostras de filmes, para não mencionar as quadras esportivas, palestras variadas, e assim por diante. Até casas são fornecidas pela universidade. É, pois, um ambiente cultural e material muito rico para se criar uma

As muitas faces da história

família e levar uma vida bastante intensa e interessante. Mas, de outro lado, uma das grandes desvantagens é que esse tipo de ambiente tende a nos separar da vida dos cidadãos comuns. Com certeza nos Estados Unidos, mas talvez não no Brasil, o professor universitário e o intelectual correm o risco de não ter muita noção do universo cultural da população em geral. Quando saio do *campus* me percebo, de repente, não falando a mesma língua que outras pessoas. É por isso que frequentemente me sinto muito melhor na França do que na América. Princeton, onde vivo, é realmente uma cidade universitária, muito pequena e, como disse, um oásis. Mas poucos quilômetros ao norte e ao sul dali há cidades maiores, com favelas horríveis e imensos problemas raciais. E sinto que nada fiz para ajudar a combater essa situação. Devo confessar que, às vezes, quando entro num avião para Paris, me sinto culpado por estar levando uma vida intelectualmente muito rica, mas nada estar fazendo pelos semianalfabetos ou analfabetos das favelas ao meu lado. Um certo sentimento de culpa me acompanha, pois, nessas viagens.

Um último ponto é que, agora que estou mais velho e que houve um certo reconhecimento de meu trabalho, estou tendo uma existência mais cívica. É verdade que continuo a não me envolver no melhoramento da vida nas favelas, mas estou desenvolvendo outras atividades de interesse público. Tenho trabalhado muito, por exemplo, em prol da Biblioteca Pública de Nova York, de onde sou curador. Essa biblioteca, diferentemente de tantas outras, é uma instituição realmente democrática. Qualquer um pode simplesmente vir da rua, entrar e pedir um livro. Nada lhe é pedido: nem cartão nem dinheiro. Tem-se simplesmente que preencher a requisição do livro que se quer, e ele logo chega às mãos. É uma biblioteca enorme, a segunda maior dos Estados Unidos, um lugar realmente fabuloso. E, tradicionalmente, foi o lugar onde os imigrantes e pobres vinham se autoeducar, pois tinham amplo acesso aos livros. Pois bem, há grande empenho dos curadores em manter viva essa tradição, o que significa levantar fundos, organizar uma série de palestras, de exposições etc. Tenho devotado muito de meu tempo a isso. Outra coisa que fiz durante o período em que fui presidente da Associação Internacional para Estudos do Século XVIII foi criar um seminário de verão chamado Seminário Leste-Oeste, com o objetivo de juntar jovens acadêmicos da Europa Oriental e do Ocidente, e isso mesmo antes da queda do Muro de Berlim. Há dez anos esse seminário acontece todos os verões, e sua missão é criar um contínuo diálogo entre o leste e o oeste, assim como dar oportunidade aos jovens intelectuais de viverem um mês numa grande cidade, como Paris, por exemplo. Isso ocupou muito de meu tempo durante os últimos anos. Em outras palavras, ao lado de minha vida de cigano, pesquisando e dando aulas em países diferentes, acho que também desenvolvi uma espécie de cidadania na República das Letras, que vai além do mundo do *campus* para abranger o mundo de pessoas comuns e de intelectuais de outros países. Acho que tenho, de fato, contribuído um pouco para promover a internacionalização do saber. Quando falo em internacionalidade dos intelectuais, não estou pensando no sentido mais superficial de internacional, mas sim no sentido mais profundo da colaboração genuína com pessoas de outros países, de tal modo que possamos desenvolver uma cultura comum ao lado de nossa identidade cultural de origem. Não estou falando, pois, de cosmopolitismo internacional cheio de *glamour*, mas de trabalho conjunto, como num grande time. Graças às condições deste fim de século, com viagens baratas, contatos pela *internet* etc., acho que podemos realmente trabalhar para além das fronteiras nacionais muito mais do que antes. E, obviamente, espero que possa ser um trabalho cooperativo não só entre o leste e o oeste, mas também entre o norte e o sul.

Oxford, julho de 1996
(Entrevista atualizada e ampliada
em maio-junho de 1999)

Bibliografia selecionada

Mesmerism and the End of the Enlightenment. Cambridge, Mass.: Harvard University Press, 1968. (Traduzido para o alemão, francês, japonês, holandês, português, russo). [Ed. bras.: O *lado oculto da revolu-*

ção: mesmerismo e o final do Iluminismo na França. São Paulo: Companhia das Letras, 1998.]

The Business of Enlightenment: a Publishing History of the *Enciclopedia*. Cambridge, Mass.: Harvard University Press, 1979. (Traduzido para o francês, italiano, alemão, português). [Ed. bras.: *O iluminismo como negócio:* história da publicação da "Enciclopédia", 1775-1800. São Paulo: Companhia da Letras, 1996.]

The Literary Underground of the Old Regime. Cambridge, Mass.: Harvard University Press, 1982. (Traduzido para o sueco, alemão, holandês, italiano, japonês, português). [Ed. bras.: *Boemia literária e revolução:* o submundo das letras no Antigo Regime. São Paulo: Companhia das Letras, 1989.]

The Great Cat Massacre and Other Episodes in French Cultural History. New York: Basic Books, 1984. (Traduzido para o francês, alemão, holandês, sueco, dinamarquês, italiano, espanhol, português, japonês, húngaro, coreano). [Ed. bras.: *O grande massacre dos gatos e outros episódios da história cultural francesa.* Rio de Janeiro: Graal, 1986.]

The Kiss of Lamourette: Reflections on Cultural History. New York: Norton, 1989. (Traduzido para o alemão, holandês, português, italiano, japonês). [Ed. bras.: *O beijo de Lamourette:* mídia, cultura e revolução. São Paulo: Companhia das Letras, 1995.]

Gens de lettres, gens du livre. Paris: Editions Odile Jacob, 1992.

The Forbidden Best-Sellers of Pre-revolutionary France. New York: Norton, 1995. (Traduzido para o italiano, português, sueco, alemão). [Ed. bras.: *Best-sellers proibidos da França pré-revolucionária.* São Paulo: Companhia das Letras, 1998.]

The Darnton Debate – Books and Revolution in the Eighteenth Century. (Ed.) Haydn T. Mason. Oxford: Voltaire Foundation, 1998.

8
Carlo Ginzburg[1]

Poucos historiadores hoje vivos são tão originais como Carlo Ginzburg, poucos escrevem tão bem quanto ele e ainda menos compartilham de sua notável amplitude de interesses. Ginzburg, que há dez anos ensina na Universidade da Califórnia e divide seu ano entre Los Angeles e Bolonha, nasceu em 1939, numa família judia estabelecida em Turim. Seu pai, Leone Ginzburg (russo de Odessa que imigrou ainda criança para a Itália), foi professor de literatura russa e morreu numa prisão fascista romana quando Carlo tinha cinco anos de idade; enquanto sua mãe, Natalia Ginzburg,[2] se tornou uma das mais famosas e respeitadas escritoras italianas deste século. Após ter abandonado a ideia de dedicar sua vida à literatura, Ginzburg escolheu a história, especialmente influenciado por Delio Cantimori,[3] historiador italiano conhecido por seus

---

1 Uma versão resumida desta entrevista foi publicada no caderno "Mais!", *Folha de S.Paulo*, em 13 de junho de 1999.
2 Natalia Ginzburg (1916-1991), autora de *Léxico familiar, La voci della sera, La Famiglia Manzoni, Tutti i nostri ieri* etc.
3 Delio Cantimori (1904-1966), autor de *Eretici italiani dei '500*(1939), *Prospettive di storia ereticale italiana* (1960).

pioneiros trabalhos sobre os heréticos italianos do século XVI. Desde cedo a originalidade da produção intelectual de Ginzburg deixou a comunidade acadêmica um tanto atônita. "Um intelectual para se ficar de olho!", como alertou um resenhista americano no início dos anos 70!

De fato, seu primeiro livro, Os *andarilhos do bem:* feitiçaria e cultos agrários nos séculos XVI e XVII (1966), publicado quando tinha apenas 27 anos de idade, já foi um trabalho extremamente polêmico e inovador. O ponto de partida desse estudo foi a desconcertante resposta dada ao Tribunal da Inquisição por um grupo de camponeses de Friuli, acusados de feitiçaria: qualificando-se de *benandanti* (andarilhos do bem), eles se diziam benfeitores que combatiam as bruxas durante a noite armados de talos de erva-doce, enquanto elas empunhavam espigas de milho. Essa resposta inesperada, que contradizia as expectativas dos inquisidores, foi a base de um trabalho que deu uma notável contribuição aos estudos sobre a feitiçaria.

Foi, no entanto, O *queijo e* os *vermes:* o cotidiano e as ideias de um moleiro perseguido pela Inquisição (1976), o estudo da cosmologia de um moleiro do século XVI (também interrogado pela Inquisição sob a acusação de heresia), que tornou Carlo Ginzburg internacionalmente famoso, quase da noite para o dia. Novamente se valendo de processos da Inquisição de Friuli, Ginzburg se detém no intrigante caso de Menocchio, um moleiro que – diferentemente da maioria dos suspeitos, que falavam a contragosto – adorava falar. O julgamento foi, pois, usado por esse prolixo camponês como uma excelente oportunidade para expor, para uma audiência fora de seu vilarejo, sua visão do cosmos como um enorme queijo cheio de vermes. Segundo Ginzburg, apesar de ser alfabetizado e de ter lido alguns livros, Menocchio poderia ser visto como um porta-voz de uma cultura que era essencialmente tradicional, oral e popular. Citando Gramsci e usando como epígrafe uma passagem do "leitor operário" de Brecht – "quem construiu Tebas das Sete Portas?" –, o livro de Ginzburg foi acolhido como um manifesto da "história vista de baixo" e da antropologia histórica. Foi também a partir daí que, a despeito de seu horror por etiquetas, ele ficou conhecido como um dos líderes da chamada "micro-história", termo que se tornou moda pouco depois, ao ser usado como título de uma série de livros editados pela editora Einaudi por Ginzburg e seu amigo Giovanni Levi.

Seus outros livros – como o que trata do pintor Piero della Francesca (1981), o que estuda a história da ideia do sabá das bruxas ao longo de dois mil anos no mundo eurasiático *(História noturna:* decifrando o sabá, 1989) e o que reflete sobre um capítulo trágico da história recente da justiça italiana e sobre as relações entre o papel do juiz e o do historiador *(Il giudice e lo storico,* 1991) – são reveladores da diversidade de temas e abordagens com que Ginzburg trabalha, e que o tornam um historiador difícil de classificar; coisa que, aliás, muito lhe agrada.

Além de livros, Ginzburg tem publicado grande parte do seu trabalho de ponta sob a forma de ensaios. O mais famoso deles, traduzido em doze línguas, tem o intrigante título de *Spie* (pistas) e fornece, ele próprio, uma pista para o entendimento de toda a obra de Ginzburg. Nesse brilhante ensaio ele trata de enfatizar a importância do detalhe aparentemente sem importância, de uma frase ou gesto aparentemente trivial, que leva o investigador – quer seja um detetive como Sherlock Holmes, um psicanalista como Freud, ou um historiador como o próprio Ginzburg – a fazer importantes descobertas. É com esse especial talento detetivesco que, partindo quase sempre de detalhes aparentemente triviais, ele confronta com elegância, verve e entusiasmo temas e áreas de conhecimento sobre os quais inicialmente nada sabe. Como ele próprio diz, quando está diante de algo que desconhece totalmente mas sobre o qual está a ponto de aprender, sente intensamente o que chama de "a euforia da ignorância". Deve ser, como para um esquiador, o prazer de esquiar na neve fresca, diz ele.

Foi em seu apartamento em Bolonha que Ginzburg concedeu esta entrevista. Inicialmente, pareceu um pouco estranho interrogar alguém que, como ele, tem escrito longamente sobre interrogatórios conduzidos por inquisidores do século XVI e policiais do século XX, mas rapidamente a entrevista adquiriu um tom de conversa entre amigos. Extremamente simpático, espontâneo e expressivo, Ginzburg discorreu longamente, e com seu característico entusiasmo, sobre sua trajetória e opções intelectuais, sua atitude perante a fama, sua visão sobre o papel do historiador, sua opinião sobre Foucault, Borges, o pós-modernismo etc.

Quais aspectos de sua origem e formação considera cruciais para o entendimento de suas ideias e interesses?

São muitos, mas devo dizer de antemão que, como historiador, sou um pouco cético sobre as explicações teleológicas que veem os indivíduos como se fossem uma linha reta que vai, sem desvios, da infância à maturidade. É possível que haja elementos cruciais em minha história de vida, mas é bastante provável que eu não possa vê-los. Feitas essas reservas, posso falar um pouco de minhas origens. Sou de ascendência judia e, com exceção de minha avó materna, todos os outros eram judeus. Meu pai nasceu em Odessa, imigrou ainda criança para a Itália, cresceu em Turim e se naturalizou italiano na juventude, quando se tornou muito importante para ele se identificar com a Itália e se comprometer com a história italiana. Na verdade, ele era cioso tanto da sua identidade italiana quanto da russa. Estudou literatura russa, traduziu *Taras Bulba*, de Gogol, e *Anna Karênina*, de Tolstoi, para o italiano, e muito jovem se tornou professor de literatura russa na Universidade de Turim. Relato isso porque, por se recusar a fazer o voto de fidelidade ao fascismo exigido pelo novo governo, meu pai logo abandonou a carreira universitária e se envolveu com as atividades antifascistas. Para ele, lutar contra o fascismo fazia parte de ser italiano. Preso em 1934, aos 25 anos de idade, foi condenado a quatro anos de prisão. Ao ser libertado dois anos mais tarde, em decorrência de anistia, vinculou-se a Giulio Einaudi na fundação da mais importante editora antifascista italiana. Quando toda a Itália entrou na guerra em 1940, por ser antifascista e também judeu, meu pai (a essa altura já casado com minha mãe) foi confinado a uma pequena vila nos Abruzzi. Toda a família se mudou para lá e foi nesse vilarejo que vivi de um a quatro anos de idade. O único dialeto que falei em minha vida foi o dessa pequena comunidade dos Abruzzi. Isso tudo deve ter sido muito importante para o que me tornei. Quando Mussolini foi preso, em 1943, e todo o regime entrou em colapso, meu pai foi para Roma e reiniciou suas atividades políticas. Com a ocupação nazista, no entanto, foi preso novamente, reconhecido como judeu e líder antifascista, enviado para a seção nazista da prisão romana, onde morreu no início de 1944 quando eu tinha cinco anos. Mudamo-nos, então, para Florença e de lá finalmente para Turim, onde minha mãe – que àquela altura já publicara seu primeiro romance, *La Strada qui va in Città,* com o pseudônimo de Alessandra Tornimparte para ocultar o nome judeu – passou a trabalhar na editora Einaudi, para quem também traduziu Proust e onde publicou toda a sua obra.

 A essa altura, revendo minha vida, poderia me perguntar: quais foram as escolhas cruciais? (E essa é uma questão que vale para qualquer um. De certo modo, a vida é como um jogo de xadrez em que as jogadas cruciais já ocorreram bem antes do xeque-mate. Evidentemente há elementos biológicos que são cruciais, como nascer homem ou mulher, nossa herança genética e tudo o que ocorreu na infância. Assim, quando seleciono um momento em que penso ter feito uma escolha decisiva, é possível perceber que já havia limitações, constrangimentos. Em outras palavras, talvez tivesse havido alguma liberdade de escolha, mas seguramente já havia uma grande pressão para uma determinada direção. Por outro lado, há também muita inconsciência e desconhecimento envolvidos, e fico sempre impressionado pelo modo como as decisões cruciais de uma vida são tomadas às cegas: nos apaixonamos às cegas, escolhemos a profissão às cegas etc. Pensamos que escolhemos isso ou aquilo, mas retrospectivamente descobrimos que, de um lado, as informações eram insuficientes e, de outro, havia um grande impulso que não se relacionava a um real conhecimento das opções. Há, pois, escolhas conscientes, mas o papel de impulsos inconscientes é muito importante. Minha opção pela história ilustra bem o que quero dizer. Quando era adolescente queria me tornar romancista como minha mãe, mas logo desisti ao perceber que seria um mau romancista. No entanto, meu envolvimento com a arte da escrita é algo que ainda faz muito parte de mim. Diria que é como num dique ou num fosso: quando se bloqueia a água, ela se desvia com força para uma direção vizinha. Pensando retrospectivamente, diria que, tão logo me decidi a não me tornar um romancista, minha energia foi desviada para a escrita não relacionada à ficção, como se os impulsos negativos se tornassem parte dos impulsos positivos. Assim, minha paixão pela ficção se tornou parte de minha paixão pela escrita da história. O mesmo aconteceu com o desejo de me tornar pintor, em que os elementos que foram bloqueados se transformaram em um novo impulso. Tão logo desisti da ideia, por perceber que não passaria de um pintor medíocre, a paixão pela pintura também se tornou parte de mim, e até pensei em me dedicar à história da arte, o que acabei por fazer mais tarde.

Apesar de durante a adolescência jamais lhe ter ocorrido a ideia de se tornar historiador, aos 21 anos de idade o senhor já publicava um artigo de história bastante inovador. Retrospectivamente, poderia dizer se a descoberta de alguns historiadores o despertou para o estudo do passado?

Meu envolvimento inicial com a história foi, de certo modo, mediado por meu pai. Comecei a me desviar da leitura de romances quando estava no fim do liceu, lendo *Storia dell'Europa nel Ottocento* de Benedetto Croce,[4] livro dado pelo autor ao meu pai com a seguinte dedicatória: *Con grato animo* (com gratidão). Foi quando descobri que meu pai, que fora admirador e discípulo de Croce, o havia também ajudado em sua pesquisa, traduzindo textos russos. No entanto, não gostei nada desse livro. Logo depois, decidido a prestar concurso para entrar na concorrida Scuola Normale de Pisa, passei o verão lendo autores que ainda são cruciais para o meu trabalho, como Erich Auerbach,[5] Leo Spitzer,[6] Gianfranco Contini,[7] ou seja, criticismo literário baseado em detalhes, em leitura vagarosa e meticulosa de passagens de livros e poemas

---

4 Benedetto Croce (1866-1952), filósofo e historiador napolitano.
5 Erich Auerbach (1892-1957), crítico alemão, refugiado na Turquia, autor de *Mímesis:* a representação da realidade na literatura ocidental (1947).
6 Leo Spitzer (1887-1960), crítico alemão, refugiado nos Estados Unidos, autor de *Linguistics and Literary History* (1948).
7 Gianfranco Contini (1912), crítico italiano, autor de *Varianti* (1970).

extensos. Quando fui aceito em Pisa – tendo já abandonado a ideia de me tornar romancista ou pintor –, o problema com que me defrontei foi o do que escolher dentro das humanidades, dividido que estava entre história da arte, literatura e mesmo filosofia. Comecei me dedicando à crítica literária, mas logo ocorreu o encontro que foi decisivo para mim: conheci Delio Cantimori durante uma semana de visita a Pisa, onde deu um seminário sobre o *Weltgeschichtliche Betrachtungen,* de J. Burckhardt. Ainda me lembro vividamente da impressão que me causou aquele professor de barbas brancas e vestido num estilo do século XIX. Lembro-me de pensar que aquele era o homem mais velho que já vira. Difícil acreditar que só tinha 52 anos de idade. Quem o conheceu antes diz que, no fim da guerra, como num salto, Cantimori se tornou um ancião.

O seminário foi uma experiência diferente e crucial para mim. De surpresa, ele perguntou quem de nós sabia ler alemão; e então nos mandou comparar o texto alemão de Burckhardt com traduções em várias línguas. Após uma semana havíamos lido umas doze linhas. Foi uma experiência incrível e marcante que ainda hoje me inspira. Recentemente comecei um seminário na UCLA dizendo aos meus alunos: "Na Itália há um novo movimento chamado *Slow Food,* em oposição a *Fast Food.* Meu seminário será em *Slow Reading".* Na mesma época; descobri uma citação de R. Jakobson[8] – que depois soube ser de Nietzsche – que diz: "A filologia é a arte da leitura vagarosa". Realmente gosto muitíssimo da ideia de leitura vagarosa. Após essa experiência com Cantimori decidi estudar história, e minha primeira dissertação anual, por sugestão de Frugoni (um medievalista de Pisa), foi sobre a escola francesa dos *Annales,* algo pouco usual em 1958. Foi quando fiquei fascinado por Marc Bloch e descobri, em Pisa, seu livro Os *reis taumaturgos,* que li na edição original. Foi uma surpresa para mim descobrir que um livro de história podia não ser enfadonho.

---

8 Roman Jakobson (1896-1982), influente linguista russo, muito citado pelos estruturalistas.

Outro historiador proeminente e fascinante que conheci nessa época, por relações familiares, foi Franco Venturi,[9] amigo de meu pai. Através dele fiz, ainda como estudante, o meu primeiro trabalho pago: a tradução de *Caracteres originaux de l'histoire rurale française*, de Bloch, para a editora Einaudi. Foi nessa ocasião que me defrontei novamente com uma escolha que, retrospectivamente, se revelaria crucial em minha vida intelectual: trabalhar com Venturi, um especialista do século XVIII, ou com Cantimori, um especialista nos heréticos do Renascimento? Os dois eram diferentes em todos os aspectos, incluindo o político. O primeiro havia desempenhado um grande papel na resistência antifascista (quando conhecera meu pai) e se tornara também profundamente anticomunista. Já Cantimori havia sido primeiramente fascista (como seu mentor, o filósofo Giovanni Gentile)[10] para depois se tornar comunista. E escolhi trabalhar com Cantimori. Hoje reconheço que o que me atraiu foi o que nele havia de muito complexo, de não familiar, de distante, de dolorosamente distante de mim. Sim, diria que o crucial foi a distância. Talvez eu diga isso retrospectivamente, porque acabei de publicar uma coleção de ensaios sobre a distância, o *Occhiacci di legno*. Havia também algo na abordagem intelectual de Cantimori e no seu estilo indireto, cheio de alusões e insinuações, com que, absolutamente, não concordava. E, no entanto, foi ele o historiador vivo com quem mais aprendi. Estou convencido de que se aprende muito mais com aqueles que são diferentes de nós, que nos são distantes. Ao não escolher Venturi estava, inconscientemente, reagindo contra uma fidelidade estreita ao antifascismo, ao que era, em suma, o âmago de minha formação. Com Cantimori (e com as reflexões de Gramsci[11] sobre a vitória do fascismo) aprendi que as coisas não são tão simples como parecem. Num artigo sobre Duménzil,[12] procurei

---

9 Franco Venturi (1914-1994), historiador italiano, especializado no Iluminismo europeu. É autor, entre outros, de *Le origini dell'Enciclopedia* (1946), e *Settecento Riformatore* (1969-1984).
10 Giovanni Gentile (1875-1944), filósofo italiano e ideólogo fascista.
11 Antonio Gramsci (1891-1937), teórico político italiano, mais célebre por seus *Cadernos do cárcere*.
12 Georges Dumézil (1898-1988), erudito francês, célebre pelos estudos comparativos latinos, célticos e indianos.

exatamente desenvolver essa ideia pensando na distinção entre perguntas e respostas, e sobre a tendência da esquerda de desconsiderar a pergunta quando a resposta a ela é horrível, é vil. Ora, a pergunta não pode ser ignorada só porque não gostamos da resposta. Isso é algo muito difícil de se pensar. O racismo, por exemplo, é horrível sob todos os pontos de vista, mas é, sem dúvida, uma resposta errada a uma pergunta perfeitamente legítima: qual a relação entre biologia e cultura? Do mesmo modo, o fascismo deu uma resposta errada a perguntas legítimas da população italiana; e não podemos nos isentar de culpa dizendo que as pessoas eram más, pois o desenvolvimento do fascismo está relacionado à nossa inabilidade de prover uma resposta satisfatória.

O senhor se refere ao seu gosto pelo "detalhe de contador de histórias" e é muito elogiado por seu estilo narrativo. Diria que seu talento para a "narração compulsiva" está relacionado ao romancista que queria ter sido, ao desejo de seguir a carreira de sua mãe? Qual é, no seu entender, a relação entre os historiadores e os romancistas?

Penso que sim, mas, por outro lado, isso mostra como os constrangimentos não trabalham em uma só direção. Você pode se transformar tanto num ateu quanto num santo por ser filho de um padre. O fato de ser filho de Natalia Ginzburg poderia, pois, funcionar tanto como um impulso positivo quanto como um impulso para a resistência. A vida é feita de muitas conexões, mas a pergunta é: quais conexões? Em suma, não é possível verdadeiramente prever, só retrospectivamente. Quanto à narrativa, devo dizer que a noção de narrativa em história tem se moldado nos romances do século XIX, mas se pensarmos em romances do século XX, como os de Proust ou Joyce, fica evidente que a distinção entre ficção e não ficção se torna muito pouco clara. A esse respeito, uma ideia que me atrai muito é a da relação entre história e ficção como envolvendo competição e desafios mútuos. A história tem sido um desafio para romancistas como Balzac,[13] por exemplo, que reagiu dizendo: "Serei o historiador do século XIX". E

---

13 Honoré de Balzac (1799-1850), autor do volumoso *A comédia humana.*

então, depois dele, temos Stendhal,[14] Flaubert[15] e outros criando, por sua vez, desafios para os historiadores. A relação entre história e ficção envolve, pois, aprendizado mútuo, com os gêneros se desafiando e respondendo um ao desafio do outro.

Quem são seus principais interlocutores? Há pessoas que imagina espiando, criticando ou discutindo o que escreve?

Meus pais são, de certo modo, uma dupla à parte. Meu pai é uma presença invisível, que sinto fortemente, mas com o qual não discuto meu trabalho. Já minha mãe, que foi uma figura crucial em minha formação geral e intelectual, lia e comentava muito do que escrevia e sinto que me dirijo a ela quando escrevo para um maior público, não profissional. Ela – que foi casada duas vezes com acadêmicos – era fundamentalmente uma romancista e não se impressionava nem se importava com o universo acadêmico. De qualquer modo, o ato de escrever, no meu entender, é algo que está profundamente relacionado ao ato de comunicar algo a alguém, o que pode parecer óbvio mas não é, já que há muita coisa escrita (não só por historiadores) que parece ignorar completamente o público, como se a escrita fosse por si só suficiente. Sinto que estou constantemente envolvido em uma troca intelectual e, muitas vezes, quando termino uma sentença, imagino algum amigo reagindo ao que escrevi. Mas se, por um lado, a interação com as pessoas é algo muito importante, por outro, acho que muita comunicação é também um mal, causa uma espécie de entropia e, num certo sentido, mata a comunicação. Senti isso de perto quando me vi transformado, mais ou menos da noite para o dia, em historiador da moda. Até meados dos anos 70 eu tinha a impressão de estar totalmente sozinho, envolvido em questões com que nenhum historiador se importava – meu primeiro livro, Os *andarilhos do bem,* não teve público – e há, sem dúvida, algo muito bom em se

---

14 Stendhal, pseudônimo de Henri Bayle (1783-1842), autor de *O vermelho e o negro.*
15 Gustave Flaubert (1821-1880), autor do polêmico *Madame Bovary.*

estar isolado. Mas quando escrevi *O queijo e os vermes*, que teve sucesso imediato, percebi que o público já existia. O mesmo aconteceu com a publicação de meu ensaio sobre "sinais" *(Spie. Radici di un paradigma scientifico)*, publicado em 1978 ao mesmo tempo numa coleção de ensaios e numa pequena revista de esquerda. Durante duas semanas fui inundado com telefonemas de toda parte da Itália, convidando-me para falar sobre o assunto em Catânia, Milão, e assim por diante. Realmente, houve uma reação imediata que, em parte, se explica por ter o ensaio sido publicado primeiramente sem notas de rodapé, o que atraiu um público muito mais vasto. De qualquer modo, lembro-me de pensar que corria sério risco de perder o que há de bom no isolamento e de me ver engolido por uma espécie de fluxo de comunicação.

Está querendo dizer que o sucesso pode ser desastroso para um intelectual?

Sim, há algo muito perigoso com o sucesso; ele é como um tigre que precisa ser controlado. Do mesmo modo que o jogo, o sucesso gera uma espécie de tentação em se apostar cada vez mais alto na mesma jogada a fim de manter o sucesso. Do mesmo modo, como historiador na crista da onda, senti a força do sucesso e me amedrontei. Não digo que tenha pensado imediatamente numa estratégia consciente para me isolar novamente, mas logo percebi que esse era mesmo o caso. O ensaio sobre "sinais", por exemplo – que foi, como ensaio, a coisa mais bem-sucedida que escrevi –, me tornou uma celebridade na Itália e quase me forçou a desempenhar o execrável papel de "tutólogo", ou seja, o daquele que fala sobre tudo, que é consultado por revistas e jornais de circulação para falar e escrever sobre tudo. Até hoje recebo cartas de pessoas que nada têm a ver com o mundo acadêmico, mas que se sentem tocadas pessoalmente pelo que escrevi. Digo isso para mostrar que meus escritos geraram no público um tipo de expectativa à qual senti que devia resistir. Reconheço que há uma espécie de contradição nisso, pois, de um lado, gosto de me comunicar, gosto imensamente de escrever, gosto do sucesso e adoro ser traduzido. Por outro, sei também que há algo desastroso no sucesso. Foi o que fez me envolver em projetos que, de certo modo, me levaram novamente para a periferia. Primeiro, escrevi um livro sobre Piero della Francesca,[16] que revivia meu interesse sobre história da arte; segundo, fiquei anos e anos escrevendo o volumoso *História noturna*, uma espécie de continuação de meu primeiro livro, que gostei muito de escrever mas que foi um desaponto para muitos críticos; e terceiro, como mostram os meus ensaios, meus interesses se tornaram mais e mais erráticos, e estou, em certo sentido, em estado de permanente perplexidade, o que não poderia ocorrer se tivesse seguido uma trajetória específica. Enfim, foi como se me desenredasse do conjunto de expectativas não só dos outros como também minhas, tomando distância de mim mesmo e, por assim dizer, desapontando todas as expectativas.

Seu trabalho revela, algumas vezes, um mundo em que o entrelaçamento de textos, traduções e tradições é muito forte, algo que lembra os contos de Jorge Luis Borges (1899-1986). O senhor se inspirou, em algum grau, nesse autor?

Não, penso que não. Devo confessar que li Borges no início dos anos 60, gostei bastante e acho alguns de seus contos muito poderosos. Todavia, considero-o um escritor superestimado em demasia. No meu entender, não é um autor de primeira classe, mas sim de segunda; um excelente escritor de segunda classe. O que para mim é um grande pecado, algo que detesto, que me desagrada enormemente, é a autocomplacência. E Borges foi tentado por ela e sucumbiu. Mas, dito isso, é possível que eu tenha sido influenciado por Borges – sem saber e sem ser agora capaz de reconhecer – via Italo Calvino,[17] um escritor e homem extraordinário com quem muito aprendi, e que foi muito influenciado por Borges, especialmente em suas últimas obras. Um autor é, no meu entender, alguém capaz de nos tornar conscientes de certas

---

16 Piero della Francesca (*c.* 1420-1492), pintor italiano do Renascimento.
17 Italo Calvino (1923-1985), romancista italiano, autor do romance experimental *Se um viajante numa noite de inverno*.

dimensões da realidade. Há, por assim dizer, algo kafkiano na realidade, especialmente do século XX, que Kafka foi capaz de nos revelar. Esse lado cognitivo da literatura me é muito importante, e aprendi isso com minha mãe e com Calvino.

Em meu último livro, *Occhiacci di legno*, há um ensaio intitulado "Ecce" em que desenvolvo um tópico totalmente desconhecido até então por mim. Fiquei imensamente entusiasmado quando comecei a trabalhar nesse tema, e lembro-me de minha mulher me perguntar, nessa época, no que estava pensando, e eu lhe responder: "Em Jesus". Realmente fiquei obcecado com Jesus à medida que, baseando-me em pesquisas prévias de outros autores e desenvolvendo-as em certas direções, comecei a refletir sobre um fato que os estudiosos conhecem, mas sobre o qual não se fala: o fato de Jesus ter nascido de uma virgem ser o resultado de uma profecia que foi mediada por um erro de tradução. Se então pensarmos, por exemplo, nos santuários ao redor do mundo, no culto à Virgem Maria, em tudo, enfim, que decorreu daquela profecia, vemos que, paradoxalmente, um erro de tradução pode ser uma força propulsora e gerar a realidade. Poder-se-ia dizer: ora, isso é Borges. Na verdade não é Borges, isso é a realidade, mas certamente ele pode nos ajudar a ver isso. Há, pois, um lado borgiano da realidade para o qual ele pode nos chamar a atenção. Acho importante dizer que não se trata, nesse caso específico, de debochar da realidade, ou melhor, o elemento de deboche é só um dos lados da questão. De outro, há o elemento de compaixão humana que se esforça por entender a razão pela qual as pessoas têm uma ou outra crença. E isso aprendi lendo *Os reis taumaturgos* de Bloch. De um lado, ele tratava de desvelar a conspiração e mostrar que por trás do ritual dos reis, que pretendiam curar a escrófula com seus toques, havia uma estratégia política; mas, de outro, Bloch também procurava entender por que todas aquelas pessoas (mendigos, mulheres etc.) faziam a peregrinação a fim de serem curadas pelos reis. Essa ideia de trabalhar em ambos os lados deve ser central para os historiadores. Ter um profundo desrespeito pela mentira e, ao mesmo tempo, um profundo respeito pelas crenças, pelos sentimentos, me parece essencial; e se há contradição nisso é porque a própria realidade é contraditória.

Várias vezes o senhor disse que lhe é crucial atingir um público mais amplo. Qual é, no seu entender, a relevância da história que escreve para um público leigo?

Num certo sentido é imprevisível. Há um certo paradoxo na escrita, porque tento, por exemplo, controlar a reação de meus leitores o mais possível. Sou obcecado pela pontuação porque acredito que o significado de um texto pode ser mudado pela pontuação; ela cria ritmos diferentes, e o modo de perceber e sentir o texto é muito determinado pela pontuação. Mas, por outro lado, não há como controlar a reação de leitores de origens variadas, que poderão ler meu livro num contexto que desconheço. É por isso que quando me vejo traduzido sinto uma sensação estranha e meio ambígua, pois sei que há uma espécie de interseção com um mundo diferente cujo resultado me foge totalmente. Meu *História noturna* já foi, por exemplo, traduzido em várias línguas e agora está saindo em estoniano e norueguês, e me fascina pensar na razão para isso. Como escrevi sobre a história da Estônia e Noruega – histórias usualmente consideradas de interesse meramente periférico em relação à "grande" história –, imagino que eles tenham pensado o seguinte: "Afinal, somos também parte de um fenômeno eurasiático muito mais amplo". E, nessas circunstâncias, é impossível prever como serei lido. Anos atrás, tomei conhecimento de um estranho modo como meu *O queijo e os vermes* foi lido, quando me encontrei com John Murra, especialista nos Andes. Ele me contou que um grupo de seus alunos em Lima estava tentando reviver o quéchua, e que meu livro estava sendo lido como evidência e apoio ao que era, para eles, um compromisso político. Como vê, não poderia ter jamais previsto tal leitura.

O senhor escreve com grande erudição sobre uma gama imensa de temas que vão, por exemplo, desde adivinhos mesopotâmios ao papa João Paulo II, desde hereges do século XVI a Leonardo da Vinci e Voltaire. Como explica essa curiosidade e produção enciclopédicas?

As muitas faces da história

Realmente não sou um especialista. Gosto de dizer que sou um especialista em qualquer coisa, o que provavelmente não é verdade. Sei que alguns dirão que sou um especialista em feitiçaria, mas, na verdade, não me mantive a par da literatura nesse domínio. Não sou, portanto, um especialista porque estou envolvido em tantos domínios, em tantos projetos diferentes, o que significa, em última instância, que sou ignorante sobre muitas coisas, sobre quase tudo na verdade; até mesmo sobre o tópico acerca do qual estou escrevendo ou já escrevi. Tenho, de fato, pensado muito sobre a vantagem relativa da ignorância, sobre a vantagem de se abordar um campo vindo completamente de fora dele. Isso porque, no meu entender, os especialistas tendem a ficar cegos para muitas coisas e após algum tempo se tornam incapazes de ver seu próprio campo de modo inovador. Assim, não há nada de absurdo em se mudar totalmente de tópico porque, muito possivelmente, se será capaz de fazer perguntas significativas que escaparam aos especialistas. Eu, pessoalmente, adoro começar a trabalhar sobre um tema que desconheço quase totalmente. Obviamente, há um preço a ser pago por tal ousadia. De um lado, o que diz respeito à competência: sei, por exemplo, que cometerei erros, que direi coisas um tanto ingênuas, e assim por diante. De outro, há a dificuldade da recepção, algo de que só me dei conta recentemente, quando reconheci que corro o risco de não ser percebido pelos especialistas. Houve um resenhista do meu *História noturna* que disse mais ou menos o seguinte: "li o livro até a página 213 (digamos), mas o que se segue está fora da minha competência". Outros resenharam somente a última parte. Meu último livro, *Occhiacci di legno* (que envolve temas, abordagens e disciplinas variadas), talvez seja resenhado, mas me pergunto: por quem? Espero que esse texto tenha seu público, mas não estou certo disso.

A "euforia da ignorância" o impediu, como diz, de se tornar um especialista. O senhor se descreveria, então, como um ensaísta histórico? Se sim, o que diria àqueles que consideram o ensaio um gênero superficial?

Estou, na verdade, escrevendo mais e mais ensaios e alguns amigos estão preocupados, pensando que não vou mais escrever livros. Talvez. Fui muito influenciado por Momigliano, com quem desenvolvi uma relação de professor-aluno já bem tarde, eu já maduro e ele no fim da vida. Acho que devo a ele minha paixão pela forma ensaística. Estou mesmo pensando em escrever um ensaio sobre o ensaio como forma para a introdução das Clark Lectures que dei recentemente em Cambridge.

Pensando nos dois tipos de intelectuais que Isaiah Berlin distinguia – a raposa e o porco-espinho[18] –, qual deles é Carlo Ginzburg?

Penso que estou me tornando mais e mais uma raposa, mas talvez na base eu seja mesmo um porco-espinho, porque apesar de tudo o que escrevo parecer muito disperso, diria que há no fundo uma continuidade. Acho que o momento crucial foi quando descobri o julgamento dos *benandanti* e percebi que havia algo de incomum nesses heréticos. Foi a partir daí que, ao lado de meu interesse por temas específicos e variados, se criou para sempre um amplo interesse metodológico – talvez relacionado ao meu antigo interesse por filosofia – que subjaz, meio obsessivamente, a tudo o que escrevo. Até mesmo meu livro sobre o pintor Piero della Francesca tem, por trás, uma preocupação metodológica. Quando decidi estudar feitiçaria, não estava fundamental-

---

18 Segundo o filósofo Isaiah Berlin (1909-1997), a seguinte classificação pode ser útil, se não for levada ao extremo. Os intelectuais do tipo porco-espinho são aqueles que relacionam tudo "a uma visão central, um sistema mais ou menos coerente ou articulado, em função do qual eles compreendem, pensam e sentem"; já os intelectuais do tipo raposa não se preocupam em encaixar suas ideias e experiências em uma visão ou princípio unitário fixo: "seu pensamento é disperso ou difuso, movendo-se em muitos níveis, captando a essência de uma vasta variedade de experiências e objetos pelo que são em si mesmos, sem procurar encaixá-los ou excluí-los de um visão unitária única, envolvente, às vezes autocontraditória e incompleta, às vezes fanática". Cf. *The Hedgehog and the Fox – An Essay on Tolstoy's view of History*. London: Weidenfeld and Nicolson, 1967 (1.ed. 1953).

mente interessado na perseguição às bruxas, mas o que me seduzia era abordar as perguntas dos inquisidores de modo a poder escapar de seu controle, o que, evidentemente, envolvia um problema metodológico. Tinha a ideia de ler os processos nas entrelinhas e também a contrapelo, desvirtuando, por assim dizer, as intenções das evidências; indo contra ou além das razões pelas quais elas foram construídas. É o que Marc Bloch sugeriu quando falou sobre a estratégia de leitura tortuosa, lendo, por exemplo, a hagiografia medieval não para conhecer a vida dos santos, mas como evidência da história da agricultura medieval.

Apesar de não ter sido treinado como historiador da arte, o senhor já escreveu várias vezes sobre arte: sobre Piero della Francesca, Ticiano,[19] Jean Fouquet[20] etc. O que o atrai para esse campo? O senhor acha que os profissionais dessa área não notam o que o historiador não especializado pode notar?

Sim, talvez. Você conhece a citação de Clemenceau[21] de que a guerra é um assunto muito importante para ser deixado na mão dos generais? O mesmo argumento pode ser aplicado a domínios diferentes, como o da arte e da história, por exemplo. Sim, talvez a arte seja mesmo um assunto muito sério para ser deixado nas mãos dos historiadores da arte. Não sou meramente interessado em pintura, mas sim profundamente apaixonado pela pintura; meu interesse inicial é muito mais visual do que histórico e o prazer de aprender a gostar de um pintor é uma experiência incrível para mim. É só após minha primeira reação visual diante de uma pintura que tento traduzir as curiosidades e questões visuais em questões históricas. Lembro-me de quando era tão cego em relação a Rubens como se é surdo a um músico, e do prazer que foi descobri-lo. Quando viajo pela Itália e conheço novos lugares, novos museus, novas igrejas, sinto uma sensação estranha ao me dar conta de que, ao morrer, a maior parte da Itália e de sua arte

---

19 Ticiano (c. 1490-1572), pintor italiano.
20 Jean Fouquet (c. 1420-c.1480), pintor francês.
21 George Clemenceau (1841-1929), primeiro-ministro da França

ainda será desconhecida para mim. Teria que viver umas trinta vidas para conhecer tudo. E, afora a Itália, ainda tem todo o resto do mundo.

Quando disse antes que durante anos me sentia totalmente isolado, deveria ter acrescentado que só no Warburg Institute de Londres me sentia em casa. Minhas visitas a esse centro de estudos da tradição cultural clássica – que tive várias oportunidades de frequentar nos anos 60 – foram determinantes para minha trajetória intelectual. Foi nessa altura que percebi que a evidência visual poderia ser abordada a partir de uma perspectiva histórica nada usual, e que a oposição entre uma abordagem sócio-histórica da arte e a abordagem de um *connaisseur* era não só absurda como tremendamente prejudicial. Quando um *connaisseur* examina uma pintura e diz que ela foi feita num determinado lugar e numa determinada época por tal ou qual pessoa, isso é uma afirmação histórica básica que mostra que aquela oposição é ingênua. Eu, particularmente, fico fascinado e intrigado quando vejo um *connaisseur* mostrar que uma natureza-morta representando uma melancia foi feita pelo mesmo pintor de um determinado retrato. O fato de ser possível detectar a similaridade e poder conhecer, a partir daí, o lado mais profundo que subjaz a ela me seduz muito.

> *O senhor sempre se descreveu como grande admirador de Marc Bloch. Considerando que ele denunciou o que chamava de "ídolo das origens", como justificaria seu trabalho sobre o* sabbath *das bruxas, em que recua mais de dois mil anos em busca de suas origens? Diria que seu livro mostra que, contrariamente ao que dizia Bloch, a questão das origens não é uma questão indevida?*

Sou ainda fiel a essa ideia de Bloch e concordo em que a permanência de uma instituição não pode ser explicada pelas suas origens, ou melhor, pelo seu estágio inicial. Ele não dizia que não. se devia buscar as origens, mas criticava a ideia de transformar a explicação dos estágios iniciais de uma instituição em razões para a sua persistência. O que pode causar a impressão de que eu procurava contradizer Bloch no meu *História noturna* é que me inspirei muito em Lévi-Strauss e me interessei pelo que ele dizia sobre estrutura *versus* história. Minha intenção era, no entanto, combinar os elementos históricos com os estruturais, fazendo interagir eventos e estruturas, mas talvez não tenha sido bem-sucedido nessa tentativa. Comecei com uma conspiração envolvendo cristãos, judeus e muçulmanos ocorrida em 1331 e tentei, então, mostrar como tal evento fora possível, olhando para algo mais amplo. A partir, pois, de uma perspectiva ao mesmo tempo micro e de história de eventos, procurava expandir e mostrar como uma ampla interação era possível. Reconheço que esse livro – que é continuação de Os *andarilhos do bem* – foi o mais ambicioso que escrevi, talvez demasiadamente ambicioso, e que provavelmente coloquei mais peso nos elementos estruturais em detrimento dos históricos. Todavia, vi o desafio e não quis recuar. Pensando numa perspectiva borgiana – para retomar sua sugestão –, foi como se, à pergunta por que nasci, a resposta fosse: para descobrir o documento sobre os *benandanti* e lhes dar sentido.

O senhor tem um grande número de admiradores e seguidores, mas também de críticos. Diria que as críticas a seu trabalho o têm ajudado a desenvolver ou repensar suas ideias?

Sim, muitas delas passam a fazer parte de minha paisagem intelectual, não porque eu vá necessariamente segui-las, mas porque acho que não posso ignorá-las, já que dizem algo sobre a recepção de minha obra. Até mesmo uma crítica tola passa a fazer parte de minha paisagem intelectual. Dito isso, devo confessar que sou seduzido pela estratégia do advogado do diabo, o que foi muito reforçado por meu convívio com Italo Calvino. A ideia de aprender, por assim dizer, com o inimigo, de introjetar o advogado do diabo e de ser eu mesmo o meu mais temível inimigo realmente me fascina. Além disso há, evidentemente, a necessidade de se aprender, já que é impossível se conhecer tudo. O problema não está em saber, e sim em aprender. Comecei, por exemplo, meu último livro, onde trabalho com a questão do *straniamento*, no início dos anos 60, quando deparei com uma passagem de La Bruyere.[22] Pois quase trinta anos mais tarde aprendi com John Elliott sobre um texto de Antonio de Guevara[23] que foi essencial para o desenvolvimento de meu antigo projeto.

Além de interlocutor, John Elliott é também um dos maiores críticos de seu O queijo e os vermes, *por ele ter encorajado a atomização do passado. Como encara sua crítica?*

Sou, de certo modo, grato a Elliot por ter chamado a atenção para meu livro, e acredito que ele não era tanto contra ele em si, mas contra a possibilidade de a abordagem que utilizei se transformar na única abordagem da história. Entendo que desempenhei, ao lado de outros, o papel de abre-alas a um tipo de trabalho que busca trazer para o centro da história fenômenos até então considerados periféricos, como, por exemplo, a feitiçaria a partir da visão dos feiticeiros e o mundo visto por um moleiro. Mas, por outro lado, muito cedo percebi que aquilo não era o suficiente. Em outras palavras, senti que, tendo insistido nesse ponto, era preciso ir adiante; tendo a batalha sido ganha, o problema era evitar clichês. Daí não ter argumentado contra Elliott, pois, de certo modo, concordo com ele. A ideia de se opor a chamada micro-história à macro-história não tem sentido, assim como também é absurda a ideia de se opor a história social à história política. Na verdade, há alguns anos, alguém me perguntou qual era, no meu entender, a área mais promissora da história. E eu respondi: a política, pois acredito que se deve escrever história política, se bem que de um novo modo.

Está querendo dizer que a chamada "história vista de baixo" foi longe demais?

Sim, pois os arquivos estão cheios de histórias de pessoas desconhecidas. Então, a questão que se coloca, e que exige muita

---

22 Jean de La Bruyere (1645-1696), escritor francês, autor de *Les caracteres*.
23 Antonio de Guevara (c. 1481-1545), humanista espanhol.

reflexão, é: por que esta história e não outra, por que este documento e não outro? Tenho muito medo de um movimento intelectual se transformar num *slogan*, pois há sempre o perigo de autocomplacência intelectual, ou seja, de se acreditar que se está no único caminho correto, verdadeiro. Não me agrada, em absoluto, a ideia de transformar a história vista de baixo num tipo de *slogan*, pois, se a ideia é substituir uma abordagem ortodoxa por outra, tudo se torna totalmente desinteressante. Essa é a razão pela qual tenho trabalhado sobre temas variados e a partir de pressupostos variados. Diria que minha própria expectativa consiste em desapontar todas as possíveis expectativas geradas pelos meus livros; caso contrário, eu cairia num tipo de clichê e seria transformado num padre, papel que detesto. Não gosto de pregar, e especialmente não gosto de pregar para pessoas já convertidas. E nada está mais distante de mim do que a ideia de ter um público composto de jovens estudantes de esquerda apaixonados pela história vista de baixo e aguardando de mim uma mensagem nessa direção. Diante deles, faria exatamente o oposto, dizendo: olhem para as classes populares e reflitam sobre o peso que nelas exerceram as decisões políticas conscientes, sobre a maneira como elas foram moldadas por aquelas decisões. Pois isso é algo que me fascina: entender como um simples evento pode mudar a sociedade. A fraqueza da antiga história política era supor que as decisões políticas tinham sempre um impacto, o que é absurdo, pois significa ignorar a interação entre os principais atores e suas decisões, de um lado, e os recipientes (que também são atores), de outro.

Estudando a bruxaria o senhor necessariamente lidou com as mulheres na história. No entanto, não se percebe em sua obra nenhum interesse especial em estudar os tópicos a partir da perspectiva do gênero. Poderia nos dizer algo sobre esse seu desinteresse?

Certamente coisas boas e más foram escritas a partir dessa perspectiva, e estou sendo muito vagaroso em me expor a essa nova (ou não tão nova) voga. De outro lado, devo dizer que quando comecei a escrever sobre a feitiçaria quis reagir ao clichê (pois não baseado em trabalho sério) de que as pessoas acusadas eram, na maioria, mulheres, já que encontrei imensas discrepâncias sobre isso. Mas concordo, sem dúvida, que minhas reações intelectuais podem ser muito rápidas (e às vezes erradas, na verdade, frequentemente erradas) ou muito lentas, como se tivesse que digerir gradativamente um desafio. Meu trabalho sobre o estranhamento, a que já me referi, é um exemplo de tal lentidão; minha reação à história das mulheres é outro. Só aos poucos fui me conscientizando de que o que eu considerava, por assim dizer, uma abordagem neutra da história era, de fato, uma abordagem masculina. Quem sabe vou escrever um dia algo sobre esse tema, mas não posso esperar mais trinta anos como no caso do estranhamento. O que estou escrevendo atualmente sobre Voltaire talvez represente uma espécie de resposta tortuosa a isso.

O senhor já confessou que não gosta de seu Il nicodemismo *e que o seu* Os andarilhos do bem, *apesar de não ter tido o sucesso de* O queijo e os vermes, *era um livro mais inovador. De qual de suas obras gosta mais?*

Uso uma passagem de Cícero no Occhiacci di legno que diz que há modos diferentes de se chegar à perfeição. Obviamente, como estou falando de meus livros, a perfeição não está em questão, mas o que quero dizer é que gosto deles (mas não de todos) por razões diferentes. Poderia dizer que o meu favorito é, até agora, o último, mas isso seria dar simplesmente uma resposta rápida. Sou muito ligado a Os *andarilhos do bem,* talvez por ser o primeiro, e por tudo ter começado dali. Como disse Italo Calvino, o primeiro livro é um gesto inicial, e tudo o que se faz depois dele carrega o impacto desse primeiro gesto. Assim como num jogo de xadrez, a abertura cria uma espécie de coerção inicial, e não há como voltar atrás. No meu entender, esse foi não só o primeiro, mas também o mais avançado dos meus livros, e, como disse antes, sentia-me muito isolado naquela ocasião. Já do *Il nicodemismo* eu não gosto, talvez por ser o livro mais acadêmico que escrevi. Cantimori havia morrido recentemente, e, num certo sentido, era como continuar o diálogo com ele e também um modo de mostrar a mim mesmo que eu era um verdadeiro historiador, algo que já deixou de me preocupar. Não é que repudie totalmente esse livro (pois a estratégia de pesquisa que utilizei ainda aprovo), mas nunca permiti que fosse reimpresso, já que isso exigiria uma longa introdução (retomando questões que deixaram de me interessar), para explicar por que algumas partes não se sustentam mais. Outro livro que hoje me parece estranho, e que é mais ou menos ilegível, é o que escrevi com meu amigo Adriano Prosperi sobre nossa pesquisa conjunta sobre tratados religiosos do século XVI. Nunca entendi por que a Einaudi quis reimprimir o *Giochi de pazienza*, pois penso que ninguém o lê. No entanto, também não o repudio totalmente, já que há nele uma antecipação do meu ensaio sobre sinais e também uma reflexão importante sobre o envolvimento emocional em pesquisa. Na verdade, apesar de meu profundo compromisso com a escrita, paradoxalmente senti grande prazer em escrever, além desse, outros dois trabalhos com outros amigos: Carlo Poni e Enrico Castelnuovo. Como pode imaginar, O *queijo e os vermes* é o livro mais bem-sucedido que escrevi, o que foi mais traduzido e o que me tirou do anonimato. Recentemente soube de algo comovente que aconteceu anos atrás no vilarejo de Montereale, onde nasceu o herói do livro, o moleiro Menocchio. Um professor primário chamado Aldo Colonnello fundou um centro para idosos intitulado Centro Menocchio, onde há uma biblioteca que coleciona todas as traduções do meu livro. Finalmente, o *História noturna* me é muito especial por ter, como já disse, mais ou menos me isolado novamente e também por ter sido o maior desafio que enfrentei. Lembro-me de pensar: esse livro pode ser um fracasso, mas devo optar por um pequeno sucesso ou por um grande fiasco? Essa me pareceu a verdadeira alternativa. Certamente teria preferido um grande sucesso, mas, caso não conseguisse, um grande fracasso me pareceu melhor do que uma pequena realização. Eis aí novamente a minha forte atração pelo jogo, pois tinha consciência do que estava em risco, de que talvez minha ambição fosse grande demais. Enfim, se esse não é o melhor de meus livros, é, certamente, aquele no qual mais investi de mim mesmo.

Jack Goody diz que a comparação é uma das poucas coisas que as ciências sociais e históricas podem fazer para se aproximar dos experimentos dos cientistas. Concorda com ele sobre a importância da abordagem comparativa para o entendimento do passado?

Sem dúvida, o único modo de realizar um experimento na história é trabalhar numa escala comparativa, pois seria impossível, ou imoral, ou maluco iniciar, por exemplo, um movimento religioso como parte de um experimento. Isso é também mais ou menos o que Marc Bloch disse e é incrível que o que ele desenvolveu há tanto tempo naquele famoso artigo sobre a história comparativa ainda seja válido, e que tão poucos estudiosos tenham, de fato, se envolvido com tal abordagem. Concordo plenamente, portanto, sobre a importância de comparações explícitas, mas, por outro lado, é praticamente impossível não comparar. Nossa mente funciona comparativamente, e a interferência do passado e das recordações no dia a dia revela que sempre existe uma comparação implícita. No entanto, quando se trata de fazer comparação sistemática para, por exemplo, entender o que houve na história europeia de singular que a fez conquistar o mundo (não estou dizendo que foi algo bom, mas que isso é, sim, um fato inegável), as dificuldades são de várias ordens. Dentre elas, uma das maiores é a que diz respeito aos pressupostos silenciosos, dificuldade tanto mais penosa quanto mais nos confrontamos com culturas muito diferentes da nossa, como as africanas, a chinesa etc. É como se fôssemos duplamente estrangeiros: como historiadores o passado já nos é estrangeiro, e uma cultura muito diferente nos é ainda mais estrangeira. Podemos cometer inúmeros erros porque aqueles pressupostos latentes, como se escritos em tinta invisível, são muito difíceis de entender.

O senhor já confessou que gosta de estar na periferia, não só da profissão de historiador, mas na periferia de tudo. Muitas vezes, como diz, vai para o seu escritório encontrar-se com alunos como se estivesse indo ao cinema. Diria, então, que procura se relacionar com o mundo como se fosse um espectador?

As muitas faces da história

O advogado do diabo que há em mim já me fez essa pergunta. De um lado, percebo as virtudes e potencialidades intelectuais de olhar as coisas a distância, como um estranho. E, de certo modo, desde que passei a viver seis meses em LA e seis meses em Bolonha dupliquei minhas possibilidades de ser espectador. No entanto, ao lado de vantagens vejo também perigos nessa posição. E, estranhamente, devo dizer que consegui contrabalançar esses perigos pouco depois de dividir meu ano entre os EUA e a Itália, quando me envolvi no julgamento de meu amigo Adriano Sofri, condenado à prisão por um crime que não cometeu. Essa foi a primeira vez que me vi pessoalmente comprometido, como historiador, com questões atuais, percebendo que o que escrevesse poderia fazer diferença, o que infelizmente não ocorreu. Mas, se reconheço que há perigo em se adotar a posição de um permanente espectador, por outro lado, sou cético também quanto à ideia de ser um historiador engajado. Penso que escolher tópicos só porque são os de "nossa época", porque dizem respeito ao "hoje", significa ter uma visão míope e provinciana da história; mesmo porque, o que parece totalmente distante da atualidade pode se tornar, repentinamente, o seu foco. Lembro-me vividamente que, em 1969, meus alunos em Roma estavam freneticamente interessados em um só evento que acontecera em Turim em 1920: a ocupação das fábricas pelos operários. Não pensavam em mais nada. E eu, trabalhando nessa época sobre a feitiçaria e os *benandanti*, estava a milhões de anos-luz de todos eles. No entanto, pouco tempo depois – e isso eu gosto de recordar abertamente – nas manifestações de rua, as feministas gritavam: *"Tremate, tremate, le streghe son tornate'* ("Tremam, tremam, as feiticeiras voltaram").

Numa época em que tanto se fala sobre a fragmentação crescente da história, há algo, no seu entender, que une todos os historiadores?

Sei que muitos reclamam da fragmentação, mas, no meu entender, não vejo nada de errado nisso, até acho muito bom que tenha havido uma diversificação de pontos de vista nos últimos vinte anos. O que me preocuparia é se houvesse um modo uniforme de olhar para a história. Pensando nos paradigmas de Kuhn,[24] diria que essa fragmentação ou diversidade de abordagens se relaciona ao estado pré-paradigmático dessa disciplina. Em outras palavras, a história é como a química antes de Boyle ou a matemática antes de Euclides, ou seja, não houve ainda um Galileu ou Newton que criasse um paradigma da histórica, e talvez jamais haja. Assim, se pensarmos nos historiadores através do mundo, é impossível dizermos que este ou aquele não pertence à profissão porque está fora do paradigma. Há somente, por assim dizer, paradigmas negativos. Se alguém disser que Deus está interferindo nos assuntos humanos, como diziam os cronistas medievais se referindo às Cruzadas, então, este sim, estará fora da profissão. Mas fora casos extremos como esse, os historiadores podem dizer muitas coisas distintas e conflitantes, e ainda serem considerados profissionais da história. Uma decorrência disso é que a relevância em história não é algo imediatamente dado. Em outras palavras, nos últimos vinte anos surgiu uma diferenciação entre, de um lado, os tópicos cuja importância é um dado *a priori*, que não precisa ser enfatizado (como a Revolução Francesa), e, de outro, aqueles cuja relevância é dada *a posteriori*, dependendo do resultado da pesquisa (como o estudo de uma comunidade do norte da Itália ou do sul do Brasil).

Quando era estudante, havia uma hierarquia de relevância definida, e os *benandanti*, por exemplo, eram considerados pequenos nadas meramente pitorescos. Uma das implicações importantes da micro-história – que se relaciona diretamente ao impacto da antropologia na história – foi a emergência daquela diferenciação. Assim, do mesmo modo que a importância de uma pesquisa antropológica não depende – como diria Malinowski da relevância da tribo ou comunidade estudada, mas sim dos resultados mais gerais que se podem extrair de uma pesquisa, o estudo de um moleiro perseguido pela Inquisição ou de um grupo de heréticos será ou não relevante, dependendo das relações que

---

24 Thomas Kuhn (1922-1996), historiador da ciência norte-americano, autor do influente *A estrutura das revoluções científicas*.

houver entre ele e elementos mais gerais. É por isso que me preocupei em explicar na introdução de O *queijo e os vermes* por que escolhera estudar um moleiro e por que aquele moleiro específico. Na ocasião, me senti obrigado a me justificar naqueles termos, o que hoje não faria, pois a batalha, como disse, já foi ganha e importa agora ir adiante. O que hoje deve ser enfatizado é que as pesquisas que tratam de tópicos cuja relevância é dada *a priori* não são nem piores nem melhores do que as que tratam de tópicos cuja relevância é dada *a posteriori*. O que é melhor é simplesmente pesquisa melhor.

Apesar de ter criticado a história das mentalidades, o senhor é frequentemente descrito como historiador das mentalidades. É a favor de uma história das mentalidades reformada ou rejeita totalmente essa abordagem? A chamada história do imaginário social responde às suas críticas?

Não me interesso por rótulos, nem pelo de micro-história, pois facilmente podem se tornar *slogans*. Também me é irrelevante o título que me dão: historiador das mentalidades ou micro-historiador. É inegável, no entanto, que Bloch inaugurou um novo domínio de pesquisa – que se poderia chamar de história das mentalidades – com o seu Os *reis taumaturgos*, apesar de ele próprio não ter usado essa etiqueta. De qualquer modo, ele não pretendeu opor essa abordagem a outras, e conseguiu relacionar esse novo domínio à história política, o que me parece muito importante. Imaginário social é mais um título e, como tal, igualmente desinteressante, pois nada diz em si mesmo. Mais interessante é a discussão de problemas e dificuldades específicas que decorrem de abordagens específicas.

Quando discorre sobre sua trajetória, o senhor se refere às suas visitas ao arquivo sem saber o que buscar, à "natureza casual" de suas descobertas e ao grande peso dos insights, *do acaso e da audácia no seu modo de escrever história. Não diria que tais considerações são desconcertantes, contrariam o que se diz convencionalmente aos estudantes e mostra que, no seu entender, não há muito o que ensinar aos futuros historiadores?*

Sou realmente muito fascinado e intrigado pelos eventos casuais, mas não vejo nada de irracional ou místico nisso. O acaso simplesmente nos estimula, e toda a nossa vida, tudo o que a compôs até a ocorrência desse acaso, nos predispõe a reagir aos eventos casuais de determinadas formas. Quando descobri o documento sobre os *benandanti* estava realmente a esmo, mas quando deparei com ele percebi sua relevância porque, de certo modo, já estava envolvido, em interação com ele. Usualmente meus trabalhos começam com uma espécie de *flash*, com uma reação tipo Hah! Hah!, como se de repente descobrisse uma resposta para a qual devo, então, reconstruir a pergunta. Isso talvez se relacione ao que desenvolvi no meu ensaio sobre o *straniamento*, em que, a partir de Proust (que cito com uma variação), falo sobre a história sendo escrita de trás para a frente. Então, acho que o importante (e mais difícil) é estarmos potencialmente abertos ao desconhecido, ao inesperado. Minhas reações diante do acaso – sendo mais velho e tendo lido mais livros que se tornaram parte de minha experiência – serão necessariamente diferentes das dos meus alunos. Há, pois, algo que faz parte de mim e que não tenho como ensinar a ninguém. É muito estranho, mas tenho muitas dúvidas sobre o ensino, apesar de saber que aprendi com muita gente, às vezes com quem encontrei por somente algumas horas ou até segundos. Sinto que ensinar é uma tarefa mais ou menos impossível, que é um processo difícil de ser articulado em palavras, mas que às vezes acontece. Talvez, como cozinhar, o único meio de se ensinar algo é mostrando. Quem aprende a cozinhar só lendo um livro de receitas? Ninguém, pois é preciso observar e praticar.

Anos atrás fui entrevistado por meu amigo Adriano Sofri, que me perguntou sobre o conselho que daria aos jovens historiadores. Leiam romances, respondi. Naquela época esse me parecia o modo de fazer que desenvolvessem o que chamo de imaginação moral, ou seja, aquilo que nos permite fazer conjecturas sobre os seres humanos, algo que está envolvido em todas as interações sociais. Ora, essas conjecturas se baseiam, no meu entender, no que aprendemos sobre os seres humanos, e muito disso depende do que lemos, desde contos de fadas a romances contemporâneos. A leitura nos descortina toda uma gama de possibilidades humanas e, se tivermos tido a sorte de ler, por exemplo, *Crime e castigo* de Dostoievski, a figura de Raskólhnikov estará sempre afetando nosso modo de encarar a humanidade. Hoje, no entanto, hesitaria em dar tal conselho, pois detestaria ser confundido indevidamente com aqueles que alimentam a moda atual de se borrar a distinção entre história e ficção. Evidentemente, ainda acredito na leitura de romances, mas acrescentaria o seguinte alerta: leiam romances, mas saibam que história e ficção são gêneros distintos que apresentam desafios um ao outro.

O senhor disse certa vez que a história compartilha com outras disciplinas (como a medicina e a adivinhação) um caráter conjectural, o que faz que o conhecimento que produz seja inevitavelmente especulativo. No entanto, o senhor também sugere que o conhecimento histórico é científico. Poderia desenvolver essa ideia aparentemente contraditória?

A questão é que o processo do conhecimento é mesmo complexo e envolve elementos contraditórios. É por isso que chamei a atenção para os *insights*, mas depois pensei que isso poderia se tornar um novo *slogan* e resolvi complicar as coisas chamando a atenção para o outro lado que também está em jogo no processo do conhecimento: a questão da prova, da evidência, ou seja, daquilo que o mundo de fora nos impõe. Há tempos tenho, pois, me interessado em discutir a razão pelas quais alguns de nossos *insights* são descobertos como errados ou certos e outros resistem mais ou menos longamente a qualquer prova. Nos últimos vinte anos, a ideia de prova se tornou fora de moda entre os historiadores, que, seduzidos pelas teorias que borram a distinção entre história e ficção, não mais se preocuparam em provar qualquer coisa. Mas, se esse ceticismo é muito prejudicial, envolve, no entanto, uma questão legítima que devemos enfrentar seriamente. Definiria minha atitude da seguinte maneira: de um lado, gostaria de manter a distinção entre história e ficção de um modo muito claro e mostrar que o conhecimento é possível de ser provado, mesmo o que diz respeito a verdades que nos são desagradáveis; mas, de outro, estou interessado na competição entre os dois domínios e nas tentativas passadas e presentes de anular as fronteiras entre eles. Em outras palavras, acredito que há coisas que podem ser provadas, que há um lado objetivo a ser encontrado, que pode ser aceito mesmo por pessoas que trabalham com pressupostos diferentes; no entanto, também reconheço que os historiadores são pessoas que falam a partir de um lugar – pertencem ao gênero masculino ou feminino, nasceram em determinado contexto etc. – e que, portanto, o conhecimento que produzem é localizado.

Seu trabalho sobre o moleiro Menocchio – ao lado de Montaillou de Le Roy Ladurie e O retorno de Martin Guerre *de Natalie Davis – tem sido descrito e louvado como pós-moderno. Concorda com essa visão?*

Em absoluto. Ankersmit e outros pós-modernistas interpretaram erradamente todos esses trabalhos. Percebo que, especialmente nos Estados Unidos, sou considerado um historiador pós-moderno por muitos que leram meu O *queijo e os vermes* e meu artigo sobre "sinais", o que realmente me é muito estranho. Minha ambição seria ser atacado tanto pelos positivistas quanto pelos pós-modernistas, e isso não porque me considere no meio. A solução não está em simplesmente se misturar numa garrafa 50% de positivismo e 50% de ceticismo, mas sim em levar a contradição ao limite, aceitando o desafio de ambos os lados para poder avaliar seus respectivos argumentos. O debate envolve problemas vários, tais como o de saber até que ponto uma peça de evidência se relaciona com a realidade social. Contrariamente ao que pensam os positivistas, a relação não é óbvia. No meu entender, a evidência não é uma janela aberta à realidade social (como entendem os positivistas), nem uma parede cega que nos impede de olhar para fora, para além da própria evidência (como acreditam os pós-modernistas). Ela mais se assemelha a um espelho distorcido, o que significa dizer que só nos resta descobrir para que lado ele está distorcendo, já que esse é o único meio que temos de ter acesso à realidade. Outro problema, ainda maior, implícito no debate entre positivistas e céticos é o que se relaciona ao "conhecimento localizado" (para usar a expressão de Donna Haraway),[25] já que este envolve um sério perigo político: o da fragmentação da sociedade, onde os seus vários grupos – os negros, os *gays*, as feministas, os judeus etc. – falam por si, escrevem a sua própria história a partir dos seus pressupostos, e onde nada precisa ser provado. O problema, no meu entender, não é negar o "conhecimento localizado", mas tomá-lo como ponto de partida e ir para além dele em busca de uma comunicação possível, em busca de um conhecimento que possa ser provado e aceito, mesmo quando envolver verdades desagradáveis e dolorosas.

O senhor já sugeriu que não se deve esperar do estudo passado a solução para os nossos problemas. De que modo, no seu entender, o estudo do passado é relevante para nós?

A história pode nos despertar para a percepção de culturas diferentes, para a ideia de que as pessoas podem ser diferentes e, com isso, contribuir para a ampliação das fronteiras de nossa imaginação. Disso decorreria uma atitude menos provinciana em relação ao passado e ao presente. Dito isso, devo lembrar, no entanto, que é praticamente impossível prever a reação das pessoas e que a "química intelectual" envolvida na recepção da leitura é extremamente complicada. Posso ilustrar isso com a reação à minha própria obra. Os *andarilhos do bem*, por exemplo, se tornou parte da redescoberta da identidade regional de Friuli, e eu soube que há agora até uma banda de rock chamada Benandanti Electronics. *O queijo e os vermes* – em que falo sobre a vida e a cosmogonia de um moleiro herético de Montereale chamado Menocchio –, além de me valer o título de cidadão honorário do vilarejo, acabou movimentando a região onde Menocchio viveu e o transformou em herói regional. O Channel 4 britânico, por exemplo, rodou um filme (que, aliás, não teve nenhum sucesso) no local, o herege queimado pela Inquisição passou a ser figura reverenciada até pelo padre do vilarejo, e há mesmo uma camiseta e um pôster à venda em honra a Menocchio, com uma frase de seu testemunho: *"Cercava*

---

25 Donna Haraway. Situated Knowledge. *Feminist Studies*, v.14, p.575-99, 1988.

uno mondo nuovo". Recentemente, tive outro exemplo do impacto, completamente imprevisível, que a produção acadêmica pode exercer sobre outros domínios mais amplos. Fui convidado para uma conferência em Roma, comemorativa da abertura dos arquivos da Inquisição pelo Vaticano em 1998, e surpreendentemente fiquei sabendo que uma carta que eu enviara ao atual papa, por volta de 1979, o convencera a dar início ao processo de abertura dos arquivos. Fiquei verdadeiramente estupefato ao ouvir o cardeal Ratzinger fazer um discurso em que ele leu trechos de uma carta escrita há quase vinte anos, em que eu dizia mais ou menos o seguinte: "Sou um historiador judeu e ateu, tenho trabalhado há muitos anos sobre a Inquisição e acho que se o senhor abrisse esses arquivos estaria demonstrando que a Igreja não teme se submeter ao julgamento da história". Evidentemente, quando estava enfrentando tantas dificuldades de pesquisa, jamais poderia imaginar que, como historiador, eu poderia contribuir para algo com tanta relevância simbólica como foi a abertura dos Arquivos da Inquisição.

Há alguma teoria ou filosofia da história com a qual sente afinidade?

Sou cético quanto à possibilidade de uma filosofia recapitular a história da humanidade, mas tenho pensado em escrever um ensaio sobre esse tema usando como *motto* este minipoema infantil: *"Questa è la storia de la vacca Vittoria; morta la vacca finita la storia"*. Essa, em poucas palavras, seria minha filosofia da história: a humanidade irá perecer, esperemos que o mais tarde possível, mas é definitivamente perecível. O ponto crucial e dramático da história da humanidade é que o suicídio coletivo se tornou possível, que o fim da história está à mão. Isso é algo incrível e atemorizador, que tem impacto sobre nossa percepção da história e que precisa ser enfrentado pelos historiadores. Minha ideia é usar essa *"storia de la vacca Vittoria"* como uma espécie de glosa ao poema de Raymond Queneau,[26] *Petite cosmogonie portative,*

---

26 Raymond Queneau (1903-1976), autor do romance *Zazie no metrô (1959)*.

onde ele recaptura em duas linhas a história da humanidade, desde o macaco até a ruptura do átomo.

O senhor se refere frequentemente aos trabalhos de Freud. Diria que essas referências contêm uma chave importante para a compreensão de sua abordagem histórica?

Sim, ele foi muito influente em minha obra, não tanto por suas reflexões teóricas, mas por seus estudos de caso – relatados em seu *Psicopatologia da vida cotidiana* –, que me fascinam enormemente. Devo a Freud algumas ideias que foram particularmente valiosas para minha postura intelectual: primeiro, a de que a verdade é dolorosa mas precisa, mesmo assim, ser enfrentada; segundo, a ideia de que é possível combinar o positivismo com a abertura ao irracional. Desde muito cedo em meus trabalhos me empenhei em enfrentar a tensão entre o racional e o irracional, analisando os comportamentos e as crenças irracionais a partir de uma perspectiva racional. Contra a tendência de se achar que a abordagem adequada é aquela que imita o conteúdo, ou seja, que o irracional não pode ser abordado por uma perspectiva racional, sempre defendi a importância de se desvendar a racionalidade do irracional. E isso implica tanto envolvimento emocional quanto distanciamento.

Como o senhor se situaria em relação ao marxismo?

Li Marx quando ainda estudante e, apesar de nunca me ter declarado marxista, fiquei grandemente marcado por ele. Diria que nunca me declarei marxista por me achar muito ignorante sobre sua obra, e também por não me considerar tão comprometido com a esquerda a ponto de querer me envolver com os debates sobre o marxismo. Disso não me arrependo, pois me parecia muito fácil ficar enredado em distinções escolásticas sobre o assunto. De qualquer modo, devo confessar que, como parte da atmosfera geral dos anos 60, iniciei minhas pesquisas com hipóteses marxistas muito cruas que logo descartei. Mantive, todavia, a ideia de conflito entre grupos, que se mostrou crucial para a minha interpretação sobre a relação entre os inquisidores e os heréticos *benandanti*. Ultimamente tenho pensado em voltar a ler Marx, e o fato de o marxismo parecer morto é mais uma ótima razão para retomá-lo seriamente.

Sua atitude em relação à política é de observador ou participante? Ao escrever a defesa de Adriano Sofri, pretendia assumir uma posição política?

Votei quase sempre no Partido Comunista, mas nunca me filiei a ele. Minha mãe se filiou ao partido logo após a guerra, mas acabou saindo e sendo eleita para o Parlamento, independentemente de qualquer partido. Minha atração pelo Partido Comunista sempre foi a distância, apesar de Gramsci ter exercido um grande impacto emocional e intelectual sobre mim. No caso de minha participação no processo do Estado contra Adriano Sofri, o que me moveu foi a amizade. Não gostaria de fingir que a publicação de *Il giudice e lo storico* foi um ato de solidariedade política. Se o elemento político teve algum papel em minha atuação, ele foi bem pequeno. É verdade que eu simpatizava com o *Lotta Continua*, mas não teria escrito esse livro se não fosse amigo de Sofri e se não estivesse convencido de que ele não era responsável pelo assassinato do comissário de polícia Luigi Calabresi, pelo qual foi condenado a 22 anos de prisão. Tratava-se, pois, de colocar minha experiência de historiador a serviço de um grande amigo. Li milhares de páginas sobre o processo, refleti sobre a questão da prova (área crucial à qual convergem os juízes e historiadores), tornei público o desenrolar do julgamento, e argumentei que a sentença contra Sofri era um erro judiciário que precisava ser corrigido. Infelizmente minha participação foi infrutífera.

O senhor parece não apreciar muito o trabalho de M. Foucault e já o criticou como populista. Poderia explicitar melhor suas reservas a ele?

Devo dizer inicialmente que o considero muito mais interessante do que seus seguidores. O que é especialmente desinteressante neles é que tomam as metáforas de Foucault como explicações, o que é um absurdo. E diria ainda mais: o próprio Foucault antes das metáforas é muito mais interessante. De fato, fiquei surpreso com um volume publicado há uns dois anos com o resumo das aulas que ele deu no College de France, e que por razões burocráticas teve que apresentar. Pois elas revelam um Foucault muito melhor, sem todo aquele *panache,* aquelas metáforas, aquela ostentação. O que quero dizer é que havia vários Foucaults e um deles era muito, muito brilhante, mas, no meu entender, pouco original. Sob esse ponto de vista, diria que Foucault é um autor extremamente superestimado, pois, em grande parte, nada mais é do que uma nota de rodapé a Nietzsche. Afinal, nada muito surpreendente, considerando que há tão poucos pensadores realmente originais. É inegável, no entanto, que ele descobriu novos tópicos, novas áreas do conhecimento e teve também algumas ideias interessantes, como, por exemplo, a ideia da microfísica do poder – outra metáfora – que poderia, no entanto, se tornar problema de pesquisa, pois há muito a ser feito nessa direção; o que infelizmente nem Foucault e muito menos seus seguidores fizeram.

Pessoalmente, ele era extremamente agressivo – de fato, a pessoa mais agressiva que já encontrei –, e egocêntrico de um modo maníaco, o que lhe permitia vender sua própria imagem com grande eficiência. Lembro-me de estar uma vez num café de Paris conversando com E. P. Thompson e, por algum motivo, começamos a falar sobre Foucault. Foi quando Thompson disse algo que pensei ter ouvido errado: "Foucault é um charlatão". Pedi que repetisse, tal minha surpresa, e era isso mesmo. Concordo que certamente havia muito de charlatão em Foucault, mas não só. Muito de sua obra – a parte da retórica vazia – vai realmente desaparecer, mas há também coisas interessantes que merecem ser preservadas. Seria, pois, extremamente importante que alguém isento se empenhasse em estudar Foucault seriamente, começando com esses resumos de suas aulas. Muito lixo já foi escrito sobre ele e todos os elogios exacerbados feitos por seus seguidores só contribuíram para depreciá-lo. Está na hora de alguém livrar Foucault dessa tola idolatria.

Nos últimos dez anos o senhor tem ensinado em Los Angeles e essa tem sido, no seu entender, uma experiência de grande fertili-

dade intectual. Diria que a comparação entre a Itália e os Estados Unidos lhe permite ver essas culturas sob um novo ângulo?

Devo confessar que já fui muito antiamericano e que na minha primeira visita aos Estados Unidos fui munido de muitos estereótipos e pressupostos grosseiros. A primeira vez que vi uma bandeira norte-americana não sendo queimada foi no início dos anos 70, quando entrei no consulado americano de Bolonha para obter meu primeiro visto. Hoje, quando penso nos Estados Unidos, vislumbro duas características que considero básicas e que atiçam minha curiosidade: primeiro, um país marcado por uma imensidão incrível de espaços vazios e, segundo, uma sociedade que se envolveu num experimento social enorme, trágico e extremamente ousado. Vejo isso a distância, pois são características muito estranhas a mim, mas reconheço que qualquer julgamento de um experimento nessa escala seria muito prematuro, pois nos falta uma maior perspectiva.

Fazer uma comparação entre culturas tão diferentes como a italiana e a norte-americana é, no meu entender, praticamente impossível. Tudo nelas difere, a começar pelo fato de que Bolonha, por exemplo, é uma cidade para pedestres, enquanto LA foi feita para carros e nela mal se pode andar. A partir daí, tudo é diferente: os imensos espaços vazios, a ausência de um Ancien Régime, as instituições educacionais etc. No entanto, apesar de os Estados Unidos serem um experimento gigantesco único, ao menos uma de suas muitas questões é semelhante àquela com a qual a Europa está se confrontando agora, e a cada dia mais: a do conflito e coexistência de culturas diferentes. Sem dúvida, a escala é outra e as respostas terão que ser também diferentes; no entanto, a questão é comparável e temos o que aprender com as soluções americanas. Lembro-me de que, tão logo cheguei aos Estados Unidos, ao mencionar o problema dos negros, um intelectual me disse que a situação deles não era em nada diferente da de outros grupos de imigrantes. Eles estavam na fila, como os irlandeses, italianos e outros, e que mais cedo ou mais tarde também teriam acesso a uma fatia da torta americana. Certamente ele estava enganado porque, em certos aspectos, a grande maioria dos negros talvez esteja hoje pior do que nunca. É só quando se olha para a história a partir da escravidão que a situação atual tem sentido e é possível entender por que a situação dos negros norte-americanos é bem diferente da dos outros grupos étnicos.

Alguns de seus ensaios mais recentes, publicados no seu Occhiacci di legno – *como, por exemplo, o que trata do uso político do mito ou do lapso do papa João Paulo II –, parecem revelar um Carlo Ginzburg mais pessimista do que no passado. Concorda com essa impressão?*

Já me disseram isso. Acho que está fora de meu controle, pois quando escrevi esses ensaios não percebi essa minha atitude. Talvez não esteja sendo mais pessimista, mas simplesmente tendo mais oportunidades de falar sobre o presente, que vejo (e via) como sombrio. Há um *motto* de R. Rolland[27] (que Gramsci tornou famoso na Itália) que fala sobre o pessimismo da inteligência e o otimismo da vontade. Gosto desse *motto* porque enfatiza a clara distinção entre o que é a realidade e o que gostaríamos que fosse. Isso se relaciona com aquela ideia que deveríamos aprender com Freud: que a realidade é desagradável, mas que devemos encará-la de frente. Assim, o pessimismo da inteligência aparece como uma condição para o otimismo da vontade, ou seja, para a possibilidade de modificarmos a realidade que nos desagrada. Ver a realidade não é nada fácil, pois a encaramos emocionalmente, com todos os nossos desejos e temores, que, de certo modo, a amansam a fim de nos proteger dela. Vê-la, pois, é um grande feito que implica pessimismo, pois a realidade está cheia de coisas horríveis. As estratégias de sobrevivência implicam esquecimento mais ou menos temporário, e precisamos lidar também com essa forma de proteção.

Bolonha, outubro de 1998

---

27 Romain Rolland (1866-1944), romancista francês, autor de um romance em 10 volumes: *Jean-Christophe* (1904-1912). Ganhou o Prêmio Nobel de Literatura de 1915.

Bibliografia selecionada

I benandanti: stregoneria e culti agrari tra '500 e '600. Torino: Einaudi, 1966. (Traduzido para o inglês, francês, alemão, japonês, holandês, português, sueco). [Ed. bras.: *Os andarilhos do bem:* feiticeiras e cultos agrários nos séculos XVI e XVII. São Paulo: Companhia das Letras, 1990.]

Il formaggio e i vermi: il cosmo di un mugnaio dei '500. Torino: Einaudi, 1976. (Traduzido para o inglês, francês, alemão, japonês, holandês, português, espanhol, sueco, polonês, servo-croata, húngaro, grego, turco). [Ed. bras.: *O queijo e os vermes:* o cotidiano e as ideias de um moleiro perseguido pela Inquisição. São Paulo: Companhia das Letras, 1948.]

Indagini su Piero. Torino: Einaudi, 1981. (Traduzido para o inglês, francês, alemão, espanhol, português). [Ed. bras.: *Indagações sobre Piero:* o batismo, o ciclo de Arezzo, a flagelação. São Paulo: Companhia das Letras, 1989.]

Miti emblemi spie. Torino: Einaudi, 1986. (Traduzido para o inglês, francês, alemão, espanhol, português, holandês, japonês, sueco, finlandês). [Ed. bras.: *Mitos, emblemas, sinais:* morfologia e história. São Paulo: Companhia das Letras, 1991.]

Storia notturna: una decifrazione del sabba. Torino: Einaudi, 1989. (Traduzido para o inglês, francês, alemão, espanhol, português, japonês, sueco, holandês, romeno). [Ed. bras.: *História noturna:* decifrando o sabá. São Paulo: Companhia das Letras, 1991.]

Il giudice e lo storico – Considerazioni in margine ai processo Sofri. Torino: Einaudi, 1991. (Traduzido para o alemão, japonês, holandês, espanhol, francês).

Just One Witness. In: Frielander, S. (Ed.) *Probing the Limits of Representation. Nazism and the "Final Solution".* Cambridge, Mass: 1992, p.82-96, 350-55.

The Philosopher and the Witches: an Experiment in Cultural History. *Acta Ethnographica Academiae Scientiarum Hungaricae,* v.37, p.283-92, 1991-1992.

Montaigne, Cannibals and Grotooes. *History and Anthropology,* v.6, p.125-55, 1993.

Shared Memories, Private Recollections. *History & Memory,* v.9, p.353-63, 1997.

Occhiacci di legno: Nove riflessioni sulla distanza. Milan: Feltrinelli, 1998.

9
Quentin Skinner[1]

Desde outubro de 1997, a Universidade de Cambridge tem um novo *regius* professor em história: Quentin Skinner. A nomeação (feita diretamente pela rainha Elizabeth) para essa prestigiosa cátedra criada no século XVIII pelo rei George II, representa a coroação da carreira rápida e brilhante que Skinner ali iniciou aos 21 anos de idade. Sua escolha para a cátedra de ciência política da mesma universidade, em 1978, já representara o reconhecimento de sua contribuição para a metodologia e prática da história das ideias, em geral, e da filosofia política, em particular. Desde o fim dos anos 60, seus primeiros artigos anunciavam um pensamento polêmico e inovador, e atraíam reações tanto altamente positivas como profundamente desfavoráveis. O "reinado" de Skinner, segundo alguns, já teria se iniciado nos anos 70, quando seus estudos históricos sobre as ideias políticas do Renascimento e suas reflexões filosóficas e metodológicas passaram a nortear um debate extremamente enriquecedor e frutífe-

---

1 Uma versão resumida desta entrevista foi publicada no caderno "Mais!", *Folha de S.Paulo*, em 16 de agosto de 1998.

ro, que ultrapassou as fronteiras do mundo anglo-americano. O livro *As fundações do pensamento político moderno*, publicado em 1978 e premiado com o Wolfson Literary Award, consolidou o papel de Skinner como referência obrigatória na historiografia das ideias políticas, o que foi referendado pela repercussão de uma série de artigos inovadores e provocantes, pelo sucesso de seu pequeno livro *Maquiavel* (1981) e de seu mais recente e substancioso livro sobre Hobbes, *Razão e retórica na filosofia de Hobbes* (1996).

Contrapondo-se aos estudos que tratam os textos clássicos de teoria política como se fossem veículos de sabedoria eterna, Skinner se propõe a abordá-los em relação ao contexto; não tanto ao contexto social (que, no entanto, não é excluído de sua análise) como ao contexto intelectual e político. O objetivo de seu trabalho poderia ser sumariamente descrito como uma tentativa de descobrir as intenções dos autores de obras clássicas como, por exemplo, O *príncipe* e O *leviatã*. Em outras palavras, considerando esses textos como atos ou atuações – ou "atos linguísticos", como diz Skinner seguindo a tradição do filósofo J. L. Austin[2] –, seu empenho é procurar entender essas obras como intervenções de Maquiavel e Hobbes no debate político de sua época. Tal visão contrasta, pois, com a história das ideias tal como era feita por Arthur Lovejoy (o fundador do influente *Journal of the History of Ideas*) e seus seguidores. Isolando "unidades de ideia" e as seguindo através dos séculos, essa história procurava, por exemplo, recuperar as transformações que a ideia platônica da Grande Cadeia do Ser sofreu até o século XIX para continuar a dar uma explicação racional do mundo.[3] Criticando tal história como anacrônica, Skinner e outros, como John Dunn, Richard Tuck e John Pocock, procuram mostrar que pensadores como

---

2 John L. Austin (1911-1960), um dos líderes da "filosofia linguística" que se desenvolveu nos anos 50 e 60. Autor de *Philosophical Papers* (1961), *How to do Things with Words* (1961) e *Sentido e percepção* (1962).

3 Arthur Lovejoy (1873-1963), *The Great Chain of Being:* a Study of the History of an Idea (1936).

Hobbes ou Locke falavam uma linguagem muito própria e se referiam a questões muito específicas de sua própria época, o século XVII. Além das qualidades intelectuais, o que deve ter contribuído para que Skinner fosse escolhido para ocupar o mais alto posto na hierarquia acadêmica britânica foi ele ser o que se pode chamar de um autêntico *Cambridge man* o A esse traço também se deve sua mais recente nomeação para o posto de *pro-vice-chancellor* de Cambridge, cargo equivalente a vice-reitor da universidade. Tendo iniciado seus estudos em 1959 como aluno do Caius College (um dos 31 *colleges da* Universidade de Cambridge) e entrado na carreira universitária três anos depois como membro de outro *college* renomado, o Christ's – instituição fundada em 1442, a que pertenceu o autor de *Paraíso perdido,* John Milton –, Skinner é considerado um cambridgiano devotado ao espírito e às regras dessa universidade quase milenar. Sua identificação com Cambridge chega a ponto de alguns colegas pensarem ser ele o inspirador da personagem principal de um romance policial (nada bom, aliás) que retrata alguns aspectos da vida dessa cidade universitária!

Assoberbado com as tarefas administrativas que acompanham a nova cátedra e com o atendimento dos muitos estudantes que o rodeiam, Skinner se dispôs a reservar algumas horas para conceder essa entrevista. No belo conjunto de salas que ocupa no Christ's College, falou várias horas sobre sua obra, seus críticos, sua metodologia, seus interesses, sua visão sobre o marxismo, a ideia de liberdade, as tendências historiográficas da atualidade etc.

Extremamente simpático e gentil, ao mesmo tempo que formal e sério, Skinner impressiona pelo brilhantismo, fluência e entusiasmo com que fala sobre seus temas de estudo. A meticulosa ordem dos papéis, livros e objetos de sua sala parece se reproduzir na ordem e clareza de suas ideias. Sua fala extremamente articulada, sem digressões, hesitações ou deslizes gramaticais não difere muito da prosa elegante e límpida que caracteriza sua obra histórica e filosófica. Fazendo uma analogia entre a destreza da fala de Skinner e o conceito de "atos linguísticos", central em sua teoria da interpretação, um de seus colegas comentou brincando: "Quando fala, Skinner dá a impressão de ser um computador programado para produzir 'atos linguísticos' de grande força e impacto!"

O que o motivou a se tornar historiador do pensamento político?

A pessoa que primeiramente me motivou foi um excelente professor que tive na escola secundária e que me fez ler vários textos clássicos de teoria política inglesa. Foi com ele que trabalhei pela primeira vez com a *Utopia,* de Thomas More,[4] e com o *Leviatã* de Hobbes.[5] A partir daí, meu interesse foi estimulado pelo excelente ensino que tive em Cambridge, especialmente na área de história intelectual. Fui muito influenciado por duas pessoas durante o meu curso de graduação: por John Burrow, então em início de carreira (e atualmente professor de Oxford), que foi o tutor que me ensinou da forma mais incrivelmente estimulante e desafiadora; e por Peter Laslett, que me impressionou pelas suas aulas magistrais e pela sua nova edição do *Dois tratados sobre o governo,* de John Locke, edição que representou um novo marco no estudo do pensamento político. Os textos de Locke haviam sido vistos, até então, como uma justificação da Revolução Gloriosa de 1688 e como uma celebração da monarquia constitucional. O que Laslett conseguiu provar com suas descobertas foi que isso não era absolutamente verdade, pois Locke os havia escrito dez anos antes da Revolução, durante a ascensão do absolutismo de Carlos II! O que particularmente me impressionou no trabalho de Laslett foi sua insistência em que não deveríamos pensar num texto isolado das circunstâncias em que surgiu. No caso de Locke, seus textos haviam, de fato, se tornado os grandes textos do liberalismo, obras fundadoras do constitucionalismo britânico, mas sua identidade histórica nada tinha a ver com isso.

---

4 Thomas More (1478-1535), estadista e humanista inglês, enforcado por ter se oposto ao reconhecimento de Henrique VIII como chefe da Igreja Anglicana. Foi canonizado em 1935.

5 Thomas Hobbes (1588-1679), filósofo político e professor de matemática do príncipe de Gales, durante seu exílio em Paris (por ocasião do governo de Cromwell), onde escreveu seu *Leviatã:* ou matéria, forma e poder de um Estado eclesiástico.

Locke, ao escrevê-los, não pensara estar celebrando a Revolução ou o liberalismo, pois estava se dirigindo a outro período e com outras questões em mente.

Sua família também teve algum papel na escolha de sua carreira?

Não creio. Minha mãe, que havia sido professora de literatura inglesa antes de se casar, e que também se interessava por história, deve ter exercido alguma limitada influência sobre mim. No entanto, meu contato com ela foi muito pequeno durante minha infância. Talvez seja relevante falar um pouco desse período de minha vida, que é a história de uma infância inglesa bastante comum. Meus pais moravam na Nigéria, onde meu pai era um alto funcionário do governo colonial, mas eu jamais coloquei os pés na África! O Ministério das Relações Exteriores desaconselhava os pais britânicos a levarem seus filhos para o que era visto como uma área perigosa e onde – diferentemente da Índia – não havia escolas, pelo menos não do tipo que satisfaria aos ingleses. Ora, isso significa que não morei com meus pais até já bem mais velho, e que só os via a cada dois anos quando meu pai tinha férias. Minha guardiã era a irmã de minha mãe, médica em Manchester, e após ter entrado para uma escola interna, aos seis anos de idade, era com ela também que passava minhas férias. Considerando a experiência que tive na infância, eu deveria ter me dedicado à história social, pois minha tia, que era uma leitora apaixonada de história, adorava visitar as casas grandes dos arredores de Manchester. Nos fins de semana eu a acompanhava em suas andanças, e era com imenso entusiasmo que ela me mostrava as mansões e me falava sobre o passado. Lembro-me especialmente de uma que visitamos num fim de semana, logo após a guerra, quando ainda havia racionamento de petróleo: Chatsworth, a mansão em Derbyshire do duque de Devonshire, patrão de Hobbes. É interessante pensar que, sem que eu soubesse, minha ligação com o autor de *Leviatã* já começara nessa época, pois os arquivos de Hobbes, onde eu iria passar tanto tempo quarenta anos mais tarde, estavam exatamente alojados ali.

Aos onze anos de idade fiquei muito doente, com tuberculose, e tive que ficar um ano afastado da escola. Nesse período minha mãe voltou para a Inglaterra, mas foi somente, enfim, na adolescência, que vim morar pela primeira vez com meus pais, em Bedford, para onde eles se mudaram quando meu pai se aposentou. E durante esse período não considero que eles tenham tido qualquer influência direta sobre o meu desenvolvimento acadêmico.

Seus críticos, como o senhor mesmo lembrou, já o descreveram como idealista, materialista, positivista, relativista, historicista e até mesmo como um "simples metodólogo". Como o senhor se descreveria?

Isso não é fácil! De todos esses títulos, o que eu menos rejeitaria é o de relativista, mas só se isso for entendido diferentemente de um relativista conceitual, o que não sou, de modo algum. O que quero dizer é que, no meu entender, todos os historiadores tendem para um relativismo suave. Todos aqueles que se interessam por compreender culturas cujas práticas e crenças são muito diferentes das suas próprias, são, em certo sentido, relativistas suaves. Eles veem seu projeto como o de penetrar numa cultura diferente e tentar traduzir os termos dessa cultura de um modo que é, ao mesmo tempo, fiel a ela e inteligível para outras. Quanto aos demais títulos, eu diria que sempre estive interessado na tradição idealista de filosofia e que todos os meus heróis vêm de um tipo de tradição britânica antipositivista. Um dos autores que mais influenciaram diretamente minha prática teórica como historiador foi Collingwood,[6] e se ele era um idealista, então eu também não rejeitaria esse título. No entanto, o que gostaria, acima de tudo, é de me dar um rótulo semelhante ao que me ocorreu quando tive que pensar num título para uma coleção que editei para a Cambridge University Press, um título que expressa o tipo de história intelectual que

---

6 R. G. Collingwood (1889-1943), filósofo e historiador britânico, autor de *The New Leviathan* (1942), *A ideia de história* (1946) etc.

pratico: *ideias em contexto.* Ou seja, intertextualidade e contexto são meus maiores interesses. Eu me descreveria, portanto, como um autor que aborda a história intelectual de um modo intertextualista e contextualista.

Robert Darnton já confessou que deve muito de seu trabalho à grande sorte de ter deparado com o "sonho de todo historiador", ou seja, um tesouro de documentos esperando ser descoberto. No seu caso, foi achar papéis até então intocados nos arquivos da maior editora suíça do século XVIII. Aconteceu alguma coisa semelhante com o senhor?

Não tive tal sorte, mas me lembro exatamente do que me impulsionou pela primeira vez a me tornar o historiador que me tornei. Para isso preciso voltar à figura de Peter Laslett (que foi meu primeiro conselheiro após ter me formado) e às condições bastante diferentes nas quais, nos idos dos anos 60, as carreiras acadêmicas podiam se iniciar. Pertenço àquela geração que podia conseguir empregos sem qualquer doutorado. Assim, aconteceu que aos 21 anos, sem ter ainda nenhuma experiência em ensino ou pesquisa, fui convidado a ser membro oficial do Christ's College, com toda a responsabilidade que isso acarretava. De uma hora para outra fiquei encarregado da admissão de alunos, da direção de seus estudos e passei a exercer o tutorado durante quinze horas por semana! Sem dúvida, esse era um grande emprego, cheio de desafios, mas, por outro lado, sendo efetivo tão cedo e tendo tantas responsabilidades, foi muito difícil começar a fazer pesquisa. Daí a importância de Peter Laslett em minha carreira. Foi ele que percebeu que o que podia parecer maravilhoso, na verdade, poderia ser desastroso para minha carreira. Como não tinha supervisor oficial, pois não estava fazendo doutorado, a atenção que Laslett me deu naquela época foi da maior importância. Conversávamos muito sobre sua nova edição de Locke, e foi assim que percebi que ele tinha uma ideia bastante estranha sobre o que tinha realizado com seu trabalho. Ele considerava que o que tinha conseguido era mostrar que, em vez de serem textos arquitetônicos de política, com base em premissas filosóficas, os textos de Locke eram *pieces d'occasion,* ou seja, totalmente circunstanciais. E que o tipo de trabalho que fizera sobre Locke não poderia ser feito sobre alguém como Hobbes, por exemplo, pois o seu era um sistema completamente arquitetônico que começava com uma teoria da natureza humana e chegava à ideia de Estado. Não haveria meio de mostrar, segundo Laslett, que textos como os de Hobbes eram *pieces d'occasion,* fruto de um determinado contexto ideológico e intelectual. Ora, eu não concordava com ele e, talvez de um modo um pouco agressivo, afirmei que deveria estar errado e que eu acreditava que tal tipo de trabalho poderia ser feito sobre qualquer texto teórico. Assim, como que aceitando um desafio, me pus a fazer com o *Leviatã* de Hobbes o mesmo que Laslett fizera com Locke. E ele me ajudou muito nessa tarefa ao sugerir que a primeira coisa que eu deveria fazer era ir a Chatsworth e tentar descobrir se no arquivo de Hobbes havia algum manuscrito relevante para a recuperação do contexto político de seu texto. E, para meu espanto, ninguém ainda havia feito isso. Um pequeno manuscrito, por exemplo, revelava Hobbes, um dos maiores teóricos de política, fazendo comentários bastante específicos sobre o que estava sendo debatido no Parlamento! Sim, talvez minha maior sorte foi ter tomado a sério o conselho de Laslett, e também de não ter começado a escrever sobre filosofia política num departamento de filosofia, onde ninguém teria dado aquela sugestão. Não tendo qualquer interesse em questões contextuais, a tradição filosófica não teria estimulado alguém a me dizer o que disse Laslett: "Vá para Chatsworth e descubra se há cartas por lá"! Esse não seria considerado, de modo algum, o modo correto de se tratar o assunto!

Considerando a importância que dá às intenções do autor para se recuperar a identidade histórica de um texto, poderia falar um pouco sobre suas próprias intenções ao escrever o que parece ser seu manifesto de 69, "Meaning and Understanding in the History of Ideas"? A questão básica de toda a sua obra poderia ser localizada aí?

Sim, sem dúvida, o que chama acertadamente de meu manifesto tem norteado todo o meu trabalho. Tive imensa dificuldade em publicá-lo, várias revistas o rejeitaram, e foi só após dois anos que acabou sendo aceito por *History and Theory*. É verdade que foi escrito para chocar e irritar, o que conseguiu! Jamais escreveria daquela forma hoje em dia, mesmo porque deixou de ser necessário combater o que então combati! O artigo tinha dois alvos: solapar duas abordagens de história intelectual. Não queria simplesmente dizer que eu tratava o assunto de forma diferente, mas, sim, mostrar que aquelas abordagens eram totalmente equivocadas! A primeira delas era a que acreditava que os textos filosóficos estavam numa espécie de eterno presente e que eram matéria autossuficiente, bastando uma análise textual para se entendê-los. O que tentei foi argumentar que há muitas coisas importantes sobre os textos que precisam ser estudadas, além dos próprios textos, se se quiser efetivamente compreendê-los; caso contrário, não seria possível compreender quais haviam sido suas motivações, a que eles se referiam e se estavam, por exemplo, satirizando, repudiando, ridicularizando ou aceitando outras ideias e argumentações. Suponho que minha prática como historiador tem tentado sempre continuar nessa direção, investigando as questões dessa forma. É o que acabei de fazer novamente no meu livro mais recente sobre Hobbes.

O segundo alvo que meu manifesto procurava atingir era a tradição marxista de história intelectual, o que se tornava então mais necessário pela recente publicação de uma brilhante interpretação marxista da teoria política do século XVII, *A teoria do individualismo possessivo* (1964) de C. B. Macpherson. Apesar da grande perspicácia com que os textos de Hobbes e Locke eram estudados, o que me perturbou muito era a ideia ali desenvolvida de que esses autores inevitavelmente refletiam a estrutura social, já que esta, como argumentavam, é geradora de doutrinas. Não fui muito feliz em explicar o que não me agradava nessa visão, mas o que pretendi foi dizer que o modo de chegar a esses textos não era aquele, mas sim o que tentasse descobrir o contexto intertextual onde aquelas doutrinas surgiram.

O senhor rejeita o marxismo em bloco ou vê algum valor no trabalho de Marx e de alguns de seus seguidores?

A resposta imediata é que não só não rejeito o marxismo em bloco, mas que acho lamentável que a teoria social contemporânea tenha desacreditado o marxismo tão integralmente. Mas dada a sua importância, eu gostaria de falar mais longamente sobre esse assunto. Quando estava escrevendo meus artigos polêmicos nos anos 60, queria me opor a um tipo particular de marxismo, extremamente poderoso então, praticado por grandes historiadores como Christopher Hill e Macpherson. No entanto, gostaria de falar inicialmente sobre três aspectos dessa filosofia social que foram tremendamente importantes e valiosos para mim. O primeiro é o aspecto metodológico. Acredito que todos nós em nossa sociedade interiorizamos a essa altura um pressuposto fundamental dessa metodologia, isto é, que o ser social determina a consciência. Ninguém hoje em dia, no meu entender, escreve história e biografia sem fazer essa suposição, já que consideraríamos primitivo alguém não acreditar que, em algum nível e num certo grau, isto é efetivamente verdade. É claro que o problema surge quando queremos determinar o grau e o nível exatos dessa determinação. O segundo aspecto diz respeito ao marxismo como filosofia e a pertinência de seu diagnóstico social. Não se pode negar que ele nos forneceu vocabulário e conceitos explanatórios valiosos para falarmos sobre as relações sociais de qualquer sociedade. Ninguém hoje se poria a investigar seriamente uma sociedade, quer passada ou presente, sem empregar conceitos especificamente marxistas como alienação e exploração. O terceiro aspecto, decorrente desses, é que nunca certas previsões do marxismo pareceram mais verdadeiras do que hoje! O que não deixa de ser bastante irônico, se considerarmos que isso se dá no momento em que o marxismo está desacreditado como filosofia social! Marx não estava, obviamente, pensando em escala global, mas o relacionamento do primeiro com o terceiro mundos – com os ricos ficando cada vez mais ricos e os pobres cada vez mais pobres –, exatamente pelos problemas de exploração do capital que apontou, é um desafio cada vez mais sério para o novo milênio!

Mas, tendo dito isso, devo confessar que, se não me considero um antimarxista, vejo-me, entretanto, como um *não marxista*.

E isso por dois motivos principais. O primeiro é que me oponho frontalmente à sua teoria da ideologia por não considerar que as crenças, especialmente as crenças religiosas das pessoas, sejam epifenômenos, isto é, produtos de circunstâncias sociais. Nos meus primeiros escritos quis exatamente identificar o erro dessa filosofia social, o que acho que consegui da seguinte maneira: um dos propósitos fundamentais das estruturas ideológicas é legitimar ou deslegitimar os arranjos sociais. Mas, se isso é verdade, então a capacidade de alguém mudar esses arranjos e convencer outros do valor moral dessas mudanças depende da sua capacidade de ter acesso e usar um vocabulário moral que é crítico a esses arranjos. Ora, esse vocabulário moral não é dado *por* nós, mas dado *para* nós; estando embutido na história, é ele que nos fornece instrumento crítico para debater nossa sociedade. Na medida em que isso for verdade, tudo o que fizermos visando à mudança, reforma de nossa sociedade, dependerá do quanto formos capazes de acomodar esses programas de mudança a vocabulários morais preexistentes. Isso porque, se não fizermos que as pessoas reconheçam, nos projetos de reforma, projetos morais, elas definitivamente não os aceitarão. Queria, portanto, argumentar que o que se pode conseguir nas práticas sociais sempre depende das descrições morais que se dá do que se está fazendo ou propondo. Se isso está correto, então a teoria da ideologia marxista é um inegável equívoco, já que as descrições não são epifenômenos; pelo contrário, estão do outro lado da explicação, já que não são produtos de outros processos, mas causas desses processos.

O segundo motivo pelo qual sou um não marxista se relaciona ao positivismo dessa filosofia, do qual fiquei consciente nos anos 70, quando convivi com Thomas Kuhn e Clifford Geertz em Princeton. Foi nessa época que percebi que Marx ainda habita um mundo em que há consciências verdadeiras e falsas. Numa cultura pós-moderna, em que todas as consciências são vistas como construções, o marxismo aparece como uma filosofia muito antiquada e inadequada para estudar o mundo social. Em face das diferentes construções, a questão que nos parece hoje pertinente é como negociá-las, já que todas podem ter alguma contribuição a dar ao mundo social. E, nesse caso, a tarefa histórica é descobrir a racionalidade dessas construções estudando-as internamente. Ora, o "verdadeiro-falso" da abordagem marxista não permite tal metodologia histórica. Finalmente, queria insistir em que o que permanece como extremamente nobre e valioso no marxismo é seu diagnóstico do capitalismo. É verdade que descobrimos que esse é o sistema mais eficiente, talvez mesmo o único capaz de garantir prosperidade para um número imenso de pessoas, já que nenhum outro sistema foi capaz disso. No entanto, há grandes custos humanos embutidos nessa eficiência. Não vejo razão para fingirmos que esses custos não existem, só porque o capitalismo se mostrou o sistema mais eficiente. O fato de o comunismo ter sido desacreditado não significa que o capitalismo não seja também desacreditável! Ele continua a ser um sistema muito injusto, assim como o marxismo continua a ser um valioso instrumento crítico dessas injustiças!

O tipo de história intelectual que pratica já foi descrito como "uma revolução na historiografia do pensamento político". O senhor acha que sua abordagem realmente é revolucionária?

Na epígrafe ao *Investigações filosóficas*, Wittgenstein diz que todos os avanços são menos importantes do que parecem. Acho que muitos historiadores da minha geração mudaram o modo de fazer história intelectual, mas é fácil verificar de onde eles estavam tirando suas ideias. Assim, não considero que fiz uma revolução! É verdade que quando comecei minha carreira havia pouquíssimos historiadores exemplares. Devo lembrar dois nomes, no entanto, que me serviram de modelo. Collingwood era um de meus heróis, e desde o colegial, quando li sua autobiografia, fiquei profundamente impressionado por ele. Quando comecei a pesquisar achei fascinante seguir sua ideia de que todos os trabalhos de arte, que inclui também filosofia e literatura, são objetos intencionais, e que compreendê-los significa compreender os propósitos que os sustentam. Estes não estão escritos na superfície da pintura ou do texto, mas é parte da tarefa hermenêutica tentar descobri-los. Collingwood foi, portanto, exemplar em sua abordagem teórica. Outro pensador para mim exemplar foi

John Pocock, que parecia ser Collingwood posto em ação, praticando tudo aquilo que a teoria de Collingwood pregava. Seu *The Ancient Constitution and the Feudal Law* (1957) me impressionou pelas suas qualidades intertextuais, por contar não a história de uma ideia, mas de pessoas argumentando sobre a ideia de uma constituição antiga. De todos os livros que li na faculdade, foi esse o que mais me fascinou. Hoje em dia parece um livro um tanto árido para suscitar tal entusiasmo, o que revela que eu realmente estava interessado naquele tipo de história intelectual. Assim, se parece que houve uma revolução na historiografia da história intelectual é porque, de fato, fora os textos de Pocock e Laslett, não havia nada mais de interessante produzido nessa área nos anos 50. E foi então, na minha época, que as coisas começaram a mudar. Devo citar um outro nome importante para essa mudança, o de meu contemporâneo John Dunn. No meu entender, foi ele que realmente mostrou como essa história deveria ser escrita. Mais rápido que eu, logo em 1968 ele publicou um artigo exemplar, "Identity of the history of ideas", e um ano depois, pondo sua teoria em prática, publicou um livro sobre a teoria política de Locke que já nasceu clássico. Conversávamos muito sobre nossos interesses comuns, sobre que questões interessantes perguntar aos textos, sobre os livros a serem admirados, sobre todo o "lixo" a ser rejeitado etc. Suspeito que devo mais a ele do que a todos os outros professores a quem me referi!

Seu trabalho criou toda uma escola de seguidores, aqui e no estrangeiro, mas também, como o senhor mesmo diz, "um grupo constrangedoramente numeroso de críticos". Têm sido importantes esses críticos para o desenvolvimento de suas ideias?

Há uma crítica a meu trabalho filosófico que me fez reconsiderar bastante minha posição sobre a teoria da interpretação. No livro editado por J. Tully, *Meaning & Context,* uma das críticas mais recorrentes diz exatamente respeito à minha visão sobre interpretação, o que me fez perceber que não havia formulado meu pensamento tão cuidadosamente quanto deveria. Na introdução ao meu recente livro sobre Hobbes procurei, pois, reformular meu pensamento a fim de avançar o argumento e protegê-lo contra aquela crítica. Poderia resumir a questão dizendo o seguinte: há uma distinção essencial a ser feita quando se trata de questões como as que eu formulo sobre a relação entre as intenções dos autores e a interpretação dos textos. Trata-se da distinção entre o que o autor pretendeu dizer, de um lado, e, de outro, o que o autor pretendeu com o ato de proferir uma elocução, ou seja, uma afirmação ou um texto com o significado que teve; em outras palavras, há uma dimensão de significado e há outra dimensão separada que diz respeito ao que o autor pode ter querido fazer com o significado. Ora, é importante dizer que a crítica pós-modernista frequentemente parece confundir essas duas dimensões e que, portanto, muitas das críticas feitas ao meu trabalho atacam posições que nunca defendi. Nunca pretendi negar a pertinência das críticas de Derrida à ideia de que os autores têm autoridade sobre seus próprios textos. O que sempre quis defender foi uma posição que é erroneamente confundida com o projeto tradicional da hermenêutica. Quando falo da intencionalidade dos autores, não estou me referindo ao significado dos textos ou elocuções, mas ao significado do ato de escrever o texto ou proferir uma elocução. Na verdade, minha teoria da interpretação, diferentemente de outras teorias mais tradicionais, dá grande ênfase ao que chamo de atos linguísticos. Trata-se, nesse caso, de saber o que o autor queria com o texto, o que significa também lidar com as intenções do autor, mas num sentido ao qual não se podem aplicar as críticas que me foram dirigidas. O tipo de hermenêutica pela qual particularmente me interesso é bem diferente do tradicional, o que fica mais bem esclarecido em meu livro sobre Hobbes. Nele discuto os argumentos nos quais Hobbes interveio e o tipo de intervenção que seus textos constituem, tentando saber o que ele pretendia ao escrever o que escreveu. As críticas que sofri foram, pois, úteis para que eu percebesse mais claramente a importância da distinção a que me referi, e para que eu tomasse consciência daquilo que compartilho com os pós-modernistas e daquilo que é essencial à posição que defendo.

Seu livro sobre razão e retórica em Hobbes parece ter uma certa analogia com a interpretação de Starobinski[7] sobre Rousseau como um pensador que encontrou "o remédio no mal". O senhor concorda que a atitude de Hobbes em relação à retórica se explica de forma análoga?

Nunca havia pensado sobre esse paralelo, mas acho-o ótimo. Hobbes foi educado na tradição retórica como todos os que foram para a escola na Inglaterra elisabetana. Quando ele começou a se interessar pelas novas ciências e se encontrou com cientistas como Galileu e Mersenne,[8] ficou seduzido pela ideia de que o método da ciência dedutiva poderia ser aplicado a todas as formas de investigação humana. Seu primeiro trabalho sobre a ciência civil, o *De Cive:* elementos filosóficos a respeito do cidadão, reflete, no meu entender, seus compromissos científicos. Querendo que essa ciência se constituísse como um sistema fechado, completamente dedutivo, decide expô-la no estilo mais antirretórico e simples possível. E isso ele deixou bem claro no prefácio, quando afirmou que pretendia aplicar os princípios das ciências físicas, cujo modelo era a geometria, às ciências cívicas. Anos depois, entretanto, percebe-se que Hobbes estava frustrado com a recepção de seu trabalho filosófico, especialmente o *De Cive*, pois, segundo ele, a verdade de sua filosofia não conseguira persuadir ninguém. É nesse momento que, no meu entender, ele se pergunta se as técnicas persuasivas não poderiam ser postas a serviço da ciência. Sim, pensando sobre isso, de fato pode-se dizer que essa sua nova percepção (que é explicitamente exposta na conclusão do *Leviatã*) o fez tentar transformar a doença em parte do remédio. Nunca, na verdade, ele aprovou a arte retórica, que, com seu apelo às emoções, era a antítese do modelo matemático-geométrico que via como exemplar por apelar para a razão. No fundo, ele detesta a retórica tanto quanto Platão, e pelas mes-

---

[7] Jean Starobinski (1920), historiador da literatura suíço, especialmente importante por seus trabalhos sobre Jean-Jacques Rousseau.

[8] Marin Mersenne (1588-1648), frade francês que congregou um grupo de filósofos-cientistas em Paris por volta de 1650.

mas razões expostas por Sócrates no diálogo *Górgias:* a retórica é o oposto da educação, pois, enquanto esta é racional, a retórica é persuação, isto é, completamente irracional. É, pois, premido pelo insucesso de seu estilo antirretórico que Hobbes se dispõe a usar no *Leviatã* os métodos da persuasão como apoio para os métodos da razão. Recursos retóricos como o humor, a sátira e o ridículo – e que associam o *Leviatã* aos textos de grandes satiristas do Renascimento, como Montaigne e Rabelais – são, portanto, estratégias utilizadas por Hobbes para difundir a verdade de sua ciência civil.

Grande parte de seu trabalho parece girar em torno de dois pensadores políticos que são famosos como realistas cínicos: Maquiavel e Hobbes. Por que essa atração por eles e não por outros mais idealistas, como Locke ou Rousseau?

Já pensei muito sobre isso e diria que há uma razão substantiva e outra metodológica que justificam essa minha opção. A substantiva é que, como historiador, tenho me interessado por figuras que não considero pessoalmente atraentes. Na verdade, faço questão de trabalhar com modos de pensar com os quais não tenho grande afinidade emocional, que vão contra a minha própria natureza. Essa é também uma atitude que procuro ter em meu próprio cotidiano. Por exemplo, assino a revista *The Economist*[9] há bastante tempo, apesar de suas posições ideológicas me fazerem cuspir sangue toda vez que a leio! No entanto, insisto em assiná-la, não só por considerá-la a revista da atualidade mais bem informada, como também porque acho que irá me educar muito mais do que se eu somente lesse aquilo com o que eu concordo quase totalmente! Quando leio *The Guardian*,[10] por exemplo, não me sinto desafiado em nada, pois quase tudo o que se diz ali me agrada!

Já a razão metodológica para essa escolha recua à época em que descobri o trabalho de Peter Laslett sobre Locke e em que me impus o desafio de provar que, a despeito do que Laslett

---

9 *The Economist,* revista semanal conservadora.
10 *The Guardian,* diário inglês de centro-esquerda.

pensava, o que ele mostrara a respeito da obra de Locke poderia ser mostrado sobre qualquer outro trabalho de teoria política. Assim, iniciei meus estudos sobre Hobbes motivado pelo desejo de provar que havia um contexto polêmico e político imediato a ser explorado, e que era aí que seriam encontradas as motivações de sua obra. Acredito ter, de fato, mostrado que ela surge como resposta à questão que se criara com a execução do rei Carlos I e a vitória da Revolução de Cromwell: um novo governo deve ser obedecido mesmo quando parece ser um governo usurpador?

No seu recente livro Liberdade antes do liberalismo *há uma afirmação intrigante, que parece ter um alvo preciso: os historiadores devem "escrever sobre o passado com tanta seriedade quanto seus talentos permitem". Poderia, de um modo skinneriano, explicar quais eram suas intenções ao fazer tal observação?*

Sim, havia um alvo preciso, mas decidi não explicitá-lo na aula inaugural (de que o livro é uma versão ampliada) porque não queria parecer agressivo para com alguns de meus colegas. Mas agora me agradaria falar sobre o que estava por trás daquela afirmação. De um lado, quis ser irônico e aventar a hipótese de que talvez não escrevamos nada seriamente porque nos falta talento; mas, de outro, queria atacar um sentimento muito generalizado nesse momento entre os historiadores profissionais neste país e nos EUA. É a ideia de que não é suficiente, e que talvez seja mesmo um erro, os historiadores se dirigirem exclusivamente aos seus colegas de profissão, e que sua real tarefa deveria ser atingir um público muito mais amplo. Isso significa que alguns desses meus colegas escrevem resenhas e artigos para jornais e revistas não acadêmicas, e livros para um público leigo que aprecia um pouco de história. Ora, isso, no meu entender, deprecia a seriedade da vocação de historiador. Quando digo isso estou pensando na obra de grandes historiadores, como, por exemplo, Maitland,[11] que escreveu brilhantes en-

---

11 F. W. Maitland (1850-1906), historiador britânico, autor de *English Law and the Renaissance* (1901).

saios sobre os conceitos de Estado, de coroa, sobre a teoria da corporação, e mostrou como é possível tratar profundas questões teóricas – tais como, o que significa compreender o que é um Estado? o que significa dizer que um Estado entrou em guerra? será o Estado uma pessoa? – com espírito histórico. O fato de o que Maitland escreveu há cem anos ser relevante ainda hoje mostra o profundo significado cultural das questões tratadas com a seriedade de propósito a que me refiro. Quem tiver a boa sorte de ser tão talentoso quanto Maitland deveria tentar fazer coisas tão culturalmente sérias quanto ele, em vez de escrever artigos para jornal e textos gerais para um grande público. Sei que hoje se diz que essa é uma visão muito elitista. No entanto, pensemos no caso de Max Weber, que trabalhou como historiador em questões como a formação do Estado, a relação do Estado com a economia e do protestantismo com o capitalismo. Ora, essas questões são ainda fundamentais para o nosso entendimento da estrutura social e das mudanças sociais, e têm um permanente interesse para nós em nossa cultura. E quanto ao público para isso, ele é, sem dúvida, enorme, pois a sua amplitude está em direta relação com a seriedade de propósito. Ironicamente, se Weber tivesse escrito uma história geral da Alemanha, não somente teria desperdiçado seu talento como seu público seria bem menor! Enfim, minha ideia do que os historiadores deveriam fazer é bastante austera e profissional: eles deveriam dirigir sua obra para seus colegas de profissão. E, mesmo assim, o público para textos sérios é enorme. Quando se sabe que muitos volumes da excelente coleção dirigida por Keith Thomas, Past Masters (que inclui o meu *Maquiavel* e o *Montaigne* de Peter Burke), foram traduzidos em quinze ou vinte línguas, fica evidente que o público seriamente interessado em história é gigantesco!

O senhor acha que conseguiu contra-atacar a má reputação de Maquiavel com seu estudo do contexto político e intelectual em que ele atuou?

Sim, acho que fui bem-sucedido nessa minha ambição. Um dos modos pelos quais acho que consegui mostrar que Maquiavel não rejeitava a moralidade foi explorando o que ele entendia por *virtù* (do latim *virtus*), que não pode, em absoluto, ser traduzido por virtude, mas sim pelos modos como os príncipes são capazes de atingir os seus fins. Quando comecei a estudar Maquiavel, a visão difundida, especialmente na historiografia italiana, era que ele havia divorciado completamente a política da moralidade. Maquiavel era visto, então, ou como um crítico realista da moralidade cristã, que achava que a política nada tinha a ver com a moralidade, ou como o anticristão, o imoralista. Essa última visão se tornou extremamente importante na historiografia norte-americana, especialmente nas mãos de Leo Strauss e seus discípulos, que difundiram a ideia de que Maquiavel era simplesmente "o professor do mal". Argumentei, pois, que essas duas visões eram totalmente equivocadas. Uma das coisas que pretendi foi mostrar que Maquiavel não era um moralista cristão e que isso não significava ser ele imoral, já que havia outras formas de moralismo disponíveis no século XVI italiano para uma pessoa educada na tradição da filosofia moral romana. Através de Sallust, Livy e Cícero – que Maquiavel conhecia de cor – ele teria descoberto aquela noção de *virtù* como a qualidade do grande líder de prover segurança para o povo e honra e glória para si mesmo.

Outro ponto muito interessante sobre Maquiavel que tentei mostrar foi que ele era, ao mesmo tempo, um moralista clássico e também um grande crítico dos filósofos clássicos e renascentistas. Enquanto esses entendiam o conceito geral de *virtù* como as virtudes cardeais e principescas de clemência, liberalidade, justiça, e outras semelhantes, Maquiavel a entendia como a disposição de agir de acordo com a necessidade. Agir segundo as exigências do momento, sem considerar se a ação é boa ou má, é, para o autor de *O príncipe*, o único meio que o governante tem de atingir os seus mais elevados fins.

Sua ideia de que o historiador deve ser "um anjo registrador e não um juiz condenador" parece supor que a neutralidade é atingível por aquele que diferencia seus papéis de homem e de intelectual. Poderia falar um pouco sobre as dificuldades e conveniências dessa diferenciação? A neutralidade de um historiador é sempre uma qualidade desejável e positiva?

Quando digo que a tarefa do historiador é a de um anjo registrador, quero dizer que sua aspiração deve ser a de recapturar o passado nos seus próprios termos, deixando de lado, no possível, as dúvidas pós-modernistas quanto à total viabilidade disso. No entanto, eu criticaria aqueles que, ao selecionarem seu objeto de estudo, não se guiam pela consideração do que possa ser importante, quer no sentido moral, político ou cultural. O que quero dizer é que nossos valores devem nos motivar a escolher os assuntos que escolhemos estudar. Mas uma vez a escolha feita, a recuperação do passado exige grande imparcialidade. Devo, entretanto, confessar que não tenho certeza de que a motivação possa ser completamente separada da prática, já que não resta dúvida de que a prática de cada um está contaminada pelo desejo de que certas coisas apareçam de uma determinada forma. Mas o historiador deve tentar, de qualquer modo, minimizar isso o mais possível, sob pena de o estudo da história se transformar em mera ideologia.

Há um caso que provocou grande polêmica nos Estados Unidos nos anos 80, e que exemplifica o que quero dizer. Um jovem historiador de tendência marxista, chamado Abraham,[12] argumentou que Hitler subira ao poder com a ajuda dos grandes capitalistas da República de Weimar; seus críticos, no entanto, afirmaram que para sustentar sua tese Abraham falsificara os documentos. Não pretendo aqui corroborar essa crítica (já que o autor teve seus muitos defensores), mas ilustrar, com esse caso, o que está em jogo quando se confunde motivação com investigação imparcial. Evidentemente, é da maior importância compreender como as democracias são destruídas e como elas são substituídas pela tirania. Assim, a investigação de como Hitler ascendeu ao poder tem uma motivação altamente honrosa e moral. Mas isso não significa que possamos entrar nos arquivos com o julgamento já feito, com a resposta já dada. A motivação deve, pois, ser mantida à parte do que os documentos dizem. Nesse ponto não sou tão

---

12 David Abraham, *The Collapse of the Weimar Republic:* Political Economy and Crisis (1981).

pós-modernista a ponto de pensar que os documentos nos permitem dizer qualquer coisa. Considero que eles nos constrangem num alto grau: há neles silêncios e proposições, e estas não são suscetíveis de qualquer interpretação.

No seu livro Liberdade antes do liberalismo, *o senhor afirma que o historiador deve se abster de qualquer manifestação de entusiasmo ou indignação, deixando isso para os leitores. No entanto, o senhor parece infringir suas próprias regras quando julga o ideal republicano de liberdade, com sua ênfase no dever, preferível às 'formas libertárias do liberalismo contemporâneo", com sua obsessão pelos direitos e interesses individuais. Não seria justo dizer que, nesse caso, o leitor Skinner e o historiador Skinner se confundem?*

Sim, concordo que violei a distinção que advoguei entre motivação e prática. Gostaria, no entanto, de dizer em minha defesa que há dois modos diferentes de se escrever história. Há aqueles motivados a encontrar no passado determinados valores, e que se propõem a escavá-lo tentando trazê-los à superfície. E há historiadores que se envolvem em investigações acadêmicas neutras, mas que, no decorrer de seus estudos, deparam com estruturas de pensamento esquecidas que lhe parecem moralmente valiosas e merecedoras de serem escavadas e repensadas pela atualidade. Eu sinceramente acredito que, no meu caso, essa preferência que revelei foi o resultado de uma pesquisa bastante imparcial que fiz sobre o desenvolvimento do republicanismo do Renascimento, como pano de fundo para a compreensão de Maquiavel. Meu interesse inicial era entender os paradoxos históricos da ideia de liberdade, brilhantemente trabalhados pela teoria moral do Renascimento; logo, no entanto, me apaixonei por esses paradoxos e passei a vê-los como profundamente instigantes ainda hoje. Assim, quando me pus a escrever sobre liberdade e cidadania, estava motivado pelo desejo de apresentar, a um público obcecado com noções de direitos e interesses, um quadro completamente diferente, em que a ideia de dever era prioritária e em que o cidadão não era visto como um simples consumidor do governo. O que queria, pois, era apresentar esse outro modo de pensar sobre as mesmas questões e revelá-lo como algo que lamentavelmente perdemos de vista, apesar de ser parte de nossa própria tradição. É por isso que me é especialmente preciosa a imagem que Foucault traça do historiador como um arqueólogo que recupera camadas de significados e de tradições perdidas e as torna novamente relevantes. Foram, pois, essas as razões que me levaram a escrever sobre uma teoria da cidadania ausente de nossos debates atuais.

Comparando as ideias republicana e liberal de liberdade e mostrando que ambas coexistiram por algum tempo, o senhor se propôs a trazer novamente à tona a tradição republicana silenciada. Qual a contribuição que essa tradição neorromana pode prestar para os atuais debates sobre teorias de liberdade?

Acredito que, fundamentalmente, ela pode nos ajudar a contestar o liberalismo clássico porque apresenta um quadro totalmente diferente das circunstâncias nas quais os indivíduos podem dizer que foram privados de liberdade numa associação civil. Na tradição liberal anglo-americana prevalece a ideia de que quanto menor a coerção, maior a liberdade. Nesse quadro, as formas de governo não são propriamente de grande interesse, já que o que importa é sofrer a menor coerção possível, o que significa dizer, em última instância, que quem governa melhor é quem governa menos; trata-se, pois, de minimizar o governo o mais possível. Ora, o que sustenta essa visão do relacionamento entre indivíduo e Estado, tal como desenvolvida pelo liberalismo clássico, é uma clara agenda política, bastante poderosa mas também contestável.

A teoria republicana neorromana de liberdade evidencia, em contraste, as limitações do liberalismo clássico ao mostrar que os indivíduos podem não ser livres mesmo quando não coagidos. É esse, por exemplo, o caso daqueles que se tornam voluntariamente dependentes dos poderosos e, sem qualquer coerção, agem da maneira requerida. Trazer essa teoria para os debates atuais significa, no meu entender, abrir a possibilidade de fazer maiores reivindicações ao Estado liberal em nome de nossa liberdade. É bastante significativo que os primeiros liberais perceberam claramente os riscos que a teoria republicana de liberdade poderia representar para o liberalismo clássico e se empenharam em desacreditar e marginalizar a teoria rival, acusando-a de ser incoerente e perigosa. Na verdade, a história do sucesso hegemônico do liberalismo clássico na teoria política anglo-americana é, em parte, a história da depreciação da teoria neorromana. O livro que estou escrevendo no momento trata exatamente disso.

Num artigo que ilustra brilhantemente seu modo de escrever história, o senhor mostrou que a Royal Society não era originalmente um centro de pesquisa e saber, mas, ao contrário, um clube que excluiu Hobbes porque ele era considerado socialmente inadequado. O que o levou a essa interpretação?

Esse artigo foi muito criticado porque muitos não queriam admitir que a Royal Society não tivesse um projeto intelectual. O que me levou a tal conclusão foi, primeiramente, a leitura do trabalho de T. Kuhn e sua insistência em que não devemos aplicar às instituições e práticas de outras sociedades os mesmos paradigmas que usamos para a compreensão de nossas próprias instituições e comportamentos. Lembro-me de que fiquei especialmente impressionado com suas reflexões sobre o debate entre Galileu e os professores de Pisa, e sua ideia de que a disputa era fundamentalmente teórica, entre dois paradigmas distintos, pouco tendo a ver com informações fatuais. Estudando a instituição da Royal Society pude, então, perceber que os trabalhos feitos sobre ela sempre se pautavam pela Royal Society moderna e a viam, pois, como uma sociedade de saber competitivo, cujo único critério de admissão era a qualidade científica. Nesse quadro, a exclusão de Hobbes se explicaria pelo fato de ele não ser considerado um cientista. Mas o que me levou a concluir definitivamente que sua exclusão se explicava por questões puramente pessoais foram novas informações que obtive estudando a correspondência de Hobbes. Ficou claro aí que não havia nada que, em princípio, o impedisse de ser membro da Royal Society. De fato, num determinado momento ele foi barrado pelas hostilidades de alguns sócios, e mais tarde ele recusou o convite para, de certo modo, se vingar das hostilidades iniciais. O que parece evidente é que, se eu pensasse que a Royal Society da época de Hobbes era semelhante às instituições científicas de hoje, teria abordado o tema com as perguntas erradas.

*Sua noção de contextos linguísticos tem algum parentesco com a noção de "*mentalité*", tal como entendida pelos historiadores da Escola dos Annales?*

Meu empreendimento é muito mais modesto do que o deles. Bloch e Febvre estavam interessados em grandes mundos mentais, nos *Weltanschauung* de diferentes períodos. Nunca pretendi trabalhar com um quadro tão amplo, nunca procurei conhecer o mundo mental do Renascimento e, de fato, se achasse um livro com esse título provavelmente não me interessaria em lê-lo. Apesar de Bloch e Febvre terem sido excelentes historiadores, que produziram textos maravilhosos, eu não recomendaria a um aluno que estudasse uma *mentalité*. Quando estudo convenções linguísticas, crenças e práticas, minha preocupação é entender textos individuais. Se estou, por exemplo, interessado em compreender a teoria da liberdade republicana, tal como foi desenvolvida nos *Discorsi* de Maquiavel, procuro identificar os contextos que dão sentido ao texto, ou seja, quais são suas fontes, que noções quer desacreditar, satirizar ou repudiar, que visões pretende avançar, quem quer criticar etc. Isso certamente me leva a um mundo mental, mas a um mundo que é muito particular, muito específico da teoria política do Renascimento. Pode-se dizer que meu interesse fundamental é pelos atos linguísticos, pelos contextos linguísticos e pela intertextualidade. Todo meu trabalho é intertextual, isto é, trata de saber como e até que ponto o entendimento de um texto pressupõe o entendimento de sua relação com outros textos. Evidentemente, também tenho interesse por outro contexto, o político, já que acredito que ninguém escreve teoria política num vácuo. Há sempre uma história a ser contada sobre a política de uma sociedade, em resposta à qual, por exemplo, o *Leviatã* foi escrito. Meus livros tendem, portanto, a se iniciar com alguns pontos elementares de história política para, depois, se concentrar quase completamente no contexto intertextual. Enfim, meu objetivo com essa modesta tarefa hermenêutica é muito menos ambicioso do que o dos historiadores das mentalidades.

Em seus estudos, as chamadas "obras menores" parecem adquirir muita importância. O senhor aconselharia o historiador a entrar, como dizia Meinecke,[13] "nas catacumbas da literatura esquecida" para estudá-la por seu próprio mérito?

Meu interesse pelo contexto explanatório que possa iluminar a interpretação de casos particulares faz que eu acredite que haverá toda uma gama de textos que merecem ser explorados. E texto, nesse caso, deve ser entendido num sentido bem amplo, pois podem ser pinturas, peças de música, obras de literatura e de filosofia, estilos arquitetônicos etc. Mas de modo algum isso significa que eu endosse a ideia de que devemos sempre entrar nas catacumbas de textos esquecidos, porque acredito que possa ter havido excelentes motivos para esquecê-los! Quando entro nas catacumbas – e realmente gasto um tempo imenso lendo textos medíocres e desinteressantes – é porque tenho a esperança de que lá encontre alguma luz para coisas de muito maior importância!

Até que ponto o senhor concorda com a distinção feita por Passmore[14] entre os objetivos e métodos da história da filosofia e os da história cultural?

Não concordo em absoluto com essa distinção feita por ele nesse célebre artigo da revista *History and Theory*. Passmore, diferentemente de mim, está interessado no conteúdo de verdade das teorias que estuda. Eu e outros historiadores, ao contrário, estudamos um texto tentando descobrir que atos linguísticos estão nele presentes, tentando perceber sua coerência interna, sua rela-

---

13 Friedrich Meinecke (1862-1954), historiador intelectual alemão, autor de *Die Idee der Staatsrason*.
14 John Passmore (1914), filósofo australiano, autor de *Hume's intentions* (1952), *Philosophical reasoning* (1961) e outras.

ção com outros textos e com as condições sociais que o geraram. Tendo essas preocupações em mente, não vejo sentido em distinguir história da filosofia e história intelectual ou cultural porque se trata, em ambos os casos, de colocar aos textos as mesmas questões: que papel exerceram nas suas culturas, quais suas motivações etc. Nesse sentido, diria que sou um pouco mais pós-modernista do que Passmore, pois concordo que não devem ser feitas distinções entre tipos de documentos. Não chego ao ponto de afirmar, como Derrida, que tudo é texto, mas concordo que todo texto de filosofia é também um produto literário, e que a ele devem ser colocadas as mesmas questões que se colocam aos textos de literatura.

Se, como afirma um de seus mentores, Collingwood, "toda história é história do pensamento", pois penetrar no interior dos eventos e detectar os pensamentos que eles expressam é o objetivo da história, o que distingue a história intelectual das demais?

O que levou Collingwood a fazer tal afirmação foi a ideia, bastante correta aliás, de que as ações humanas são o produto de pensamentos e motivações humanas. No entanto, acho que ele exagerou ao afirmar que todos os historiadores estão interessados em ações humanas. Muitos estão, na verdade, interessados em processos e não em ações, em correlações estatísticas e desenvolvimentos demográficos e não em eventos. No entanto, no que diz respeito à história intelectual, sua proposição é bastante frutífera, mas de um modo que teria surpreendido o próprio Collingwood. Quando ele falou que toda história é história do pensamento, eu acredito que ele pensava que ao repensarmos o que os outros pensaram poderíamos descobrir o que eles quiseram dizer. Ora, não acredito que seja tarefa do intérprete de um texto complexo descobrir as intenções do autor. Nesse ponto sou pós-modernista o suficiente para acreditar que um texto terá muitos outros significados além do que o autor possa ter intencionado. No entanto, outra coisa bem diferente e possível é descobrirmos o que o autor pretendeu fazer com o que disse. Nesse caso, o que nos interessa é o que chamo de atos linguísticos. O que quero dizer é que um discurso, além de ter um significado, é também uma ação. Para os patinadores, por exemplo, a frase "o gelo lá está muito fino", além de ter um significado, tem também a força de um ato de advertência. A questão que se deve, pois, propor a todo ato linguístico é o que está se fazendo com o que é dito. O que me parece bastante frutífero na observação de Collingwood é a sugestão de que se todas as linguagens são atos, então os mesmos critérios que se aplicam à explicação de qualquer ato voluntário também se aplicam à interpretação da fala e da escrita.

O senhor confessou preferir o estudo das descontinuidades da nossa herança intelectual ao das continuidades. Como, entretanto, estudar as descontinuidades sem as continuidades, já que umas parecem se definir em relação às outras?

Acho que essa foi uma observação minha pouco cautelosa.

O que quis dizer, na verdade, é que à medida que o historiador faz sua tarefa e, como no meu caso, estuda diferentes teorias de diferentes comunidades discursivas de épocas remotas, ele pode constatar o seguinte: de um lado, que há grande continuidade de conceitos entre nossos antepassados, desde o início de nossa tradição intelectual, e nós mesmos. É o caso, por exemplo, de conceitos como liberdade, direito, autoridade, obrigação, e assim por diante. Mas, de outro lado, o modo como esses conceitos são muitas vezes organizados em teorias pode diferir profundamente do nosso. Esse é, por exemplo, o caso da ideia de liberdade, que me cativou exatamente porque uma tradição anterior a compreende muito diferentemente da tradição liberal moderna. Enquanto esta última supõe que a liberdade é o oposto da coerção do indivíduo por outros indivíduos ou grupos, a tradição mais antiga entende que os indivíduos também se veem privados de liberdade se vivem em condições de dependência da boa vontade de outros. Assim, temos aqui duas escolas de pensamento que falam do mesmo conceito de liberdade, mas que têm teorias rivais quanto ao que significa ser coagido; que estão, enfim, em desacordo quanto ao que significa ser um agente livre. Ora, aqui fica evidente que se trata de descontinuidades dentro de continuidades.

O senhor tem insistido em que a história intelectual não tem nenhuma lição para nos dar, e que exigir do estudo do passado a solução para nossos problemas não somente é um "erro metodológico como também um erro moral". O que, no seu entender, justifica o estudo do passado?

Talvez eu tenha feito uma afirmação muito exagerada, mas o que quis dizer foi que, desde que comecei minha carreira de historiador, sempre procurei abordar o passado segundo o ponto de vista de seus participantes, em vez de tentar abordá-lo a partir de meu próprio ponto de vista. Ora, essa é uma posição muito diferente daquela que procura estudar o passado a fim de prover a atualidade com uma lista de textos com algo a nos oferecer. Fui, então, muitas vezes acusado de transformar o estudo da teoria política num empreendimento meramente antiquário. No entanto, devo dizer que jamais supus que não houvesse um propósito moral no que fazia. Ao contrário, acho que tentando reconstruir as teorias passadas nos seus próprios termos, tentando vê-las em tudo o que exatamente nos parece estranho e distante (mas também naquilo que parece em continuidade conosco), nós podemos atingir uma compreensão mais rica de nossa herança intelectual e de nosso relacionamento com ela. O interesse moral do estudo do passado está, no meu entender, no reconhecimento de que muitos de nossos conceitos comuns foram anteriormente entendidos de um modo completamente diferente do nosso. É isso exatamente que constitui um desafio para nós: descobrir as razões, muitas vezes ideológicas, pelas quais algumas de nossas tradições se tornaram hegemônicas, enquanto outras foram desativadas. Este é, para mim, um modo de tentar enfrentar a difícil tarefa de ver além de nossas próprias ideologias. Sim, pois, como Gramsci muito bem apontou, uma característica de nossa condição é a de estarmos presos às ideologias hegemônicas de nossa época.

O título de seu livro As fundações do pensamento político moderno *parece anunciar uma abordagem, por assim dizer, teleológica. No entanto, o texto em si se pretende um manifesto para um método contextualista. Como o senhor concilia esses dois aspectos aparentemente contraditórios?*

Essa metáfora apresenta, de fato, certas dificuldades, pois é inerentemente teleológica: as fundações são fundações de estruturas. Há, pois, uma teleologia embutida no livro que me aborrece agora. Não escreveria desse modo se o fizesse hoje. Escrito nos fins dos anos 60 e início dos 70, esse livro é, em certo sentido, datado. Na linha inaugurada pela visão weberiana da formação do Estado, tentava contar a história de como, da destruição da Europa feudal e católica, surgiu a ideia universalista de um Estado secular e pretensamente neutro. É verdade que também foi escrito à luz do meu "manifesto" de 69, procurando pôr aquela teoria (sobre a qual falamos antes) em prática. No entanto, admito que foi muito mais desenvolvimentista do que a teoria me permitia. Em minha defesa, todavia, devo dizer que, considerando a complicada transformação que queria estudar, a teleologia do meu título não me levou a escrever de um modo gravemente equivocado; mas me fez, sim, escrever sobre toda a tradição do neoescolasticismo de um modo um tanto seletivo. É aí que reside, a meu ver, a maior fraqueza de meu livro. Eu mais ou menos forcei os textos a contarem a minha história, esquecendo que havia outras histórias que eles contavam, e que tratavam de questões cruciais para eles, como, por exemplo, as noções de império e justiça. Eu, portanto, os recrutei para uma história que não era a deles, e, nesse aspecto, meu livro violou os próprios princípios que me impus. Mas acho que, de um modo geral, ele seguiu meus princípios e tentou entender os grandes textos do Renascimento a partir de seu próprio contexto intelectual. A metodologia antitextualista e pró-intertextualista que defendo em meu "manifesto" foi, acredito, bem ilustrada por grande parte de meu livro.

O senhor acha que os pensadores políticos importantes são essencialmente europeus?

Já pensei muito sobre isso, e no que vou dizer está uma das principais razões pelas quais escolhi viver na Europa e não na América. Estou longe de considerar que a tradição europeia seja hegemônica para o resto do mundo, mesmo porque não sou suficientemente culto para supor que essa seja a tradição mais interessante a se estudar. Admito que talvez fosse muito intessante estudarmos o confucionismo, as religiões místicas da Índia ou mesmo a teoria política americana. Mas o que percebi nos últimos tempos, especialmente em visitas à Austrália e aos Estados Unidos, é que eu sou um historiador muito mais local do que supunha. Meus interesses são centrados nas culturas europeias ocidentais dos séculos XV, XVI e XVII e as questões que estudo requerem o conhecimento das línguas europeias e da Antiguidade Clássica. Eu, de fato, considero que as questões sobre a Reforma, o Renascimento, a Revolução Científica e a relação da Europa com a Antiguidade são da maior importância, dado o significado humano da arte, da literatura e da filosofia dessa época. Negar isso seria, no meu entender, absurdo. No entanto, sou obrigado a reconhecer que tais preocupações estão muito distantes no tempo e no espaço de muitos, como, por exemplo, dos australianos e americanos. Muitos deles jamais estiveram na Europa, não estudaram nem o latim nem as línguas europeias e não se sentem parte de uma cultura que se preocupa, por exemplo, com a relação entre as grandes obras de filosofia do século XVII e a Antiguidade. Diferentemente do que ocorre nos Estados Unidos, quando dou aula na França ou na Itália, sinto que estou falando de coisas que estão ainda vivas nessas culturas, que fazem parte, por assim dizer, dos artefatos de seu cotidiano. Se falo sobre pintores italianos do século XIV para os jovens italianos, as pinturas estão vivas nas construções de suas cidades, e há uma curiosidade natural sobre o objeto de trabalho do historiador. Nos Estados Unidos, essas tradições culturais estão mortas, não fazem parte de sua identidade e precisariam ser reanimadas para terem sentido para eles. Além disso, desde os anos 80 há lá uma hostilidade muito grande contra um currículo centrado no que chamam de "homens brancos europeus mortos". E o problema, para mim, é que não acho que se possa impor o interesse por uma cultura que é vista como alheia, porque, de fato, o período áureo da cultura europeia pode nada significar para pessoas que, como muitos americanos, vêm de várias outras partes do mundo. Além disso, sinto que, se me dissessem que o que faço é nada mais do que falar de "homens brancos europeus mortos", eu nada teria a lhes dizer a não ser: "sim, é isso mesmo"!

As muitas faces da história

Querendo combater a tendência atual de se pensar que tudo é discurso e construção pós-moderna do "outro", Robert Darnton aconselhou o futuro historiador a ser treinado num jornal como repórter, cobrindo estupro, assassinato e assalto à mão armada! Esse seria um meio de aprender a fazer pesquisa sólida e a respeitar a exatidão factual, pois se errar o nome da vítima ou do assassino, por exemplo, será processado! O senhor daria um conselho semelhante?

Acredito que para se aprender a respeitar a informação factual há vários meios, mas compreendo que para se escrever o tipo de história que Darnton escreve tal treinamento possa ser valioso. No meu caso, porém, não vejo como o treinamento como repórter de tragédias sensacionalistas do dia a dia possa ajudar alguém a se tornar historiador da filosofia. Para garantir bons historiadores, eu os treinaria em filosofia e os aconselharia a ler trabalhos exemplares de grandes autores como C. Geertz e M. Foucault, que não somente são grandes profissionais, mas também excelentes filósofos de suas práticas. É verdade que para ser historiador há necessidade de se recuperar pacientemente os fatos, mas diferentemente do repórter, o historiador precisa de imaginação e habilidades abstratas. A exatidão factual não é só o que importa em história; é também de extrema importância a elaboração de perguntas imaginativas.

O senhor está na Universidade de Cambridge desde os dezessete anos, e provavelmente aqui permanecerá até se aposentar dessa prestigiosa cátedra para a qual foi recentemente nomeado. Vê nisso algum risco de provincianismo intelectual? Como evita esse perigo?

Há certamente esse perigo e eu teria me beneficiado muitíssimo se tivesse tido a boa sorte de passar uma longa temporada em outro centro de excelência. A única vez que estive mais longamente afastado foi quando passei cinco anos em Princeton. Esse foi um período extraordinariamente educativo para mim, pois tive o imenso privilégio de ser colega de Thomas Kuhn e Clifford Geertz. Devo dizer que voltei para Cambridge pensando de outra forma.

Quando lá cheguei, tinha uma visão da racionalidade como algo que valia igualmente para todas as culturas. Se deparava com uma crença que não me parecia racional, eu pensava que a pergunta a fazer era: o que está impedindo as pessoas dessa cultura de perceberem que essa crença não é racional? Foi após meu encontro com Kuhn e Geertz que passei a ver que o que é racional para alguém acreditar depende, basicamente, do resto de suas crenças e não de algo que se chama evidência. Ora, o reconhecimento de que a totalidade das crenças dos outros pode ser completamente diferente da totalidade das minhas crenças me transformou em um relativista suave e me abriu as portas de acesso a mundos mentais muito diferentes do meu. Afora essa longa estada em Princeton, só tenho feito visitas curtas à Austrália e à França (onde recentemente dei uma série de aulas no College de France), por exemplo, que também se revelaram extremamente frutíferas. Não quero estar viajando a toda hora, pois preciso de tempo para escrever. Devo, entretanto, dizer que tenho razões familiares e intelectuais para ter permanecido em Cambridge. Primeiramente, minha mulher também é acadêmica aqui, e as obrigações com minha família têm sido prioritárias nos últimos vinte anos. Cambridge sempre nos pareceu um lugar ideal para criar nossos filhos e achei importante garantir-lhes uma continuidade de condição de vida. Já as razões intelectuais são várias: o Departamento de História é grande, autoconfiante, com intelectuais brilhantes e oferece um ambiente de trabalho extraordinário. Os estudantes também são excelentes e tenho aprendido muito com os alunos de pós-graduação, que vêm, muitos deles, de várias partes do mundo. Finalmente, não quero soar complacente, mas, sem dúvida, se ganha e se perde vivendo a maior parte da vida numa única comunidade intelectual. E sou bastante consciente tanto dos ganhos quanto das perdas. Quem sabe, talvez, eu endoideça de repente e ainda vá para outro lugar!

Dentre os livros de sua área de interesse, quais os que mais gostaria de ter escrito?

Se isso significa perguntar que livros eu gostaria de escrever se fosse mais talentoso, então diria que tenho sim meus heróis, meus modelos. A edição que Peter Laslett fez de Locke me parece um modelo de como deve ser feita a edição crítica de uma grande obra de teoria política. O livro de Keith Thomas, *Religião e declínio da magia*, publicado em 1971, ainda me parece uma obra--prima de história. O *Machiavellian Moment*, de John Pocock, foi também um livro que me influenciou diretamente. Escritores como esses fazem mais ou menos o mesmo que faço, mas o fazem muito melhor do que eu! São mais eruditos, mais imaginativos, e eu, certamente, adoraria ser tão bom quanto eles.

Cambridge, março-abril de 1998

Bibliografia selecionada

Thomas Hobbes and the Nature of the Early Royal Society. *The Historical Journal*, v.12, p.217-39, 1969.

Meaning and Understanding in the History of Ideas. *History and Theory*, v.8, p.3-53, 1969.

The Foundations of Modern Political Thought. Cambridge: Cambridge University Press, 1978. 2v. (Traduzido para o espanhol, italiano, português). [Ed. bras.: *As fundações do pensamento político moderno*. São Paulo: Companhia das Letras, 1996.]

Machiavelli. Oxford: Oxford University Press, 1981. (Traduzido para o tcheco, francês, alemão, hebreu, húngaro, indonésio, italiano, japonês, português, espanhol, sueco). [Ed. bras.: *Maquiavel*. São Paulo: Melhoramentos, 1988.1

(Ed.) *The Return of Grand Theory in the Human Sciences*. Cambridge: Cambridge University Press, 1985. (Traduzido para o japonês, espanhol, turco).

Modernity and disenchantment: Some historical reflections. In: Tully, J. (Ed.) *Philosophy in an age of pluralism*. Cambridge, p.37-48, 1994.

Meaning and Context: Quentin Skinner and his Critics. Cambridge: Polity Press, 1988. (Traduzido para o japonês).

From Hume's Intentions to Deconstruction and Back. *Journal of Political Philosophy*, v.4, p.142-54, 1996.

Reason and Rhetoric in the Philosophy of Hobbes. Cambridge: Cambridge University Press, 1996. (Traduzido para o português). [Ed. bras.: *Razão e retórica na filosofia de Hobbes*. São Paulo: Editora UNESP, 1999.]

Liberty before Liberalism. Cambridge: Cambridge University Press, 1997. [Ed. bras.: *Liberdade antes do liberalismo*. São Paulo: Editora UNESP, 1999.]

Índice remissivo

Abraham, David, 326
Acton, Lord, Henry, 142
África, 31-2, 34-5, 38, 45-6, 49, 77, 110,120
Agulhon, Maurice, 117
Ainsworth, W. Harrison, 123
alfabetização, 31, 45, 47-9, 51, 131, 167, 270
Allen, Woody, 117
amnésia estrutural, 229
Anderson, Benedict, 199, 215
Anderson, Perry, 215
Ankersmit, Frank, 199, 298
Annales, Escola dos, 126, 158, 178, 223-4, 247-8, 251, 275
antropologia, 29-55, 82, 93-4, 97-8, 104, 120, 132-5, 172, 174, 179, 191-4, 213, 221, 236, 260
Aries, Philippe, 50, 177
arqueologia, 30-1, 33, 42
arquivos, 108-9, 138-9, 144, 154, 163, 165-6, 176, 179-80, 201-2, 211, 221-2, 239-41, 244-7, 250, 300, 314
astrologia, 140
atos linguísticos, 308-9, 320, 333
Auerbach, Erich, 13, 274
Austin, John L., 308
Ayer, Alfred, 208

Bakhtin, Mikhail, 120
Balzac, Honoré de, 277
Barker, Sir Ernest, 64
Baudrillard, Jean, 156
Beatty, Warren, 17
Beauvoir, Simone de, 130
Begriffsgeschichte, 212
Beria, Lavrenti, 160
Berlin, Isaiah, 284
Beza, Théodore, 97
Bloch, Marc, 13, 115, 126-7, 150, 173-4, 178, 193, 212, 214, 218, 228, 248, 275-6, 281, 286-7, 292, 295, 330

Bloom, Harold, 116
Borges, Jorge Luis, 280-1
Bourdieu, Pierre, 12, 15, 193-4, 261
Brasil, 31, 46-7, 60, 74-5, 226-7
Braudel, Fernand, 15, 31, 126, 159, 162, 172, 178, 197, 212, 217-8, 223, 226-7
Brewer, John, 168, 172
Briggs, Lord Asa, 14, 57-80
Brissot, Jacques Pierre, 245-6
bruxaria (feitiçaria), 111, 120, 140-1, 270-1, 283-4, 289-90
Burckhardt, Jacob, 13, 151, 203, 217-8, 224, 241, 248, 275
Burke, Peter, 14, 59, 119, 134, 153, 185-231, 324

Callaghan, James, 60
Calvino, Italo, 280, 287, 290
Canetti, Elias, 97
Cantimori, Delio, 269, 275-6, 290
capitalismo, 35, 39, 93, 127, 257
Carr, Edward H., 64, 189
Carroll, Lewis, 16
Castelnuovo, Enrico, 291
catolicismo, 94-5, 208, 255
Certeau, Michel de, 161
ceticismo, 198-201, 297-8
Chagall, Marc, 53
Chartier, Roger, 155, 166, 170, 177, 179, 234, 249-50
Chaunu, Pierre, 164
Chesneaux, Jean, 165
Childe, Gordon, 30, 35, 42, 54
China, 36, 38, 77, 204, 207, 215
Christine de Pisan, 91
Cícero, 325
cidades, 35, 58, 82, 93, 103, 154, 165-6, 223
classes sociais, 35, 63, 91, 93, 154-5, 165

Clemenceau, Georges, 285
Clough, Arthur H., 68
Cobb, Richard, 233
Colie, Rosalie, 90
Collingwood, R. G., 312, 318, 332-3
comparação, 13, 35, 38-41, 43, 50, 110-12, 142, 208, 214-5, 242, 292
Conan Doyle, Sir Arthur, 16
consumo, 168, 172
contexto, 313-5, 323
Contini, Gianfranco, 274
Conway, Jill K., 82
Cooper, John P., 128, 140
cotidiano, 172, 257, 322
crianças, 132-3
Croce, Bendetto, 274
cultura material, 58, 154-6, 168, 172, 216
cultura popular, 154, 166-7, 187, 197, 270

Darnton, Robert, 12, 14, 79, 170-1, 179, 193, 215, 222, 233-67, 313, 337
Davis, Chandler, 84, 113
Davis, Natalie Zemon, 15, 43, 81-118, 193, 199, 209
Delumeau, Jean, 94
Derrida, Jacques, 48, 199, 320, 332
Dickens, Charles, 67, 218
Diderot, Denis, 171, 234-5, 247, 251-2, 255-6
distância cultural, distanciamento, 203-4, 219, 225, 276, 287-8,292
Dostoievski, Fedor, 297
Douglas, Mary, 97-8, 193
Dreyfus, Albert, 164

Duby, Georges, 29, 177, 182
Dumézil, Georges, 276
Dunn, John, 308, 319
Dupront, Alphonse, 163
Durkheim, Emile, 98

eclecticismo, 135, 209
Eco, Umberto, 203-4
Economist, The, 322
Eduardo VII, 62
educação, *(ver também* alfabetização) 33, 48-50, 61, 71, 84, 123-4, 131-2, 156-7, 186, 208, 274
Einaudi, Giulio, 271-3, 276, 291
Elias, Norbert, 120, 136-7, 175, 209
Eliot, George, 67
Eliot, Thomas S., 42
Elliott, John H., 43, 105, 148, 288
Elton, Geoffrey R., 138, 150, 198
empirismo, 126, 138, 197, 201, 207-8, 226, 240, 250, 261, 298, 312
empréstimo cultural, 46, 98
Enciclopédia, 171, 234-5, 239, 244, 247, 251-3, 255-6
estratificação social, *ver* classes
Evans-Pritchard, Sir Edward, 120, 133, 135, 193-4
evolução, 63, 92-3, 137, 334-5

Fabian, Johannes, 112
família, 33, 37, 40, 44-5, 60-1, 83-7, 118, 122-3, 157, 186, 190, 195, 237, 263-4, 269, 272-4, 277-8, 311, 338
Farge, Arlette, 170, 176
fatos *(ver também* empirismo), 197, 201, 238, 247
Febvre, Lucien, 94, 126-7, 172, 226, 248, 330
feminismo, *ver* mulheres
Feyjóo, Benito, 101

ficção, *ver* literatura
Figes, Orlando, 150
filme, 82, 104, 106-8, 117
filosofia *(ver também* empirismo), 200, 206, 208-11, 225, 303, 312, 318
filosofia da história *(ver* evolução, marxismo), 63, 92-3, 226, 249,334-5
filosofia política, 64, 308, 314, 319, 328
Finlay, Robert, 114-5
Firth, Sir Charles, 127-8, 203
Flaubert, Gustave, 278
Floresta, Nísia, 101
fontes *(ver também* arquivos), 144,179-80,221
Foucault, Michel, 13, 15, 176, 179, 182, 199, 209-11, 221, 261, 302-3, 328, 337
Fouquet, Jean, 285
Frazer, Sir James G., 30, 41, 54
Freud, Sigmund, 96, 120, 131, 137, 174-5, 209, 271, 301, 305
Freyre, Gilberto, 59-60, 72-6, 227
Furet, François, 158, 163, 167

Galileu (Galileo Galilei), 321, 329
Gardiner, Samuel R., 127-8
Gay, Peter, 234
Geertz, Clifford, 98, 180, 193, 215, 235-6, 248, 317, 337
Gentile, Giovanni, 276
geografia, 157
Gide, André, 11
Gierke, Otto von, 64
Gilroy, Beryl, 109
Ginzburg, Carlo, 13-14, 103-4, 117, 120, 148, 155, 180, 198-9, 209, 211, 215, 219, 221, 269-306
Ginzburg, Natalia, 269

Girard, René, 176
Gladstone, William E., 66
Goody, Jack, 12, 14, 29-55, 110, 174, 193, 214, 224, 229, 292
Gossman, Lionel, 107
Goubert, Pierre, 158-9, 166
Grafton, Anthony, 107
Gramsci, Antonio, 270, 276, 305
Granet, Marcel, 211
Guardian, The, 322
Guevara, Antonio de, 288

Hallpike, C. R., 137
Hanawalt, Barbara, 132
Haraway, Donna, 299
Hardman, Charlotte, 132
Hauser, Henri, 93
Hayek, Friedrich, 64
Hazard, Paul, 164
Henriques, Fernando, 72, 75
Hill, Christopher, 120, 124-5, 128-9, 186-7, 192, 194, 216-7, 316
história: da arte, 194-5, 271, 280; da comunicação, 58, 73, 79, 242, 244, 261-3; comparativa, 38-42,58, 110-12, 142-3, 173, 208, 214-5, 217, 242, 292; constitucional, 64; da corrupção, 66; cultural, 46, 74, 98, 140, 154-6, 164, 177-8, 187, 190, 195, 204-5, 217, 220-1, 234-5; diplomática, 69; econômica, 35-6, 58, 91, 93, 166, 168, 219, 252-3; 256; da educação, 130; da historiografia, 226; do imaginário, 177, 295; intelectual, 220, 233-4, 239, 257, 307-8, 312-3, 315, 319; do livro, 154-5, 166-7, 170-1, 179, 233-4, 245, 247, 249-50, 253-7, 259; das mulheres, 81, 83, 91, 94, 97, 99-103, 115, 120, 128-30, 169, 220, 222; nova, 12, 135, 197-8, 204-5, 247; política, 64, 119, 128, 170, 178, 192, 205, 220-1, 251-2, 260-1, 288-9, 295; profissional, 114; quantitativa, 136, 164, 200, 223, 253; radical, 114; retrospectiva, 228; social, 40, 45, 58-9,64-5,91,93, 140, 163, 165, 168, 177-8, 192, 220-1, 233, 257; total, 212-3, 217, 220; urbana, 35, 58, 82, 93, 103, 154, 165-6, 214, 223; vista de baixo, 220-2, 288-9
History and Theory, 315, 331
History Today, 185
Hitchcock, Sir Alfred, 186
Hobbes, Thomas, 308, 310-11, 314, 320-23, 329-30
Hobsbawm, Eric, 30, 62-3, 186, 217,219
Holmes, Sherlock, 16, 271
Holocausto, 95-6
Huizinga, John H., 151, 217-8, 248

identidade, 228-9, 299
Iluminismo, *ver* Luzes
imperialismo, 34, 70-1, 190-1, 243
intelectuais, 164, 179, 255-6, 260
intencionalidade, 320
interpretação, 320
islamismo, 46, 229

Jakobson, Roman, 13, 275
Japão, 111, 173, 215
Jaurès, Jean, 154
Jefferson, Thomas, 246

jornalismo, 73, 79, 171-2, 236-8, 245, 262, 323
judaísmo, judeus, 37, 53, 85, 95, 110-13, 186, 190-1, 272-3

Kipling, Rudyard, 16
Kircher, Athanasius, 204
Koselleck, Reinhart, 212
Kuhn, Thomas, 13, 294, 317, 329, 337-8
Kula, Witold, 227

Labrousse, Ernest, 153, 159, 162, 164
La Bruyere, Jean, 288
La Capra, Dominick, 145
Laski, Harold, 63
Laslett, Peter, 310, 313-4, 319, 322, 338
Leavis, Frank R., 33
Le Goff, Jacques, 13, 31, 76, 158
Leibniz, Gottfried W., 204
Le Roy Ladurie, Emmanuel, 43, 103-4,117,120,139,148,153, 158, 165, 182
Levi, Giovanni, 271
Lévi-Strauss, Claude, 15, 42, 51, 258, 287
Lévy-Bruhl, Lucien, 51
Lily, William, 140
língua, 308-9, 320
literatura, 30, 33, 42, 67-8, 107-9, 123, 144-5, 213, 216, 218, 253, 256, 272-4, 277-8, 280-1, 296-7
Lloyd, Sir Geoffrey, 50, 224-5
Locke, John, 200, 225, 310, 313-4, 319, 322
Lovejoy, Arthur O., 308
Luria, Alexandr, 137
Luzes, Século das, 164-5, 171, 234-5, 247, 254-5, 259-60

MacPherson, C. B., 315-6
McCarthy, Joseph, 84
McFarlane, K. Bruce, 136
McKendrick, Neil, 168, 172
Maitland, Frederick W., 323-4
Malinowski, Bronislaw, 120, 193, 294
Mandrou, Robert, 166, 172
Mannheim, Karl, 221
Manzoni, Alessandro, 216
Maquiavel (Machiavelli), Niccolò, 195, 308, 324-5, 330
Margarida de Navarra, 98
Martin, Henri-Jean, 155
Marx, Karl, 32, 35-6, 42-3, 86, 92, 127, 159, 172, 200, 209, 248-9, 301, 315-6
marxismo, 42-3, 63, 74, 82, 88, 92, 125-7, 158-9, 165, 200, 219, 301-2, 315-8
Mauss, Marcel, 98, 168
Mehta, Ved P., 17
Meinecke, Friedrich, 331
memória, 229-30
Ménétra, Jacques-Louis, 155
Mentalidades *(mentalité)*, 50-2, 137-8, 168, 177, 199, 203, 212, 224-5, 235, 245, 251, 260, 295, 330
Merian, Maria Sibylla, 90, 110
Mersenne, Marin, 321
métodos, 132, 164-5, 175, 180, 211-12, 227, 316
Michelet, Jules, 154, 181
micro-história, 43, 104-6, 108, 136, 148-9, 180, 270, 288, 294
mídia, *ver* história da comunicação, jornalismo
Mill, John S., 131, 146
mistura cultural, 46, 98, 112-3, 190-1, 304

mitos, 145-6, 202-3
modernidade, modernização, 39, 92
Momigliano, Arnaldo, 236, 284
Montaigne, Michel de, 98, 203, 218, 324
Montesquieu, Charles, marquês de, 225
Moore, Barrington, 215
moralidade institucional, 66-7
Mornet, Daniel, 162, 164
More, Sir Thomas, 310
Mousnier, Roland, 158
mulheres, 81, 83, 91, 94, 97, 99-103, 115, 120, 128-30, 169, 196, 220, 259-60, 290
Murra, John, 282
Mussolini, Benito, 215, 272

Namier, Sir Lewis, 212, 218
narrativa, 104-5, 107, 196, 202, 239, 277
Needham, Joseph, 36
New York Times, 236-8
Nietzsche, Friedrich, 199, 210, 275, 303
Nova História, 12, 135, 197-8, 204-5, 247

objetividade *(ver* distância), 202-4, 219
Oakeshott, Michael, 64
Oman, Charles, 142
opinião pública, 67, 241, 244, 254
Oriente, 35-6, 39
orientalismo, 70
originalidade, 205
Ortiz, Fernando, 227
Overton, Richard, 140

Panofsky, Erwin, 224

Passmore, John, 331
Past and Present, 129, 145
periferia, 227-8
Perrot, Jean-Claude, 166
Perrot, Michelle, 165, 176
Pico della Mirandola, Giovanni, 87
Piero delia Francesca, 271, 280
Plumb, Sir John, 168, 172
Pocock, John, 234, 308, 319, 339
Polanski, Roman, 17
política, 34, 64, 69, 77-8, 84, 87, 91, 95-6, 126, 146-8, 160, 181, 189, 199-200, 207, 228-9, 243-4, 272, 276, 302
Popper, Karl, 208
positivismo, *ver* empirismo pós--modernismo, pós-modernidade, 47-8, 103-4, 144, 198-200, 297-9, 320
Poullain de la Barre, François, 101-2
Power, Eileen, 63, 115
Prestwich, John, 128
prosopografia, 211
Prosperi, Adriano, 291
provincianismo, 206
protestantismo, 94, 97, 103, 129
psicologia *(ver* Freud), 96-7, 137-8

Queneau, Raymond, 300

Rabelais, François, 93
Ranke, Leopold von, 189, 205
Reinhard, Marcel, 163
relativismo cultural, 47-8, 200-1, 207, 312, 338
religião, *ver* catolicismo, islamismo, judaísmo, protestantismo
Renan, Ernest, 181

Renascimento, 187, 195-6, 327
Revolução Francesca, 79, 161, 163, 169-70, 235, 243-4, 254, 263
Revolução Gloriosa, 310
Revolução Industrial, 36, 58
Revolução Russa, 150
Revolução Urbana, 35
Richet, Denis, 165
Rimbaud, Caroline, 171
Roche, Daniel, 14-15, 153-83, 234, 261
Rodrigues, Nina, 47
Rolland, Romain, 305
Romano, Ruggiero, 162
Roncayolo, Marcel, 166
Rousseau, Jean-Jacques, 255-6
Russell, Bertrand, 206
Ryle, Gilbert, 208

Sahlins, Marshall, 193
Said, Edward, 46, 70
Samuel, Raphael (Ralph), 125, 217
Scott, Sir Walter, 216
Segunda Guerra Mundial, 30, 32, 52, 189
Sen, Amartya, 29
Serres, Michel, 176
Simmel, Georg, 175
Skinner, Quentin, 13-15, 121, 186, 194, 201, 212, 215, 234, 307-39
Smelser, Neil, 97
Smiles, Samuel, 61
sociologia, 97, 155, 164, 213, 221, 227
Sofri, Adriano, 293, 296, 302
Southern, Richard W., 125
Spence, Jonathan, 218
Spitzer, Leo, 274
Stalin, *José*, 16
Starobinski, Jean, 321

Stendhal, Henri (Bayle), 278
Stone, Lawrence, 39, 50, 128, 150, 212, 217
Strachey, Lytton, 62
Strauss, Leo, 325
Stretton, Hugh, 125

Tawney, Richard H., 123, 150
Taylor, Alan J. P., 17
Taylor, Charles (Chuck), 126
Tchekhov, 218
teleologia, *ver* evolução
teoria, 97-8, 175, 208-9, 221, 261, 319-20
Thatcher, Margaret, 17, 69, 146, 215
Thirsk, Joan, 45
Thomas, Sir Keith, 13-14, 18, 38, 91, 119-51, 186-8, 192, 194, 202-4, 215, 217, 225, 324, 339
Thompson, Edward P., 30, 45, 62-3, 100-1, 150, 219, 303
Times Literary Supplement, 136, 150
Tocqueville, Alexis de, 146, 159
Tolstoi, Leon, 216, 272, 284
Toynbee, Arnold, 188
trabalho coletivo, 167
tradução cultural, 203
Trevelyan, George M., 59, 64
Trevor-Roper, Hugh R. (Lord Dacre), 128, 186
Trollope, Anthony, 67
Tuck, Richard, 308
Tuly, James, 319
Twain, Mark, 17

Vasari, Giorgio, 195
Venturi, Franco, 276
Vigne, Daniel, 82
Vives, Juan Luis, 121

Voltaire, F. M. Arouet de, 255, 290
Vovelle, Michel, 177-8

Warburg, Aby, 224, 286
Watt, Ian, 31, 50, 52
Weber, Max, 31-2, 36, 43, 90, 137, 175, 208-9, 217, 324

Wells, Herbert G., 16
Wheeler, Sir Mortimer, 33
White, Hayden, 107-8, 145, 202
Whitehead, Alfred, 210
Williams, Raymond, 30
Wittgenstein, Ludwig, 208, 318

SOBRE O LIVRO

Formato: 14 x 21 cm
Mancha: 23 x 45 paicas
Tipologia: Gatineau 10/13
Papel: Offset 75 g/m² (miolo)
Cartão Supremo 250 g/m² (capa)
1ª *edição:* 2000
4ª *reimpressão:* 2011

EQUIPE DE REALIZAÇÃO

Produção Gráfico
Edson Francisco dos Santos (Assistente)

Edição de Texto
Fábio Gonçalves (Assistente Editorial)
Francisco José Mendonça Couto (Preparação de Original)
Nelson Luís Barbosa,
Fábio Gonçalves e
Solange Scattolini Felix (Revisão)

Editoração Eletrônica
Lourdes Guocira do Silva Simonelli (Supervisão)
Duclera Gerolla (Diagramação)

Créditos dos Fotos
Luisa Ciammiti: Carlo Ginzburg
Erwin Schenkelbach: Natalie Zemon Davis
Susan James: Quentin Skinner

Impressão e acabamento

psi7 | book7